Escrituras

Frida Kahlo

Escrituras

Selección, proemio y notas de Raquel Tibol

Prólogo de Antonio Alatorre

PLAZA  JANÉS

Agradecemos la colaboración de

⁌CONACULTA · INBA

que han dado autorización para la publicación de este libro.

Escrituras

Primera edición, 1999
Tercera edición ampliada y primera edición en Plaza y Janés, 2004
Segunda reimpresión, 2005

© 2004, Raquel Tibol
D. R. 2005, Random House Mondadori, S. A. de C. V.
   Av. Homero No. 544, Col. Chapultepec Morales,
   Del. Miguel Hidalgo, C. P. 11570, México, D. F.

www.randomhousemondadori.com.mx

Comentarios sobre la edición y contenido de este libro a:
literaria@randomhousemondadori.com.mx

ISBN: 970-051695-4

Impreso en México/ *Printed in México*

PRÓLOGO

por Antonio Alatorre

He aquí, en sustancia, lo que me dijo Raquel Tibol al invitarme a hacer este prólogo: «Yo creo que Frida Kahlo es una verdadera *escritora*, aunque no todo el mundo lo cree. Me gustaría que tú la leyeras y que, si estás de acuerdo conmigo, lo dijeras por escrito. Hace falta una voz autorizada como la tuya para que la gente sepa a qué atenerse». Al oír esto, inmediatamente, de manera casi mecánica, salió de mi boca un *no* rotundo, un *no* «instintivo», ajeno al razonamiento. Ahora, a distancia y en silencio, puedo ver que ese *no* tan simple y espontáneo estaba en realidad hecho de «razones», sólo que muy confusas, enredadas unas con otras, reacias al análisis.

Intentaré ahora analizar esas «razones». (Siempre es útil que el crítico ponga todas sus cartas sobre la mesa.) De los varios elementos del *no*, el más fácil de desenredar puede haber sido éste: «¿Y qué tengo yo que ver con Frida Kahlo? Varios de sus cuadros me parecen admirables (sobre todo *Las dos Fridas*), pero hasta allí. Sé que hay cantidad de libros y artículos sobre ella, pero no me interesa leerlos. Mi formación y mi gusto me llevan por otros caminos. Mis lecturas son completamente distintas». Otra «razón» era ésta: «No seré yo quien amplifique el demasiado ruido que hay en torno a Frida (incluyendo una película que no veré)». Y también: «Raquel Tibol, adoradora de Frida, se ha propuesto, por lo visto, añadir la emblemática pluma al emblemático pincel»...

Hundiendo un poco más el escalpelo analítico, lo que descubro es que la sustancia de mis «razones» era en buena parte *prejuicio* puro y simple. Decir: «Frida Kahlo es muy buena pintora, conténtese con eso», implica una buena dosis de prejuicio. También es prejuicio tomar el demasiado ruido en torno a alguien o a algo como mala señal, pues a veces el ruido tiene una obvia razón de ser. ¿Y por qué no podría ir la pluma de Frida al lado de su pincel? ¿Acaso no ha habido siempre, al lado de escritores que no pintan mal, pintores que escriben bien?

Tal vez la «razón» central del *no* fue el hecho de que Raquel Tibol apelara a mi «autoridad», haciéndome árbitro o juez en lo que parecería un pleito entre afirmadores y negadores de valores literarios en los escritos de Frida, como si yo estuviera por encima de ellos a causa de mi talento para distinguir la literatura de la no-literatura, para separar el grano de la paja.

Lo que hay es esto: A pesar de nunca haber tomado un curso de «Teoría literaria», fui durante quince años profesor de la materia en la facultad de Filosofía y Letras. (Lo fui porque Agustín Yáñez, catedrático de esa asignatura, se retiraba de la facultad para ser gobernador de Jalisco, y prácticamente me forzó a ocupar su lugar.) No encontré mejor manera de darles seriedad y «formalidad» a mis clases que poner como libro de texto la *Teoría literaria* de René Wellek y Austin Warren (uno de cuyos primeros capítulos se dedica precisamente a agarrar al toro por los cuernos: *¿Qué ES literatura?*). Yo comentaba cuidadosamente la doctrina de Wellek/Warren, les hacía preguntas a los estudiantes, contestaba lo mejor posible las preguntas que ellos me hacían, etc. Me servían también, por supuesto, las cosas que iba «aprendiendo» por cuenta propia en mis lecturas. Recuerdo, no sin cierto terror, mi lectura de *El deslinde*. Alfonso Reyes planeaba una especie de filosofía y fenomenología de la literatura, con una introducción dedicada a «deslindar» o demarcar su territorio; y así, desde el alto mirador de la literatura, lanza una minuciosa mirada panorámica a las zonas limítrofes, las zonas variadas de la no-literatura. Esta introducción, de índole «negativa», engordó tanto, que don Alfonso la mandó de una vez a la imprenta, mientras él se dedicaba a la parte «positiva» y principal. Pero no tuvo tiempo para escribir el resto. (Más de una vez le oí decir que *El deslinde* era un libro *manqué*.)

Quizá mis clases de Teoría literaria no dejaron la menor huella en las sucesivas generaciones de estudiantes, pero a mí me resultaron provechosas. Eran como una gimnasia; me daban cosas que pensar, y a lo largo del tiempo mis modos de ver fueron cambiando. Al principio les ponía a los estudiantes, como ejemplo de no-literatura, o si acaso apenas de «sub-literatura», las novelas de Corín Tellado (que, por cierto, no había leído). Pero una vez iba yo de pie en un tranvía, y ante mis ojos estaba, sentada, una señorita con aspecto de secretaria de oficina, concentradísima, a solas consigo misma, absorta en la lectura ¡de una novela de Corín Tellado! Se me reveló entonces, como en un relámpago, la desnuda Verdad: para esa señorita, para ese ser humano normal, Corín Tellado era tan cien por ciento literatura como Flaubert o Proust para otros lectores (y quizá para ella misma, más tarde). El encuentro de un autor y un lector tiene millones de realizaciones y de escenificaciones.

Claro, es una Verdad que todo el mundo conoce. Es lo que dice el sentido común: «Cada quien su gusto». O bien: «Lo que uno no come, otro se muere por ello». Alguien me regaló hace poco una novela de Pérez Reverte que él encontraba fascinante, pero yo la encontré detestable. Dostoyevsky no le gustaba a Borges, las *Soledades* de Góngora no le gustaban a Octavio Paz. Cierto crítico dio a conocer un catálogo de «escritores *pirrurris*» (cursilones, superficiales o algo así), y en él puso a Gerardo Deniz, de quien yo soy empedernido admirador. Pero no hay para qué seguir.

Tal es, en resumen, la enseñanza que me dejaron mis quince años de profesor de Teoría literaria. La palabra *Teoría* viene de un verbo griego que significa «mirar», y no más. Cada ser humano tiene su visión, su mirada, su «teoría». Cada quien tiene asimismo su «criterio», el cúmulo de experiencias y circunstancias de donde brotan, espontáneos, el «Esto me gusta» y el «Esto no me gusta» (o «Esto no acaba de gustarme»). Son las cosas elementalísimas que dice, de hecho, todo buen crítico «profesional», sólo que él con refinamiento, o con gran refuerzo de disquisiciones. Pero la *Teoría* y la *Crítica* son entidades abstractas: lo real, lo tangible, son los millones de teorías y de criterios diversos que existen.

Traté de explicarle esto a Raquel (claro, sin tanto rollo), pero ella me calló la boca diciéndome con mucha mansedumbre: «No te pido Teoría, sino sólo tu impresión: ¿Te gusta o no cómo escribe Frida?». Y entonces acepté su invitación.

Digo pues, de entrada, que la escritura de Frida *me gustó* mucho. Seguramente lo primero que me llamó la atención fue la naturalidad de su lenguaje, su afición a lo coloquial mexicano. Siento como si Frida me estuviera hablando a mí en confianza; los pintoresquismos que le oigo me hacen sonreír: «me lleva el tren, me lleva la pelona, me lleva la recién casada, me lleva la tía de las muchachas...; desde que llegué me fue de la puritita chifosca; me siento completamente bocabajeada y pendeja, agotada y dada a la chingada, con un frío del carajo; olvidada de la manopla de Dios; dada a la miér---coles de ceniza; ya parezco un chicle mascado y jo---ven...»

Me sorprendió en especial su afición a la palabra *buten* (yo recuerdo, de mis tiempos, más bien *bute*), expresión enfática de la idea de «mucho»: estoy buten de aburrida; ayer estuve bien buten de mala; soy buten de móndriga; hace buten de siglos; buten de cosas que no puedo explicar porque no las entiendo; recordaré buten (el accidente de 1925); le simpatizo buten; lo quiero buten buten...

¡Cómo se deleita Frida en estos «pintoresquismos»! ¡Y qué bien sabe la fuerza expresiva que llegan a tener! Cada uno hace un satisfactorio ¡*clic*! al encajarse en el discurso: pelar gallo, estar de la trompada, no haber de piña, hacerse bolas, armar chismarajos, hacer pendejadas, miarse fuera de la bacinica, echarse unas copiosas, hacerse la que la Virgen le habla, saber la calidad de la melcocha, ser una cosa del año del caldo, poner a alguien barrido y regado, o dejarlo como chinche soplada...

No cabe duda: el «sentido lúdico del lenguaje» −para decirlo pedantemente– estaba muy bien desarrollado en Frida. Y un *ludus* muy curioso es el de las frases bilingües. Por ejemplo, la dedicatoria de la acuarela *Cantina tu suegra*, obsequiada al poeta Miguel N. Lira en 1927: «This is my obra maistra, and solamente you sabrá apreciar, con your alma niña, your hermana agua». Frida se entrega a este juego sobre todo en las cartas a Alejandro Gómez Arias. He aquí una de 1926:

My Alex:

No soy one pelada como you pensó anoche, porque no me despedí of you... Si you want mañana viernes, mi lo verá in the night, in the little tree, pa' darnos al amor... Yo necesito que vareas veces you me diga... «don't be lagrimilla» –it's very sweet for me.

Y he aquí una de veinte años después:

Alex *darling*:

Ya pasé *the big* trago operatorio. Hace tres *weeks* que procedieron al corte y corte de huesores... Hoy ya procedieron al paren en mis *poor feet* por dos minutillos, pero yo misma no lo *belivo*. Las dos *first* semanas fueron de gran sufrimiento y lágrima, pero con ayuda de pastillámenes he sobrevivido. Tengo dos cicatrizotas en *the* espaldilla...

El juego aparece también, excepcionalmente, en una carta a Antonio Ruiz, alias «el Corcito», escrita en 1947:

Queridísimo Corcito, cuate de mi corazón:

... Ya no moro donde moraba; procedí al cambien falaz de mansión, porque ya ves que la situación anda de la chilindrina... Héteme ahora viviendo en la casa de la chaparrita Cristi, que posee un telefunken so called ericsson... En el primer patio de la casa que dejé, pienso construir in the future, avec las rentitas, una vivienda pequeñuela que no sea tan difícil sostener, y que sea limpiable raudamente. You know what I mean, don't you Kid?*

(*Kid* con mayúscula: no significará «Corcito», pero sí, al menos, «Chivito»).

Este lenguaje vivaracho no le sirve a Frida sólo para jugar: es, muchas veces, el que le sale del alma para decir lo serio, lo muy íntimo, lo intensamente personal. Así, en solas tres líneas nos comunica de manera maravillosa la emoción que sintió al ver dos cuadros de maestros antiguos:

En una colección privada vi dos maravillas, una de Piero della Francesca, que me parece de lo más dientoncísimo del mundo, y un Grequito, el más chiquitito que he visto, pero el más suave de todos.

Naturalmente, las cartas de *amor* y las cartas de *amistad*, dirigidas lo mismo a hombres que a mujeres, están escritas casi siempre en lenguaje vivaracho. No vale la pena aducir ejemplos. Los que pongo en seguida expresan la emoción contraria, o sea, el *odio*. Aquí Frida se vuelve particularmente elocuente: abre de par en par las compuertas lingüísticas y deja que lo dicharachero y lo vulgar fluyan a su antojo:

---

* En mis citas «textuales» me desentiendo mucho del escrúpulo «filológico». Acomodo los pasajes según mi conveniencia. No sólo omito cosas que no vienen a propósito, o añado aquí y allá una palabrita, sino que ni siquiera lo hago constar mediante los paréntesis, los corchetes y los puntos suspensivos que se usan. Creo que la «tipografía filológica» estorba la fluidez de la lectura, que es lo que más importa. Mis «infidelidades» no tienen la menor trascendencia. (Por lo demás, a su debido tiempo, ya los lectores de este libro irán topándose con los textos íntegros e intactos.)

Ayer Diego dio una conferencia en un club de viejas. Había como cuatrocientos espantajos, todas como de doscientos años, con el pescuezo amarrado, porque les cuelga en forma de olas; en fin, unas viejas espantosas, pero todas muy amables. La mayor parte escupen al hablar, y todas tienen dentadura postiza que se les hace para todos lados. Bueno, te digo que había cada iguanodonte ancestral...

[El estreno en Filadelfia del ballet *H.P.*, música de Carlos Chávez y decorados de Diego] resultó una porquería con P de..., no por la música ni las decoraciones sino por la coreografía: un montón de güeras desabridas haciendo de indias de Tehuantepec, y cuando necesitaban bailar la zandunga parecían tener plomo en lugar de sangre. Una pura y redonda cochinada.

El gringuerío de San Francisco no me cae del todo bien. Son gente muy sosa y todos tienen caras de bizcochos crudos (sobre todo las viejas). Lo que es resuave aquí es el barrio de chinos...

Yo aquí en Gringolandia me paso la vida soñando en volver a México. Sigo como siempre de loca; ya me acostumbré a este vestido del año del caldo, y hasta algunas gringachas me imitan y quieren vestirse de «mexicanas», pero las pobres parecen nabos, y, la purita verdad, se ven de a tiro ferósticas.

Los gringos me caen muy gordos, con todas sus cualidades y sus defectos. Me caen bastante gacho sus maneras de ser, su hipocresía: eso de que para todo tiene uno que ser *very decent* y *very proper*... Hay en México ladrones jijos de la chingada, cabrones, etc., etc., pero, no sé por qué, aun las más grandes cochinadas las hacen con un poco de sentido del humor; los gringos, en cambio, son sangrones de nacimiento.

La explosión más espectacular es la del 11 de junio de 1940. El divorcio data de siete meses antes, y Diego, que no está en México, le ha encargado a Frida que recoja y empaque sus «ídolos» —«el *tresor* del Montezuma», como ella dice («57 cajas grandes de madera solamente para lo de barro; lo de piedra lo aca-

13

rreamos por separado; dejé fuera lo más precioso y frágil...»)–, y también que les pague a los mozos, que deje limpia la casa, etc. Y he aquí que Frida se entera, por la prensa, de que Diego les ha agradecido efusivamente a Irene Bohus y a Paulette Goddard eso que hizo ella, Frida (y con tanto cariño: «Ya me dejaré matar, que no dejaré que te roben tus cosas. Cada cosa tuya me hace pensar en ti»):

Según tus declaraciones, ellas fueron las heroínas y las únicas merecedoras de tu agradecimiento. No pienses que te digo esto por celos, pero quiero recordarte que hay alguien más que merece tu agradecimiento: me refiero a Arturo Arámburo, que no poseerá «genios artísticos», pero tiene los huevos puestos en su lugar y ha hecho lo indecible por ayudarte. Gentes como él siempre quedan oscuras, pero al menos yo sé que valen más que todo el estrellato mundial de arribistas asquerosos, y que todas las jóvenes pintoras de talento sobrenatural, ese talento que siempre está en razón directa de la temperatura de sus bajos. Tú ya me entiendes. La señorita (?) Bohus quería conocerme. Nada me da más gusto que haberla mandado a la chingada...

La Mary Eaton y su madre, que son un par de pendejas de mierda y convenencieras como ellas solas, empeoraron las cosas. Esas gringas de mierda se cagaron conmigo porque quité los ídolos, y en esos momentos de tantas complicaciones y penas quería la Mary ponerse a retratarlos!! Son unas vacas echadas que no dan leche, como todas las que te cargabas allí en tu casa, que dejaron nada más que montones de mugre y mierda, y a la hora de la hora ahuecaron con las palmas de la gloria en las manos. ¡Me lleva la recién casada! ¡Qué gente!...

No veo a nadie, y sobre todo nò veré más a esa gente snob lambenalgas y jija de la chifosca...

¡Qué aborrecimiento desbordante por «la gente snob»! Y en su número incluye Frida a los coleccionistas de arte:

Me caen muy gordos los *art collectors*. No sé por qué, pero ya el «arte» en general me da cada día menos alazo, y sobre todo esa gente que explota el hecho de ser «conocedores de arte» para presumir de «escogidos de Dios». Muchas veces me simpatizan más los carpinteros, zapateros, etc., que toda esa manada de estúpidos dizque civilizados, habladores, llamados «gente culta».

El esnobismo que encontró Frida en el París de febrero y marzo de 1939 le dejó una sensación de auténtico asco. ¡Qué tipos! Esos fulanos que se pavonean al ostentar su credencial de «surrealistas», esos intectualillos a quienes se les cae la baba de sólo pronunciar el nombre de André Breton, vanidoso *son of a bitch*:

You have no idea the kind of bitches these people are.

They make me vomit. They are so damn «intellectual» and rotten. I can't stand them any more. I rather sit on the floor in the market of Toluca selling tortillas, than to have anything to do with those «artistic» bitches of Paris. They sit for hours on the cafés, warming their precious behinds, and talk without stopping about «culture», «art», «revolution», thinking themselves the gods of the world. They live as parasites of the bunch of rich bitches who admire their «genius» of «artists». Shit and only shit is what they are. Gee mez! It was worthwhile to come here only to see why Europe is rottening, why all these people, good for nothing, are the cause of all the Hitlers and Mussolinis...

Marcel Duchamp, a marvelous painter, is the only one who has his feet on the earth among all this bunch of coocoo lunatic sons of bitches of the surrealists...

Ustedes no tienen ni la más ligera idea de la clase de cucaracha vieja que es Breton y casi todos los del grupo de surrealistas. En pocas palabras, son unos perfectos hijos de... su mamá. Este pinchísimo París me cae como patada en el ombligo.

Dije antes que lo primero que me llamó la atención al leer a Frida fue la *naturalidad* de su lenguaje. Ahora añado que no tarda uno en darse cuenta de que en esa naturalidad hay mucho de «artificialidad», de manipulación consciente. La simplicidad de los primeros textos (las juveniles cartas de amor a Gómez Arias) se va dejando inundar y penetrar por algo que no puede llamarse sino «voluntad artística». Y será bueno dar ejemplos de las distintas maneras como Frida da a entender que su español vivaracho y desenfadado es algo muy personal, un medio de expresión conscientemente elegido y «trabajado» por ella, sin nada que ver con esos venerables repositorios del «buen español» que son Cervantes y la Real Academia Española. He aquí un ejemplo sencillo y claro. Frida usa, naturalmente, la palabra *corajudo*. Pero al decirle al Dr. Eloesser: «Me voy volviendo cada día más corajuda», su consciencia lingüística la hace pensar que Eloesser, no siendo mexicano, va a leer que Frida se está volviendo más y más valiente, entendiendo que *corajuda* significa «valerosa» (al «estilo español de la Academia de la lengua»), y no: hay que entender que se está volviendo cada día más «cascarrabias».

Otro ejemplito. Le pide a Ella Wolfe que mande ciertos dineros por correo «especial». A «la poderosa y nunca bien ponderada *mosca*» hay que protegerla «para evitar que los *rupas* se la *avancen*». E inmediatamente se pone Frida a presumir de las tres magníficas voces del hampa, del caló más refinado, que acaba de escribir: «Como ves, mi léxico es cada día más florido, y tú podrás comprender la importancia de semejante adquisición cultural dentro de mi ya extensa y bastísima cultura» (la *b* está obviamente puesta adrede). Como si dijera: «¿Qué tal mi español, eh? ¿Qué dices de mis últimas adquisiciones?»

Después de describirle muy detalladamente a Eduardo Morillo las cosas que ha puesto en el cuadro *Árbol de la esperanza, sostente firme*, para que «se lo imagine más o menos», se da cuenta de que «la descripción es gachísima», y en seguida añade: «Ya ve que ni poseo la lengua de Cervantes, ni la aptitud o genio poético o descriptivo, pero usted es un hacha para entender mi lenguaje un tanto cuanto relajiento».

Hay, para decirlo pedantemente, una curiosa relación dialéctica entre «*mi* lenguaje relajiento» y «la lengua de Cervantes». Es curioso que Cervantes, uno de los escritores más despreocupados por la «pureza» del lenguaje, haya acabado por ser el paradigma de lo castizo y lo puro. En todo caso, Frida reconoce la enorme distancia que hay entre el lenguaje *suyo* y el cervantino, entre su español rastrero y el español de la gente culta. Claro que este reconocimiento es irónico. Y también son formas de ironía ciertas palabras que de pronto emplea, tan extremadamente «cultas», que de seguro ningún lector se ha topado con ellas hasta ahora. El lector sabe que Frida no dice «tonto», sino *pendejo*, ni «soy muy antisocial», sino *buten de móndriga*, y de pronto, ¡oh sorpresa!, ve que también es capaz de llamar *pastillámenes* a las pastillas y *huesores* a los huesos (texto citado antes). Así, en una carta a los Wolfe, en vez de decir Frida que les va a contar algo a grandes rasgos y «por encimita», dice que lo hará «sin gran *detallamiento*, sino *someramente*», y en seguida observa: «esta última palabra es como de a 100 pesos».

En la misma carta a los Wolfe hay esto:

> Quiero desearles que el presente año de 1944 (aunque su numeración me cae muy gorda) sea para ambos dos el más feliz y placentero de todos los que habéis vivido e iráis a vivir. (Ya casi me salen frases de Cervantes con eso del *habéis* e *iráis*.)
>
> Bueno, niños, y ahora empieza la preguntadera: ¿Cómo os encontráis de salud? ¿Qué clase de vida lleváis?...

(Observación gramatical: está mal «iráis a vivir»; *iráis* no existe; debe ser «*iréis* a vivir», o bien «*vayáis* a vivir». También dice Frida «escriban aprisa» en vez de *escribid*. Pero bien puede haber cometido adrede los solecismos, como para dar a entender lo trabajoso que es para cualquier mexicano el manejo del *vosotros*. Se hace lo que se puede.)

Pintoresquismos, juegos con el inglés, coqueteos con la lengua de Cervantes…, toda esta variedad y riqueza del lenguaje de Frida está al servicio de lo que importa: la expresión (de pensamientos, de deseos, de pasiones). A las palabras hay que forzarlas a decir no de cualquier manera, sino *bien*, lo que se quiere decir; hay que torturarlas, como dice Octavio Paz en un poemita juvenil («¡Chillen, putas!»). Y muchísimos escritores, de todas las épocas y todos los lugares, se han quejado de las limitaciones e imperfecciones de su lengua, y han deseado crear palabras nunca antes oídas para expresar lo nunca antes expresado. A Frida le pasa eso. Carta apasionadísima a José Bartolí: «Aprenderé historias para contarte; inventaré nuevas palabras para decirte, en todas, que te quiero como a nadie». Carta cariñosísima a Carlos Pellicer: «¿Se pueden inventar verbos? Quiero decirte uno: Yo te *cielo*». (No está mal el invento: *cielar*, «llenar de cielo a alguien», «envolverlo en cielo».)

En verdad, Frida se entiende a las mil maravillas con su lenguaje *mexicano*. Está perfectamente sintonizada con él, porque ella misma es *mexicana* de hueso colorado. Uno de los «temas» estudiables de estos textos (a lo mejor ya bien estudiado) es el del entrañable amor de Frida a México y lo mexicano. Con su largo traje de tehuana «del año del caldo», tiene todo derecho a burlarse de las güeras desabridas que se visten de indias de Tehuantepec. Los carpinteros, los zapateros, los humildes mozos de México le simpatizan, como instintivamente, más que los *art collectors*. En México habrá a lo mejor tantos cabrones como en Gringolandia, pero al menos los mexicanos hacen sus chingaderas «con un poco de sentido del humor». México, dice en un lugar, está «desorganizado y dado al diablo», pero «le queda la inmensa belleza de la tierra y de los indios». Una y otra vez deja que fluya su cariño a «este nunca bien ponderado Mexicalpán de las tunas», este «Mexicalpán de los tlachiques», «este país de las enchiladas y los frijoles refritos». Cuando Bertram Wolfe le anuncia su viaje a México, ella se compromete a darle una gloriosa bienvenida: «agasajo con mariachis, pulque curado, mole de guajolote y baile zapateado». Y a Isabel Campos le escribe desde Nueva York: «Ahora que llegue me tienes que hacer mi banquete de quesadillas de flor de calabaza y pulquito». (A veces dice «Coyoacán» en vez de «México». Después de quejarse de Nueva York, donde todo le parece «horrible y latoso y molesto», se detiene un momento y añade: «En realidad lo único que tengo es coyoacanitis».)

Otro gran «tema» de estos escritos es, por supuesto, el de las largas secuelas que dejó en el cuerpo de Frida el horrible accidente sufrido el 17 de septiembre de 1925. Hay muchos gritos de dolor, pero asordinados o sofocados a fuerza de humor y de estoicismo. La carta de 1927 en que le pide a Gómez Arias: «Ven a verme, y dime otra vez que no sea lagrimilla», está firmada por «Frieda, lagrimilla de Gómez Arias, or una virgen lacrimorum». Frida comprende que debe ser valiente, y repite en 1927: «I am buten de lagrimilla». En 1932 dice: «Sigo mala del pie. En el hospital me diagnosticaron *úlcera trófica*. ¡Me quedé en babia al oír que en la pata tenía yo semejante cosa!»; y también: «Estoy fregada. Me canso de todo. La espina me molesta, y con lo de la pata estoy más amolada, pues no puedo hacer ejercicio y, en consecuencia, ¡la digestión está de la trompada!». En 1934: «Del pie sigo mala, pero eso ya no tiene remedio y un día voy a decidirme a que me lo corten para que ya no me fastidie». En 1936: «Me volvieron a operar la pata con resultado medio dudoso, pues no me quiere quedar bien la pezuña». En 1944: «Salud, regular parche; todavía resiste mi espinazo unos cuantos trancazos más»; y también: «Mejoré un poco con el corsé [el corsé de hierro que le puso el Dr. Velasco Zimbrón]; es de la chingada aguantar esta clase de aparatos, pero no puedes imaginarte cómo me sentía de mal antes de ponérmelo». En 1946: «Les escribo desde la cama porque desde hace cuatro meses estoy bien fregada, con el espinazo torcido. He decidido irme para los Nueva Yores, pues estoy muy flaca y dada enteramente a la chi---, y en este estado no quiero dejarme operar sin consultar primero a algún doctor copetón de Gringolandia». Y después, ya en Nueva York: «Hace tres weeks que procedieron al corte y corte de huesores...», etc.

Y está también, a partir de 1930, la poderosa presencia de Diego Rivera. Tengo entendido que el binomio Frida-Diego ha hecho correr ríos de tinta, y probablemente entre lo que se ha escrito habrá datos de importancia. Pero no pienso leer nada de eso. Me basta con lo que Frida misma está diciendo. Una muestra: «Te necesito como el aire para respirar... No dejes de bañarte y de cuidarte mucho, mucho. No te olvides que te quiero más que a mi vida. Pórtate bien, *aunque te diviertas...* Extraño tanto tu risa, tu voz, tus manitas, tus ojos, hasta tus corajes; todo, mi niño, todo tú» (carta de 1939, desde Nueva York).

Dice Merleau-Ponty que el gran descubrimiento de Freud fue haber visto cómo el amor sexual está todo entreverado con otros amores, como el del hijo a la madre, el de la hermana al hermano, etc. El amor de Frida a Diego es el de la madre al hijo (¡esas manitas, esas risas del bebé! ¡hasta sus berrinches son adorables!) y a la vez el de la hija al padre («¡Te necesito!»). «¡Todo, todo tú!», resume Frida. Y esta *totalidad* es el «tema» de sus dos únicos textos estrictamente poéticos (pues no cuento sus cinco composiciones a manera de corridos, que son sólo para pasar el rato). El primer poema comienza: «Materia micrada / martirio membrillo...» y termina con «Mi niño nacido diario de mí misma». El otro comienza: «en la saliva. / en el papel. / en el eclipse...», y es una espléndida letanía de imágenes: «...Diego en mis orines, Diego en mi boca, en mi locura, en el papel secante, en la punta de la pluma, en la comida, en el metal, en sus solapas, en sus ojos, en su boca, en su mentira».

Pero lo mejor de todo es el «Retrato de Diego», de 1949. Quienes no lo conozcan lo van a gozar sin duda como yo lo he gozado. Este «Retrato» es excepcional por varias razones. Una de ellas es que deja, a diferencia de los demás textos, tan espontáneos –y tan explosivos a veces–, una fuerte impresión de haber sido precedido por un borrador, o por varios, llenos de tachaduras y añadidos. La copia en limpio, que es lo único que conocemos, nos ofrece un discurso bien meditado, bien planeado, bien ejecutado. Desde la breve «advertencia» al lector («Este retrato de Diego lo pintaré con colores que no conozco: las palabras…») hasta la brillante declamación final («Como los cactus de su tierra, Diego crece fuerte y asombroso, florece con el rojo más vivo, el blanco más transparente y el amarillo solar…», etc.), Frida se está dirigiendo «al público» y se pone formal y seriecita, pero no vacila en hacer públicas sus expresiones de ternura, como la morosa descripción del físico de Diego, sus manos pequeñitas, sus brazos y sus senos femeninos, su famosa barriga («vientre enorme, terso y tierno como una esfera») y las ganas de tener siempre «en brazos, como a un niño recién nacido», a ese «ser antediluviano», a ese «monstruo entrañable». Lo que en ningún momento hace aquí Frida es acudir al vocabulario vivaracho y «relajiento». Renuncia «en aras del arte», por así decir, al lenguaje que ha sido su medio de expresión característico.

(Al comienzo de este prólogo hablé de mis prejuicios. Confieso aquí otro. Al leer el «Retrato de Diego» pensé varias veces que tal vez Frida no lo escribió sola, sino que alguien le ayudó y le «adecentó» la escritura, probablemente Carlos Pellicer. Pero luego vi que estaba resbalando y desbarrando como aquel crítico, contemporáneo de sor Juana, que dijo: «El *Neptuno alegórico* es tan bueno, que dudo que lo haya escrito una mujer». ¿Por qué no habría podido esmerarse Frida al componer ese texto, encargado por el Instituto Nacional de Bellas Artes? Además, si Carlos Pellicer hubiera metido mano, de seguro habría corregido un curioso error de Frida: la femineidad de los pechos de Diego –dice– salta de tal manera a la vista, que, «si hubiera desembarcado en la isla que gobernaba Safo», no habría perecido a manos de las «guerreras» que allí habitaban: confusión entre la isla de

Lesbos, donde vivía Safo —aunque no era la gobernadora—, y la isla de Lemnos, donde ocurrió el asesinato total de los varones a manos de las enfurecidas mujeres.)

Y ahora, ya sin interrupciones ni comentarios, quiero dejar que Frida hable:

1. Carta a Alejandro Gómez Arias (1934):

Se acabó la luz y ya no seguí pintando moninches. Seguí pensando en la decoración de la pared, separada por another wall of sabiduría. Mi cabeza está llena de arácnidos microscópicos y de gran cantidad de alimañas minuciosas. Creo que deberemos construir la pared en un tipo microscópico también, pues de otro modo será difícil proceder al pintarrajee falaz... That is the big problema, y a ti te toca resolverlo arquitectónicamente, pues, como tú dices, yo non puedo ordenar nada dentro de la big réalité sin ir derecho al choque, o tengo que colgar ropajes del aire, o colocar lo lejano en una cercanía peligrosa... No he podido todavía organizar el desfile de tarántulas...

2. Carta a Diego (1935):

¿Por qué seré tan mula y rejega de no entender que las cartas, los líos con enaguas, las profesoras de... inglés, las modelos gitanas, las ayudantes de «buena voluntad», las discípulas interesadas en el «arte de pintar» y las «enviadas plenipotenciarias de lejanos lugares» significan únicamente vaciladas, y que en el fondo tú y yo nos queremos harto? Así pasemos aventuras sin número, cuarteaduras de puertas, mentadas de madre y reclamaciones internacionales, siempre nos querremos. Creo que lo que pasa es que soy un poco bruta y un tanto cuanto zorrilla, pues todas estas cosas han pasado y se han repetido durante siete años que vivimos juntos, y todas las rabias que he hecho no me han llevado sino a comprender mejor que te quiero más que a mi propia piel.

3. Carta a Ella Wolfe (1938):

Si quieres saber algo acerca de mi singular persona, ahi te va: desde que ustedes dejaron este bello país he seguido mala de la pezuña, es decir pie. Con la última operación, cero y van cuatro tasajeadas que me hacen. Como tú comprenderás, me siento verdaderamente «poifet» [?] y con ganas de recordarles a los doctores a todas sus progenitoras, comenzando con nuestros buenos padres (en términos generales) Adán y Eva. Pero como esto no me serviría lo suficiente para consolarme y descansar, vengada ya de tales maloreadas, me abstengo de tales recuerdos y recordatorios, y aquí me tienen hecha una verdadera santa, con paciencia y todo lo que caracteriza a esa especial fauna. Puedes decirle a Boit que ya me estoy portando bien: que ya no bebo tantas copiosas... lágrimas... de coñac, tequila, etcétera. Esto lo considero como otro adelanto hacia la liberación de las clases oprimidas. Bebía porque quería ahogar mis penas, pero las malvadas aprendieron a nadar...

4. Carta a Leo Eloesser (1941):

Yo sigo mejor de la pezuña, pata o pie; pero el estado general, bastante jo---ven. Creo que se debe a que no como suficiente y fumo mucho. Y, cosa rara, ya no bebo nada de cocktelitos ni cocktelazos. Siento en la panza algo que me duele, y continuas ganas de eructar (*Pardon me, burp*!!); la digestión, de la vil tiznada; el humor, pésimo... De la pintura, voy dándole. Quieren que pinte unos retratos para el comedor del Palacio Nacional. Son 5: las cinco mujeres mexicanas que se han distinguido más en la historia de este pueblo. Ahora me tienes buscando qué clase de cucarachas fueron las dichas heroínas, qué jeta se cargaban y qué clase de psicología las abrumaba, para que a la hora de pintarrajearlas sepan distinguirlas de las vulgares y comunes hembras de México —que (te diré pa' mis adentros) hay entre ellas más interesantes y dientonas que las damas en cuestión. Si entre tus curiosidades te encuentras algún libraco que hable de doña Josefa Ortiz de Domínguez, de doña Leona Vicario, de…, de sor Juana Inés de la Cruz, hazme el favorcísimo de mandarme algunos datos o fotografías, grabados, etc. de la época y de sus muy ponderadas efigies. Con ese trabajo me voy a ganar algunos fierros que dedicaré a mercar algunas chivas que me agraden a la vista, olfato u tacto, y a comprar unas macetas rete suavelongas que vide el otro día en el mercado.

(Apostilla a esto último: Lo bueno hubiera sido que le encargaran retratos de las *dientonas* modernas. Porque ¡vaya si es «interesante» la pléyade de mexicanas de la generación de Frida! Lupe Vélez, Concha Michel, Nellie Campobello, Lola Cueto, Chabela Villaseñor, la doctora Chapa, Antonieta Rivas Mercado, Dolores del Río y por supuesto Lupe Marín… Todas estas «hembras de México» tenían lo suyo. No hace mal papel la presencia femenina en esos tiempos en que el país está entrando de lleno en la «modernidad». Nunca había sucedido algo semejante. Supongo, por cierto, que Frida no llegó a pintar a las cinco «damas en cuestión», las «heroínas».)

Naturalmente, lo que digo en conclusión es que Frida Kahlo es una señora escritora, *dientona* de veras (o *chingona*, como bien podía decir ella). Encuentro en su prosa más *sustancia literaria* que en cierta poesía que ahora se usa. Claro que también puede ser que no sea yo el lector *ad hoc* de cierta poesía a la última moda. Por lo demás, no hay que olvidar que *yo* no es sino *una* persona, *un* lector, con su «teoría» y su «criterio».

México, septiembre de 2003

PROEMIO

por Raquel Tibol

El 25 de mayo de 1953 llegué a la casa de Frida Kahlo en Coyoacán, situada en la esquina de las calles de Allende y Londres (hoy convertida en Museo Frida Kahlo). En compañía de Diego Rivera venía desde Santiago de Chile con un breve desvío a La Paz, Bolivia. En el aeropuerto de la ciudad de México nos habían recibido Ruth Rivera Marín, Emma Hurtado, Elena Vázquez Gómez y Teresa Proenza. El grupo decidió que yo debía hospedarme con Frida e iniciar una convivencia que resultara benéfica para ella, sumida en una intensa e incontrolable angustia previa a la ya anunciada amputación de su pierna derecha. Cristina Kahlo, quien asistía en cuanto podía a su hermana, aprobó la propuesta que le permitiría tomar un respiro en una vigilancia que no podía interrumpir mientras alguien no la sustituyera.

En Chile y durante el largo viaje desde Sudamérica, Rivera me había contagiado su admiración por Frida, cuyo estado físico y espiritual de entonces lo desesperaba. Pero no me había advertido sobre una atmósfera densa en su morbidez que hubiera requerido una cierta preparación, un pasaporte espiritual para circular con menos extrañeza en ese ámbito único que mi presencia invadía sin aviso previo ni para la visitante ni para la anfitriona.

Traté de adaptarme a las inesperadas circunstancias recurriendo a lo que había sido mi trabajo en Santiago: el periodismo cultural. Le propuse a Frida me dictara su biografía; aceptó con entusiasmo y pronto comenzamos la tarea. Una sobredosis de demerol, que puso en riesgo la vida de aquel «venado herido», gravemente herido, marchitó con sus complicadas consecuencias el proyecto. Cuando comprendí que las complejas vivencias y las tensas energías en la casa de Coyoacán chocaban con mi capacidad de asimilación, decidí cambiar de escenario.

La calidad de los primeros apuntes para la biografía me hicieron abrigar por algún tiempo el deseo de continuarlos. Hacia febrero de 1954 me convencí de que eso no sería posible y decidí publicar lo ya logrado en el suplemento *México en la Cultura* del periódico *Novedades*. Bajo el título de «Fragmentos para una vida de Frida Kahlo» aparecieron el 7 de marzo de 1954. El texto completo se integró a mis libros *Frida Kahlo. Crónica, testimonios y aproximaciones* (1977) y *Frida Kahlo: una vida abierta* (1983). Bastará revisar lo escrito posteriormente en torno a la persona y la obra de Frida para confirmar que los «Fragmentos» han sido citados una y otra vez, dándole o no crédito a la fuente. Párrafos completos se han impreso bajo otras firmas. Esas apropiaciones son la mejor prueba de la eficacia de ese relato, transcripción textual de las palabras de Frida.

En 1974 pude divulgar por primera vez algunas de las numerosas cartas enviadas por Frida a su pasión juvenil: Alejandro Gómez Arias, en el artículo «Frida Kahlo a veinte años de su muerte» (suplemento *Diorama de la Cultura* del periódico *Excélsior*, julio 14). El lenguaje desparpajado, imaginativo, con el corazón y la intimidad al desnudo, me llevó a suponer que en las escrituras de Frida debería haber muchos compartimientos muy diferentes a los contenidos en el *Diario*, del cual se sabe ya que no es un registro de lo vivido, sino una serie de alegorías, confesiones sesgadas, requiebros poéticos, lamentos, donde las expresiones verbales y las visuales se complementan con intensidad surrealista.

Cuando Hayden Herrera en su trabajo mayor *Frida: una biografía de Frida Kahlo* (editado en inglés en 1983 y en español en 1985) dio a conocer muchísimas cartas de Frida a amigos y amantes, tuve la convicción de que era necesario reunir lo escrito por ella en una secuencia estrictamente cronológica, fueran cartas, recados, mensajes, confesiones, recibos, corridos, solicitudes, protestas, agradecimientos, imploraciones y otros textos más elaborados, para obtener frutos irrecusables: una tácita autobiografía y la ubicación de Frida dentro de la literatura confesional e intimista del siglo xx mexicano.

Convertida Frida durante las dos últimas décadas en figura mitificada, tuve conciencia de lo difícil que sería acrecentar lo ya divulgado y acceder a lo que ahora (éxitos mercantiles de por medio) se guarda con celo excesivo. Algo he conseguido, seguramente muy poco. Pero la finalidad era otra, ya lo he dicho: la secuencia, el discurso en primera persona, sin interpretaciones o sobreinterpretaciones, sin la interferencia de otros estilos. Aquello que no tenía fecha lo he ubicado donde supuse que debió estar.

Aquí han quedado reunidas (incompletas) sus escrituras, libradas a su propia suerte frente al lector, sin marcos narrativos o interpretativos que les den apoyo. No los necesitan. Ella por ella, oscilando de la sinceridad a la manipulación, de la autocomplacencia a la autoflagelación, con su insaciable necesidad de afecto, sus conmociones eróticas, sus cosquilleos humorísticos, sin ponerse límites, con poderes para la autovaloración y la extrema humildad.

Debo agradecer a quienes llegaron antes que yo a los archivos que ya encontré con candados sin llave. Consigno debidamente mis deudas, que son muchas. Desearía que no consideren ofendidos sus derechos, pues se trata sólo de un paso más en la construcción pública de un personaje que ya nos pertenece a todos, porque entre todos hemos ido poniendo su más recóndita intimidad al desnudo.

Frida se cobijó bajo muchos techos, sobre pisos diferentes, tuvo distintos domicilios, pero nació en la casa de Coyoacán y murió en ella (6 de julio de 1907-13 de julio de 1954), en el espacio familiar que ella alcanzó a transfigurar en su propio reino.

[1]

RECUERDO

Yo había sonreído. Nada más. Pero la claridad fue en mí, y en lo hondo de mi silencio.

Él me seguía. Como mi sombra, irreprochable y ligera.

En la noche, sollozó un canto...

Los indios se alargaban, sinuosos, por las callejas del pueblo. Iban envueltos en sarapes, a la danza, después de beber mezcal. Un arpa y una jarana eran la música, y la alegría eran las morenas sonrientes.

En el fondo, tras del Zócalo, brillaba el río. Y se iba, como los minutos de mi vida.

Él, me seguía.

Yo terminé por llorar. Arrinconada en el atrio de la Parroquia, amparada por mi rebozo de bolita, que se empapó de lágrimas.

NOTA

Esta prosa poética fue localizada por el doctor Luis Mario Schneider en la página 61 de *El Universal Ilustrado* del 30 de noviembre de 1922.

[2]

RECADO PARA ISABEL CAMPOS

Cuatezona de mis entrelas.

Dime cuándo te vienes a bañar con seguridad para ir por ti.

Dispensa que hasta hoy te mande los *calzones*, pero no había tenido tiempo la gatígrafa de írtelos a dejar..

Ya sabes que tú y yo hasta el «jollo», tu poderosa cuate.

Frieda

NOTA

Isabel Campos (1906-1994) nació, al igual que Frida, en Coyoacán. La amistad que cultivaron fue muy estrecha durante tres décadas, pero se fue opacando a medida que Frida entró a otros ámbitos. Este recado sin fecha fue escrito en una tarjeta de visita.

[3]

RECADO PARA ADELINA ZENDEJAS

Si te quitas lo cobarde y miedosa escápate y ven al anfiteatro; el Genio Panzudo está retocando el mural, ha prometido explicarnos el tema y decirnos quiénes fueron sus modelos pa los monotes. Tu cuata.

Frida Pata de Palo de Coyoacán de los coyotes.

NOTAS

Adelina Zendejas (1909-1993), periodista, maestra de historia y literatura, fue contemporánea de Frida en la Escuela Nacional Preparatoria.

Se refiere a Diego Rivera, quien en 1922 pintaba en la Preparatoria el mural *La creación*.

[4]

CARTA A ALEJANDRO GÓMEZ ARIAS

15 de diciembre de 1922

Alejandro: He sentido muchísimo lo que te ha pasado y verdaderamente sale de mi corazón el pésame más grande.

Lo único que como amiga te aconsejo es que tengas la bastante fuerza de voluntad para soportar semejantes penas que Dios Nuestro Señor nos manda como una prueba de dolor supuesto que al mundo venimos a sufrir.

He sentido en el alma esa pena y lo que le pido a Dios es que te dé la gracia y la fuerza suficiente para conformarte.

Frieda

NOTAS

El pésame es por la muerte del padre de Alejandro Gómez Arias (Oaxaca, 1906-ciudad de México, 1990), el médico Gildardo Gómez, quien por entonces era diputado federal por Sonora. Gómez Arias relató a Víctor Díaz Arciniega (*Memoria personal de un país*, Grijalbo, 1990): «Mi relación con Frida Kahlo surge en la Preparatoria (a la que ingresó en 1920), donde éramos compañeros. Había sido alumna del Colegio Alemán y cuando llegó a la Preparatoria, siendo muy jovencita, se vestía y poseía la mentalidad de una muchacha de ese colegio... Llegó a la Preparatoria muy inquieta y muy en contra de todas las reglas familiares. Ante esto, naturalmente, buscó la amistad de los muchachos menos sometidos a la disciplina... Paulatinamente, se fue acercando a nuestro grupo hasta formar parte de Los Cachuchas, del que llegó a ser la figura más interesante». Además de Gómez Arias y Frida, pertenecieron a Los Cachuchas: José Gómez Robleda, Miguel N. Lira, Ernestina Marín, Agustín Lira, Carmen Jaimes, Alfonso Villa,

Jesús Ríos Ibáñez y Valles, Manuel González Ramírez y Enrique Morales Pardavé.

Sobre la relación entre ellos, Gómez Arias puntualizó: «Entre Frida y yo había una intimidad; de aquí la existencia de las cartas que me enviaba... Éramos amantes jóvenes, que no tenían los propósitos ni el proyecto que da el noviazgo, como casarse y esas cosas».

[5]

CARTA A MIGUEL N. LIRA

México a 13 de mayo de 1923

Chong Lee:

Recibí tu tarjetita y no sabes el gusto que me dio el ver que te acuerdas de tu hermanita que nunca te olvida.

Sentí mucho el no haberme despedido de ti, pero siquiera supe que ya estabas mejor y que te ibas para curarte. Te he extrañado mucho pues ya no hay quien me cuente cuentos ni quien me haga reír tanto como tú. Alejandro ya ves que es muy serio y también el Chuchito. Todos te hemos extrañado mucho. Ojalá se me conceda lo que le pido a Dios que te alivies y vuelvas pronto a México.

Rebeca ha de estar muy triste por ti y tú lo mismo por ella ¿verdad?, pero cuando vengas le va a dar mucho gusto.

Haces mucha falta entre los muchachos pues tú siempre estabas contento con todos y más cuando cantabas. Discutían Manolo y su prima Naná… ya no hay quien cante esas canciones que nos divertían tanto.

Escríbeme más largo, cuéntame que haces en Tlaxcala que según la tarjeta es muy bonita. Amelia me ha preguntado tu dirección y muchos muchachos, pero ni yo la sabía pues no habías escrito.

La vieja Castillo está tan gorda y tan molona como siempre y ni siquiera me ha preguntado por ti, por lo que cada vez me choca más.

Lástima que vas a perder tu año, pues es imposible que te presentes en exámenes ¿verdad?

Ahora quiero que me hagas el favor de mandarme aquellos versos que me escribiste un día, aunque sea sin dedicatoria, pues

34

como los escribiste en un cuaderno se me perdieron, no se te vayan a olvidar.

Le voy a decir a Alejandro que aunque sea mucha molestia para él entregarme tus cartas me haga ese favor pues no hay otra parte a donde me puedas escribir.

Ahora me es más difícil ver a los muchachos, por eso digo que siempre es molestia para Alex, pues como casi siempre están ellos en Leyes y yo en la Escuela sólo los puedo ver a la una y rara vez en la tarde. Yo creo que tú has de estar triste también pues ahora solito y sin R... siempre a de ser muy feo, pero tiene uno que conformarse con su suerte.

Bueno Chong Lee, ojalá que pronto te vuelva yo a ver. Por ahora escríbeme mucho y recibe muchos recuerdos y saludos de los muchachos y de cada una de tus hermanitas que nunca te olvidan y que quieren verte tan contento como el día en que estabas viendo a Delgadillo en *El Marinerito*.

Mi gatito te manda muchos besitos, lo mismo que un perrito muy chulo que tengo.

Frieda Kahlo

Aquí te mando mi último retrato [*hace un pequeño dibujito*]. Contéstame. Alejandro y el Chuchito te mandan saludos.

Friedita.

NOTAS

Las cartas a Miguel N. Lira, a quien apodaban Chong Lee, fueron conservadas por el sacerdote Víctor Varela Badillo.

Chuchito es Jesús Ríos Ibáñez y Valles.

R... es Rebeca, apodo elegido por Frida para cartearse con Lira.

[6]

CARTA A ALEJANDRO GÓMEZ ARIAS

Coyoacán a 10 de agosto de 1923

Alex: Recibí tu cartita a las siete de la noche de ayer cuando menos esperaba que alguien se acordara de mí, y menos que nadie Don Alejandro, pero por fortuna estaba equivocada. No sabes cómo me encantó que me tuvieras la confianza de una verdadera amiga y que me hablaras como nunca me habías hablado, pues aunque me dices con una poca de ironía que soy tan superior y estoy tan lejos de ti, yo de esos renglones tomo el fondo y no lo que otras tomarían... y me pides consejos, cosa que te daría con todo el corazón si algo valiera mi poca experiencia de 15 años, pero si es que la buena intención te basta no sólo mis humildes consejos son tuyos sino toda yo.

Bueno Alex, escríbeme mucho muy largo, entre más largo mejor, y mientras recibe todo el cariño de

Frieda

P. D. Me saludas a Chong Lee y a tu hermanita.

NOTA

Frida dice tener 15 años cuando en verdad ya había cumplido los 16. Nació en la Villa de Coyoacán el 6 de julio de 1907. La hermana de Gómez Arias se llamaba Alicia.

CARTAS A MIGUEL N. LIRA

[a]

Querido Chong Lee:

Por Pulques y Alejandro supe que estabas en Tlaxcala y por eso me atrevo a escribirte allí, pues como ni siquiera te acordaste de mí cuando te fuiste me fue imposible saber dónde estabas si no ya hubieras recibido una carta mía, pues aunque tú no te acuerdas de mí, yo no te puedo olvidar y por eso ahora te escribo esperando me contestarás a Londres # 1, Coyoacán, como me escribiste la última vez (Rebeca). Cuando me escribas cuéntame que tal has estado y cuándo te fuiste y qué te dijo tu papá de que habías salido bien en tus exámenes? Cuéntame muchas cosas y escríbeme seguido pues te extraño mucho porque ya ves que tú siempre estás muy contento conmigo y con todos.

Yo creo que no estarás mucho en Tlaxcala o no es así? Porque si te estás todas las vacaciones siquiera avísanos y escríbenos seguido.

Cuéntame qué haces, a dónde te vas a pasear y qué amigas y amigos tienes allí, no tan monos como los de aquí ¿verdad?

Bueno Chong Leesito me despido y quiero que me escribas si no me voy a enojar contigo.

Ruégale a Dios que salga bien de mis exámenes, todas las noches reza un padre nuestro y un ave María para que no me encuentre yo a Orozquito Muñoz.

Muchos saludos cariñosos recibe de tu hermanita que te quiere.

Frieda

[*dibuja un carita con lágrimas*] ANTES: lágrimas porque eres muy

malo y no se despidió de nosotros. [*dibuja su carita sonriente*] DES-
PUÉS: ya cuando te perdone. Muchos besitos.

[b]

México, a 25 de nov. 1923

Mi querido Chong Leesito:

No te puedes imaginar el gusto que me dio recibir tu cartita
pues ya te extrañaba demasiado y quería saber algo de ti.

Estoy muy triste ahora, pues figúrate que no veo a ninguno
de Uds. El Chuchito brilla por su ausencia, tú en esa tierra tan
lejos de mí, y tú te imaginas cómo estaré de triste sin Uds. que
son todo para mí. Sólo puedo ver a Alex.

De mis exámenes he salido bastante bien pues he tenido
buena suerte.

Dime que tal te diviertes en Tlaxcala, yo creo que mucho
¿verdad? Pues eso de estar y recordar dónde pasó uno su niñez es
muy bonito.

Te extraño muchísimo y quisiera estar contigo siquiera otro
sábado como aquel en que comimos tanto dulce ¿te acuerdas?
Cuando vengas me escribes para que vaya por ti a la estación, pero dices que hasta enero y eso está muy lejos y todavía tengo que
pasar muchos días muy triste y sin verte, pero creo que me escri-
birás mucho, lo mismo que yo a ti. No te cuento nada de nuevo
pues ya ves que en este México todo pasa igual siempre y el día
en que cambia lo extraña uno mucho. (Ya nadie va a la paradita)

NOTA
Escrito al reverso de una postal del puerto de Hamburgo.

[8]

CARTAS A ALEJANDRO GÓMEZ ARIAS

[a]

16 de diciembre de 1923

Alex: Estoy muy apenada contigo porque no fui ayer a las cuatro a la universidad, no me dejó ir mi mamá a México porque le dijeron que había bola. Además, no me inscribí y no sé qué hacer ahora. Te ruego que me perdones, pues dirás que soy muy grosera, pero no fue por culpa mía; por más que hice se le metió en la cabeza a mi mamá no dejarme salir y ni modo, más que aguantarse.

Mañana lunes le voy a decir que me examino de modelado y que me quedo todo el día en México, no es muy seguro, pues tengo que ver primero de qué humor está mi mamacita y luego decidirme a decir esa mentira; si es que voy, te veo a las once y media en Leyes, para que no tengas que ir a la universidad me esperas en la esquina de la nevería, si me haces favor. Siempre va a ser la posada en la casa de Rouaix, la primera, es decir, ahora; estoy decidida a no ir, pero quién sabe a la mera hora...

Pero ya que nos vamos a ver tan poco, quiero que me escribas Alex porque si no yo tampoco te voy a escribir y si es que no tienes qué decirme me mandas el papel en blanco o 50 veces me dices lo mismo, pero eso me demostrará que siquiera te acuerdas de mí...

Bueno, recibe muchos besos y todo mi cariño.

Tuya
Frieda

Dispensa la cambiada de tinta.

Seguramente se refiere a la familia del político Pastor Rouaix Méndez, secretario de Industria y Comercio en el gobierno de Venustiano Carranza, y diputado y senador en los gobiernos de Álvaro Obregón y Plutarco Elías Calles.

[b]

19 de diciembre de 1923

[...] estoy enojada pues me castigaron por esa idiota *escuincla* de Cristina, porque le pegué un catorrazo (porque me cogió unas cosas) y se puso a chillar como media hora y luego a mí me dieron una zurra de aquellas buenas y no me dejaron ir a la posada de ayer y apenas me dejan salir a la calle, así que no te puedo escribir muy largo, pero te escribo así para que veas que siempre me acuerdo de ti, aunque esté yo más triste que nada, pues tú te imaginas, sin verte, castigada y todo el día sin hacer nada porque tengo un coraje bueno. Ahora en la tarde le pedí permiso a mi mamá de venir a la plaza a comprar un antojito y vine al correo... para poderte escribir.

Recibe muchos besos de tu chamaca que te extraña mucho. Saluda a Carmen James y a Chong Lee (por favor).

Frieda

NOTA
El nombre de Carmen Jaimes lo transforma en Carmen James.

[c]

Alex: Ayer no te pude escribir porque ya era muy noche cuando regresamos de la casa de los Navarro, pero ahora sí tengo mucho tiempo que dedicar a ti; el baile de esa noche estuvo regular, más bien feo, pero siempre nos divertimos un poco. Ahora en la noche va a haber una posada en la casa de la señora Roca, y nos vamos a comer Cristina y yo, creo que va a estar muy bonita, porque van muchas muchachas y muchachos y la señora es muy simpática. Mañana te escribo y te cuento cómo estuvo.

En el baile de los Navarro no bailé mucho porque no estaba muy contenta. Con Rouaix fue con el que más bailé porque los demás estaban muy chocantes.

También en la casa de los Rocha hay posada ahora, pero quién sabe si vayamos…

Escríbeme, no seas malo.

Muchos besos
Tuya Frieda

Me prestaron *El retrato de Dorian Gray*. Por favor mándame la dirección de Guevara para mandarle su Biblia.

NOTA

Cinco fueron las hermanas de Frida: María Luisa y Margarita, hijas del primer matrimonio de Guillermo Kahlo, y Matilde, Adriana y Cristina, ésta once meses menor que Frida, fruto de su unión con Matilde Calderón.

[d]

Mi Alex:

[...] ¿Dónde se pasaron siempre el Año Nuevo? Yo fui a la casa de los Campos y estuvo regular, pues casi todo el tiempo rezamos y despúes como ya tenía yo mucho sueño me dormí y no bailé nada. Ahora en la mañana comulgué y le pedí a Dios por todos ustedes...

Fíjate que me fui a confesar ayer en la tarde y se me olvidaron tres pecados y así comulgué y eran grandes, ahora a ver cómo hago, pero es que se me ha metido no creer en la confesión, y, aunque yo quiera, ya no puedo confesarme bien. Soy muy burra, ¿verdad?

Bueno, mi vida, conste que te escribo. Yo creo que será porque no te quiere nada tu

Frieda

Dispensa que te escriba en este papel tan cursi, pero me lo cambió Cristina por un blanco y aunque luego me arrepentí ya ni modo. (No está tan feo, tan feo.)

Nota

Se refiere a la familia de Isabel Campos, su más cercana amiga entre las jóvenes de Coyoacán, quién tenía una hermana llamada Antonieta.

[e]

Mi Alex:

[...] Lo de la inscripción en la escuela está muy verde, pues un muchacho me dijo que empezaba el 15 de este mes y todo es un lío, pero mi mamá dice que hasta que se arreglen bien las cosas me voy a inscribir, así es que ni esperanzas de ir a México y me tengo que conformar con quedarme en el pueblo. ¿Qué sabes de la revuelta? Cuéntame algo para estar más o menos al tanto de cómo andan las cosas, no que aquí cada vez me vuelvo más atascada [...] Te lo pongo chiquito porque me da vergüenza. Me dirás que lea el periódico, pero es que da mucha flojera leer el periódico y me pongo a leer otra cosa. Me encontré unos libros muy bonitos que tienen muchas cosas de arte oriental y eso es lo que ahora está leyendo tu Friducha.

Bueno mi lindo, como ya no tengo más papel en qué escribirte y te voy a aburrir con tantas babosadas, me despido y te mando 1000000000000 besos (con tu permiso) que no se oigan si no se alborotan todos los de San Rafael. Escríbeme y cuéntame todo lo que te pasa.

Tu Frieda

P. D. Salúdame a la Reynilla si la ves. Dispensa la indecente letra que hice.

NOTA

En esos días la ciudad de México vivía un ambiente de gran tensión por el levantamiento, a fines de 1923, de Adolfo de la Huerta, quien desconoció al gobierno del general Álvaro Obregón. Alejandro Gómez Arias vivía en la colonia San Rafael. Agustina Reyna, a quien llamaban Reynita, fue una amiga cercana de Frida en la Preparatoria.

[9]

CARTAS A MIGUEL N. LIRA

[a]

20 enero 1924

Querido Chong Leesito:

Aunque tú no me has escrito, yo lo hago para que veas que me acuerdo de mis buenos cuates.

No te imaginas lo triste que estoy en este solitario pueblo.

Dos veces he ido a Leyes y el Pulquito me ha dicho que en las mañanas brillas por tu ausencia, así es que hace ya mucho tiempo que no te veo.

¿Qué me cuentas de Orozco Muñoz y de todas las aventuras del tiempo pasado y presente? Yo estoy en babia de todo lo que me sucede por esos rumbos de Dios y así es que me tienes que poner al tanto.

Yo misma me digo: *«Más te valiera estar duermes»*, pero por más que cierro los ojos para no ver llanos y llanos en este mi pueblo, imposible porque antes que nada la educación y hay que hacerse ilusiones de que está uno en algo parecido a un (ne pa posible la traduction). (No sé cómo se escribe).

Bueno Chong Lee, espero que me contestarás (a lista de correos), mientras recibe muchos saludos cariñosos de tu amiga y hermana que te quiere.

Frieda

NOTA

Por los años veinte Francisco Orozco Muñoz, nacido en San Francisco del Rincón, Guanajuato, se desempeñaba como poeta y comentarista de arte, y ya había comenzado a coleccionar obras del pintor Hermenegildo Bustos; llegó a poseer un centenar de ellas, además de objetos que le habían pertenecido.

[b]

27 enero 1924

Chong Lee:

Recibí tu cartita el otro día y estoy encantada.

Dispensa que hasta ahora te escriba, pero es que no he podido salir. Oye Chong Lee, a ver cuándo vienes al pueblo eh? De veras dime cuándo vienes con Alex para ir a dar una vuelta, te traes a Carmen Jaimes. Por favor no digas que no vas a venir, pues me querrías decir que ya no me quieres.

También dile al Pulques que venga; en una semana juntan 40 fierros hombre y no les cuesta mucho trabajo.

Bueno, ya me voy a misa y voy a rezar por Uds. mucho.

Recibí cariñosos recuerdos de tu hermanita.

Frieda

[10]

CARTAS A ALEJANDRO GÓMEZ ARIAS

[a]

16 de abril de 1924

[...] Fueron bellos los ejercicios del retiro porque el sacerdote que los dirigió era muy inteligente, casi un santo. En la comunión general nos dieron la bendición papal y se concedieron muchas indulgencias, todas las que uno quisiera, yo oré por mi hermana Maty, y como el sacerdote la conoce dijo que también rezaría mucho por ella. También oré a Dios y a la Virgen para que todo te salga bien y me quieras siempre, y por tu madre y tu hermanita [...]

NOTA

Cuando Matilde Kahlo Calderón tenía dieciocho años, hacia 1923, Frida la ayudó a que se escapara con su novio a Veracruz. Frida recordó (Raquel Tibol: «Fragmentos para una vida en Frida Kahlo», suplemento *México en la Cultura*, del periódico *Novedades*, México, 7 de marzo de 1954): «Matita era la preferida de mi madre y su fuga la puso histérica. Cuando se fue, mi padre no dijo una palabra. Era tal su temple que se me hacía difícil convencerme de su epilepsia... Cuatro años estuvimos sin ver a Matita. Cierto día, mientras viajábamos en un tranvía, mi padre me dijo: "¡No la encontraremos nunca!" Yo lo consolaba y en verdad mis esperanzas eran sinceras... Una compañera de la Preparatoria me comentó: 'Por las calles de los Doctores vive una señora parecidísima a ti. Se llama Matilde Kahlo'. Al fondo de un patio, en la cuarta habitación de un largo corredor, la encontré. Era un cuarto lleno de luz y pájaros. Matita se estaba bañando con una manguera. Vivía allí con

Paco Hernández, con el que después se casó. Gozaron de buena situación económica y no tuvieron hijos. Lo primero que hice fue avisar a mi padre que la había encontrado. La visité varias veces y traté de convencer a mi madre para que se viesen, pero no quiso».

[b]

Día de los gringos (4 de julio), 1924

[...] No sé ya cómo hacer para conseguir algún trabajo, pues es la única manera que podría verte como antes, diario, en la escuela.

[c]

4 de agosto de 1924

[...] Estoy triste y aburrida en este pueblo. Aunque es bastante pintoresco, le falta un no *sé quién* que todos los días va a Iberoamérica [...]

NOTA
Se refiere a la Biblioteca Iberoamericana de la Secretaría de Educación Pública.

[d]

Alejandrito:
Me han dicho que estás muy triste y preocupado en un invento de radiotelefonía inalámbrica porque padeces por las noches jaquecas y por eso te mando esta medicinita eh?

[*Dos pequeños dibujitos: un joven frente a una bocina y ella de pie.*]
Mi último retrato. Estoy dando un concierto y tú lo estás oyendo en tu aparato. Ondas aéreas.

[*Dibuja un tranvía con conductor y niñas que intentan treparse al vehículo en marcha, casas al fondo.*] Aquí vamos de moscas en un Peralvillo la Reynita y yo. Es una magnífica fotografía de las que a ti te gustan. Así veíamos las casas. Niñas que se van a cair.

[*Dibuja pilas de libros, una ratita y un personaje ante un librero.*] Cómo desearía estar cuando fueras mucho muy feliz. No es turrón, son libros. Ratita que ha hecho un nidito en un libro de Anatole France. Tú leyendo a don Ramón de las barbas de chivo.

Tu amiga

Frideita

NOTA
Se refiere a Ramón del Valle-Inclán.

[e]

Lunes 18 de agosto de 1924, 8 de la noche

Alex: Hoy en la tarde cuando hablaste por teléfono no pude estar en la lechería en punto de las 3 1/2, pero me fueron a llamar y cuando llegué estaba colgada la bocina y ya no pude hablarte, me perdonas Alex, pero ya ves que no fue culpa mía.

Figúrate que se me arrancó re feo en la tarde, pues cuando salí del dentista fui a comprar una paletina a «La Carmela», ya te acuerdas, donde la compramos la otra vez, y cuando la estaba yo comprando entró el Rouaix y me dio un empujón y rompí un vidrio del mostrador y así es que se nos arrancó a los dos, pues ahora tenemos que pagar 2.50 c/u, pero como ya se va el día 1º a USA dice que ahora me aguanto la parada y que me va a dejar

48

la cuentecita. Fíjate qué bien se iba componiendo pero nada de árboles, ahora que empeñe algún chivo, para pagar la mitad ¿no te parece? Oye, dentro de diez días va a haber bailazo en la casa de tu cuate Chelo y va a ser de fantasía, así es que tengo que irme a conseguir traje con tiempo y ése va a ser el pretexto para ir a echarme un paseíto con el dueño de Panchito Pimentel, verdad?

Si en estos días no te puedo ver te vienes a la población, el miércoles me hablas por teléfono a las 3 1/2, con seguridad estoy ahí eh?, pero antes me contestas esta cartita lo más pronto que puedas hermanito, pues ya sabes que si no voy a creer que te está volanta la Srita. que te preguntó si habían petateado a la manceba del tren en cuestión: y eso sí es terrible. ¡Tanto tiempo sin hablarse y de sorpresa!

Voy a leer ahora *Salambó* hasta las 10 1/2, son las 8, y luego la Biblia en tres tomos y, por último, a pensar un ratito en buten de problemas científicos y luego a meterme a la cama, a dormirme hasta las 7 1/2 de la mañana, eh? Hasta mañana, que pasemos buena noche y que los dos pensemos en que los grandes cuates se deben querer mucho, mucho, mucho, mucho, mucho, mucho, mucho, mucho… con m de música o de mundo.

P. Mayor.- Los grandes cuates se deben de querer mucho.

P. Mayor.- Alex y Friducha son grandes cuates.

Conclusión.- Luego Alex y Frieducha se deben querer mucho.

Calificación 4. M. Cevallos

Un besito sin que se alboroten los de Pancho Pimentel eh? Una manceba que te quiere más que nunca.

Frieda

[*Dibujito de su cabeza en un pedestal.*] Estatua a tu cuata. Ya por poco y nazco degollada por el hocico tan chiquito.

[*Dibujo de un corazón flechado.*] I love you very much. etc., kisses.

NOTAS

Con «Panchito Pimentel» nombra los genitales masculinos.

Chelo era la amiga común Consuelo Navarro.

[f]

14 de septiembre de 1924

[Junto a un dibujo de una cabeza de mujer de facciones estilizadas, escribió:]

No la arranques porque es muy bonita... Basándote en esa muñequita puedes ver cómo estoy progresando en el dibujo, ¿verdad? °Ahora ya sabes que soy un prodigio en lo que concierne al arte! Así que ten cuidado por si los perros se acercan a ese admirable estudio sicológico y artístico de un «*pay Chekz*» (*one* ideal). No la vayas a romper porque está muy bonita.

[g]

[Dibuja un gato acurrucado de espaldas] Other tipo ideal

Septiembre 20 de 1924

Mi Alex:

Como veo que tú no me quieres escribir, voy a ver si acaso te dan ganas de contestarme esta carta que te mando este día 20 de septiembre.

Hoy en la mañana que te fui a ver estabas muy serio, pero como delante de la Reyna no te pude decir nada, ahora que te escribo quiero preguntarte por qué causa estabas como serio conmigo, pues puede ser que nada más haya sido preocupación mía o que de veras haya sucedido.

Oye Alex, si esta carta te llega el lunes en la mañana, puede ser que te pueda ir a ver a la Biblioteca y si no voy es que tuve que ir a Tlalpan y entonces te veo con seguridad el martes en la Ibero o en cualquier otro lugar que tú me hagas favor de decirme si es que no te es molesto, pues por mi parte tengo muchas ganas de estar contigo, pero quién sabe si a ti te aburra mucho platicar con esta tu novia que te quiere mucho pero que es un poco atascadita.

Hoy me sonaron dos veces los oídos y pregunté un número y me dijeron 7°, espero que hayas sido tú el que pensaba en Mi... guel de I.

Tu Friducha linda. One kiss.

Escríbeme por favor. Disculpa el papel.

[h]

Jueves, 25 de diciembre de 1924

Mi Alex: Desde que te vi te amé. ¿Qué dice usted? Como probablemente van a ser varios los días que no nos vamos a ver, te voy a suplicar que no te vayas a olvidar de tu mujercita linda, ¿eh?... A veces en las noches tengo mucho miedo y yo quisiera que tú estuvieras conmigo para que no me dejaras ser tan miedosa y para que me dijeras que me quieres igual que antes, igual que el otro diciembre, aunque sea yo una «cosa fácil» ¿verdad Alex? Te tienen que ir gustando las cosas fáciles... Yo quisiera ser todavía más fácil, una cosita chiquitita que nada más trajeras en la bolsa siempre, siempre... Alex, escríbeme seguido y aunque no sea cierto dime que me quieres mucho y que no puedes vivir sin mí...

Tu chamaca, *escuincla* o mujer o lo que tú quieras.
Frieda

El sábado te llevaré tu suéter y tus libros y muchas violetas, porque hay cantidades en la casa...

[i]

Contéstame, contéstame, contéstame, contéstame, contéstame, contéstame.   "   "   "   "
      "   "   "   "   "
      "   "   "   "   "
      "   "   "   "   "

¿Sabe usted la noticia? Se acabaron las pelonas

1º de enero de 1925

Mi Alex: Hoy a las once recogí tu carta, pero no te contesté ahora mismo porque como tú comprenderás no se puede escribir ni hacer nada cuando está uno rodeado de manada; pero ahorita que son las 10 de la noche, que me encuentro sola y mi alma, es el momento más apropiado para contarte lo que pienso. (Aunque no tengo en la mano izquierda línea de la cabeza. S. Mallén.)

Acerca de lo que me dices de Anita Reyna, naturalmente ni de chiste me enojaría, en primer lugar porque no dices más que la verdad, que es y será siempre muy guapa y muy chula y, en segundo lugar, que yo quiero a todas las gentes que tú quieres o has querido (!) por la sencillísima razón de que tú las quieres. Sin embargo, eso de las caricias no me gustó mucho, porque a pesar de que comprendo que es muy cierto que es chulísima, siento algo así... vaya, cómo te diré, como envidia ¿sabes?, pero eso sólo es natural. El día que quieras acariciarla, aunque sea como recuerdo, me acaricias a mí y te haces las ilusiones de que es ella

52

eh? Mi Alex? Dirás que soy muy pretenciosa, pero es que no hay otro remedio para consolarme. Sé que aunque haya una Anita Reyna muy chula, hay otra Frida Kahlo no menos chula, supuesto que le gusta a Alejandro Gómez Arias según él y ella. Por lo demás Alex, me encantó que fueras tan sincero conmigo y que me dijeras que la habías visto linda y que ella te había visto con su odio de siempre; se conoce que eres un poquito llevado de por mal y recuerdas con cariño a los que te imaginas que no te han querido… cosa que seguramente me pasará a mí que te he querido como a nadie, pero como tú eres muy buen cuatezón conmigo me vas a querer aunque sepas que te quiero mucho, verdad Alex?

Oye, hermanito, ahora en 1925 nos vamos querer mucho eh? Dispensa que repita mucho la palabra «querer», cinco veces de a tiro, pero es que soy muy maje. No te parece que vayamos arreglando muy bien la ida a los *United States*; quiero que me digas qué te parece que nos vayamos en diciembre de este año, hay mucho tiempo para arreglar todos los asuntos, ¿no crees? Dime todo lo que le encuentres de malo y de bueno y si de veras te puedes ir; porque mira Alex, es bueno que hagamos algo en la vida, ¿no te parece? Cómo nos vamos a estar nada más de majes toda la vida en México; como para mí no hay cosa más linda que viajar, es un verdadero sufrimiento el pensar que no tengo la suficiente fuerza de voluntad para hacer lo que te digo; tú dirás que no nada más se necesita fuerza de voluntad, sino antes que nada la fuerza de la moneda o moscota, pero eso trabajando un año se junta y ya lo demás pues es más fácil, ¿verdad? Pero como yo la mera verdad no sé muy bien de estas cosas, es bueno que tú me digas qué tiene de ventajas y qué de desventajas y si de veras son muy desgraciados los gringos. Porque tienes que ver que de todo esto que te escribo, desde la crucecita hasta *this* renglón, mucho hay de castillos al aire y es bueno que me desengañe de una vez para no ver más allá del bien y del mal. (Porque todavía soy algo taruga, no cree?)

A las 12 de la noche pensé en ti mi Alex, ¿y tú? Yo creo que también porque me sonó el oído izquierdo. Bueno, como ya sabes que «Año Nuevo vida nueva», tu mujercita va a ser este año no peladilla de a 7 pesos kilo, sino lo más dulce y bueno que hasta ahora se haya conocido para que te la comas enterita a puros besos.

Te adora tu chamaca

Friduchita

Contéstame y mándame un besito.
(Un Año Nuevo muy feliz para tu mamá y hermana.)

NOTA

S. Mallén es Rubén Salazar Mallén (1905-1986), abogado y escritor que compartió sus actividades de periodista con la cátedra. Gómez Arias se casaría con su hermana: Teresa Salazar Mallén.

[j]

Enero 8 de 1925. Jueves

Alex (propiedad asegurada): He estado buten de triste porque estás enfermo y yo querría haber estado todo el tiempo junto a ti, pero ya que no se puede me tengo que aguantar la parada hasta que te alivies, que yo creo será muy pronto.

Estos días en las mañanas he venido al despacho del jefe y en las tardes estuve en la casa de tu cuate la Reynilla, como habrás pensado en el momento que recibiste el bultito que te mandé con la gata o fámula de la Reynis o no?

Ayer en la noche al único que vi fue a Salas que me dijo que lo habías felicitado de año nuevo de una manera buten de alambicada y chistosa, y hasta creía que entre tú y yo lo habíamos hecho, pero como yo no sabía nada, le dije que con toda seguridad habías sido tú, porque era raro que a otro se le ocurriera hacerlo tan original y chispa. (Ya has de saber cuál fue la felicitación por eso no te la explico.)

Antier sí no vi a nadie más que a la Reyna y anduvimos buscando decoraciones para el teatrito que se va a llamar Teatro-Pello, y viendo la manera más eficaz de conseguir chamba le mandamos un telegrama a Chola de la siguiente alambicación:

Estimada señorita.

Estudiantes ruegan respetuosamente se sirva concederles una entrevista.

Contestación a Pimentel 31. Sritas. A. Reyna y F. K.

Yo creo que únicamente le regalamos al telégrafo nuestro tostón, pero todo es hacer la lucha. El lunes a las 8 1/2 vamos a entrar a practicar taquigrafía y mecanog... a la Oliver para que no estemos tan atascadas en esa cuestión, pero sin embargo estoy más triste que qué bebes, porque de ninguna manera puedo conseguir chamba pronto y el tiempo se va como agua. La Güera Olaguíbel probablemente va a trabajar en El Globo de Palavicini y el otro día que me la encontré en un camión me dijo que le ofrecían una chamba en la Biblioteca de Educación, pero que necesitaba una recomendación de algún poderoso de éstos, y que si yo la podía conseguir me dejaba esa chamba porque ya tiene casi segura la del Globo, y para eso quiero ver a Chole o a ver a quién demonios veo para que me haga la valedura. Pagan 4 o 4.50 y me parece que no está nada malo, pero antes que nada tengo que saber algo de máquina y de garabato. Así es que nada más figúrate que atrasada está tu cuate!

Pero ahorita lo único que quiero es que te alivies tú y ya lo demás viene en 5° y 6° lugar, porque del 1° al 4° lugar son que te alivies y que me quieras, etc., etc. Ya te habré fastidiado con tantas cosas, así es que ya me despido pero pronto doy la vuelta (Música del pájaro carpintero). Escríbele a Chong Lee que me mande saludar en tus cartas y tú escríbeme o si ya estás mejorcito dime cuándo sales para poderte ver porque ya ves que yo soy muy chillona y si no te veo se me salen sin querer las de San Pedro.

Que te alivies pronto pronto y que pienses un poquito en mí es lo que quiere tu hermana (novia, cuata, mujer)

Frieda

Contéstame luego luego en cartas de luto porque me gustan mucho.

NOTA

Ángel Salas, músico, compositor, intérprete de varios instrumentos y promotor cultural, fue un amigo muy allegado de Frida.

[k]

15 de enero de 1925

[...] Dime si ya no me amas Alex, te amo aunque no me quieras ni como a una pulga [...]

[l]

25 de julio de 1925

[...] Cuéntame qué hay de nuevo en México, de tu vida y todo lo que me quieras platicar, pues sabes que aquí no hay más que pastos y pastos, indios y más indios, chozas y más chozas de los que no se puede escapar, así que aunque no me creas estoy muy aburrida con *b* de burro... cuando vengas por amor de Dios tráeme algo que leer, porque cada día me vuelvo más ignorante. (Discúlpame por ser tan floja.)

[ll]

[…] De día trabajo en la fábrica de la que te platiqué, mientras busco algo mejor porque no hay otra cosa qué hacer, imagínate cómo estoy, pero qué se le va a hacer; aunque el trabajo no me atrae para nada, no es posible cambiarlo ahora y lo tendré que soportar como sea…

Estoy dominada por la más terrible tristeza, pero tú sabes que no todo es como una quisiera que fuese y qué caso tiene hablar de ello […]

[m]

Martes, a 13 de octubre de 1925

Alex de mi vida:

Tú mejor que nadie sabes todo lo triste que he estado en este cochino hospital, pues te lo has de imaginar, y además ya te lo habrán dicho los muchachos. Todos dicen que no sea yo tan desesperada; pero ellos no saben lo que es para mí tres meses de cama, que es lo que necesito estar, habiendo sido toda mi vida una callejera de marca mayor, pero qué se va a hacer, siquiera no me llevó la pelona. ¿No crees?

Figúrate con qué angustia me habré quedado sin saber cómo estabas tú ese día y al día siguiente; ya que me habían operado, llegaron Salas y Olmedo; ¡me dio un gusto verlos!, sobre todo a Olmedo, como no tienes idea; les pregunté por ti y me dijeron que era muy doloroso lo que pasó, pero no de gravedad y no sabes cómo he llorado por ti mi Alex, al mismo tiempo que por mis dolores, pues te digo que en las primeras curaciones se me

ponían las manos como papel y sudaba del dolor de la herida...
que me atravesó enteramente de la cadera a adelante; por tantito
y me quedo hecha una ruina para toda la vida o me muero, pero
ya todo pasó, ya una me cerró, y pronto dice el doctor que me
va a cerrar la otra. Ya te habrán explicado lo que tengo, ¿verdad?,
y todo es cuestión de mucho tiempo hasta que me cierre la fractura que tengo en la pelvis, y se me componga el codo y que cicatricen otras heridas chicas que tengo en un pie...

De visitas me han venido a ver un «gentío de gente» y una
«humareda de humo», hasta Chucho Ríos y Valles preguntó
varias veces por teléfono y dicen que vino una vez, pero yo no lo
vi... Fernández me sigue dando la moscota y ahora resulté todavía con más aptitudes que antes para el dibujo, pues dice que
cuando me alivie me va a pagar 60 semanales (puro jarabe de
pico, pero en fin), y todos los muchachos del pueblo vienen cada
día de visita y el señor Rouaix hasta lloró, el padre, eh, no vayas
a creer que el hijo, bueno y tú imagínate cuántos más...

Pero daría cualquier cosa porque en lugar de que vinieran
todos los de Coyoacán y todo el viejerío que también viene, un
día vinieras tú. Yo creo que el día que te vea Alex, te voy a besar,
no tiene remedio; ahora mejor que nunca he visto cómo te quiero con toda el alma y no te cambio por nadie; ya ves que siempre sirve de mucho sufrir algo.

Además de que físicamente he estado bastante amolada, aunque como le dije a Salas no creo haber estado muy grave, he sufrido mucho moralmente, pues tú sabes cómo estaba mi mamá
de mala, lo mismo que mi papá, y haberles dado este golpe me
dolió más que cuarenta heridas; figúrate, la pobrecita de mi mamá dice que tres días estuvo como loca llorando, y mi papá, que
ya iba muy mejorado se puso muy malo. Solamente dos veces me
han traído a mi mamá desde que estoy aquí, que con hoy son 25
días que se me han hecho mil años, y una vez a mi papá; así es
que ya quiero irme a la casa lo más pronto posible; pero no será
hasta que me baje completamente la inflamación y me cicatricen

todas las heridas, para que no haya ninguna infección y no me vaya yo a pasar a… arruinar ¿te parece?; de todos modos yo creo que no pasa de esta semana… de todas maneras te espero contando las horas donde sea, aquí o en mi casa, pues así, viéndote, se me pasarían los meses de cama mucho más aprisa.

Oye, mi Alex, si no puedes venir todavía me escribes, no sabes todo lo que me ayudó a sentirme mejor tu carta, la he leído yo creo que dos veces al día desde que la recibí y siempre me parece como si fuera la primera vez que la leo.

Te tengo que contar una bola de cosas, pero no te las puedo escribir porque como todavía estoy débil, me duelen la cabeza y los ojos cuando leo o escribo mucho, pero pronto te las contaré.

Hablando de otra cosa, tengo un hambre manis que pa' qué te escribo… y no puedo comer más que unas porquerías que ya te aviso; cuando vengas tráeme pastillas y un balero como el que perdimos el otro día.

Tu cuate que se ha vuelto tan delgada como un hilo.

Friducha

(Estuve muy triste por la sombrillita) ¡La vida comienza mañana…!

−Te adoro−

NOTAS

Frida me explicó su accidente de esta manera («Fragmentos»): «Los camiones de mi época eran absolutamente endebles; comenzaban a circular y tenían mucho éxito; los tranvías andaban vacíos. Subí al camión con Alejandro Gómez Arias. Yo me senté en la orilla, junto al pasamano, y Alejandro junto a mí. Momentos después el camión chocó con un tren de la línea Xochimilco. El tren aplastó al camión contra la esquina. Fue un choque extraño; no fue violento, sino sordo, lento y maltrató a todos. Y a mí mucho más. Recuerdo que ocurrió exactamente el 17 de septiembre de 1925, al día siguiente de las fiestas del

16... A poco de subir al camión empezó el choque. Antes habíamos tomado otro camión; pero a mí se me había perdido una sombrillita; nos bajamos a buscarla, y fue así que vinimos a subir a aquel camión que me destrozó. El accidente ocurrió en una esquina, frente al mercado de San Juan, exactamente enfrente... En lo primero que pensé fue en un balero de bonitos colores que había comprado ese día y que llevaba conmigo. Intenté buscarlo, creyendo que todo aquello no tendría consecuencias».

El entonces estudiante de música Ángel Salas y el estudiante de ingeniería Agustín Olmedo integraban el círculo de amigos comunes. De Olmedo, Frida hizo un retrato en 1928.

Poco antes del accidente Frida había entrado al taller del impresor Fernando Fernández como aprendiz de grabado.

[n]

Martes 20 de octubre de 1925

Mi Alex:

A la una del sábado llegué al pueblo; Salitas me vio salir del hospital y te ha de haber dicho cómo me vine, ¿verdad? Me trajeron muy despacio, pero siempre tuve dos días de una inflamación de todos los demonios, pero ya estoy ahora más contenta por estar en mi finca y con mi mamá. Ahora te voy a explicar todo lo que tengo, como dices en tu carta, sin faltar detalle; según el doctor Díaz Infante, que fue el que me curó en la Cruz Roja, ya nada es de mucho peligro y voy a quedar más o menos bien; tengo desviada y fracturada del lado derecho la pelvis, tuve luxación y una pequeña fractura, y las heridas que en la otra carta te expliqué cómo son: la más grande me atravesó de la cadera a en medio de las piernas, así es que fueron dos, una que ya me cerró y la otra la tengo como dos centímetros de largo y uno y medio de fondo, pero yo creo que muy pronto se cierra, el pie derecho lleno de raspones muy hondos y otra de las cosas que tengo es que estamos a 20 y F. Luna no ha venido a verme y es sumamente grave eso. El doctor Díaz Infante (que es una monada) no quiso seguirme curando porque dice que es muy lejos Coyoacán y no podía dejar a un herido y venir cuando lo llamara, así es que lo cambiaron por Pedro Calderón de Coyoacán. ¿Te acuerdas de él? Bueno, pues como cada doctor dice algo diferente de una misma enfermedad, Pedro desde luego dijo que de todo me veía demasiado bien, menos del brazo, y que duda mucho que pueda extender el brazo, pues la articulación está bien pero el tendón está contraído y no me deja abrir el brazo hacia adelante y que si lo llegaba a extender sería muy lentamente y con mucho masaje y baños de agua caliente; me duele como no tienes idea, a cada jalón que me dan son unas lágrimas de a litro, a pesar de que dicen que en cojera de perro y lágrimas de mujer no hay que creer; la pata también me duele muchísimo, pues haz de cuenta que la tengo machacada y además me dan unas punzadas en toda la pierna horribles y estoy muy molesta, como tú puedes imaginar, pero con reposo dicen que me cierra pronto, y que poco a poco podré ir andando.

Tú cómo estás y quiero también saberlo exactamente, pues ya ves que ahí en el hospital no les podía preguntar nada a los muchachos, y ahora es mucho más difícil que los vea, pero no sé si querrán venir a mi casa… y tú tampoco has de querer venir… se necesita que no tengas vergüenza de nadie de la parentela y menos de mi mamá. Pregúntale a Salas cómo son de buenas gentes Adriana y Mati. Ahora Mati no puede venir muy seguido a la casa, pues cada vez que viene es un disgusto para mi mamá, y el día que ella viene no entra mi mamá, pobrecita, después de que tan bien se portó conmigo esta vez, pero ya sabes que las ideas de cada gente son muy diferentes y ni remedio, hay que aguantarse. Así es que ya te digo, no es justo que nada más me escribas y no me vengas a ver, pues yo lo sentiría como nada he sentido en mi vida. Puedes venir con todos los muchachos un domingo o el día que quieras, no seas malo, nada más ponte en mi lugar: cinco (5) meses amolada y para más lujo recontra aburrida, pues de no ser una bola de viejas que me vienen a ver y los *escuincles* de aquí, que de cuando en cuando se acuerdan de que existo, me tengo que estar sola y mi alma y sufro mucho más, mira, nada más está Kity conmigo que ya la conoces y todo, a Mati yo le digo que venga el día que ustedes quieran venir y ella ya conoce a los muchachos y es muy buena gente, Adriana lo mismo, el Güero no está, mi papá tampoco, mi mamá no me dice nada, no me explico por qué te da vergüenza si no has hecho nada; todos los días me sacan al corredor en la cama, pues Pedro Calderas quiere que me dé el aire y el sol, así es que no estoy tan encerrada como en ese malvado hospital.

Bueno, mi Alex, ya te canso y me despido con la esperanza de verte mucho muy pronto ¿eh?; no se te olvide el balero y mis dulces, te advierto que quiero algo de mesa porque ya puedo comer más que antes.

Saludos por tu cantón y por favor le dices a los muchachos que no vayan a ser tan malas gentes de olvidarme por el solo hecho de estar en mi casa.

Tu chamaca

Friducha

NOTAS

Sobre la reacción de su hermana Matilde ante el accidente, Frida recordó («Fragmentos»): «Matilde leyó la noticia en los periódicos y fue la primera en llegar [a la Cruz Roja] y no me abandonó... de día y de noche a mi lado».

La carta la escribió a los 33 días del choque; los cinco meses a los que se refiere son los que le dijeron que tendría que estar en cama. El Güero que menciona era seguramente Alberto Veraza, esposo de su hermana Adriana. Designaba «F. Luna» a la menstruación. Pedro Calderas es el doctor Pedro Calderón.

[ñ]

Alex: Acabo de recibir tu carta hoy, y aunque la esperaba desde mucho antes, me quitó mucho los dolores que tenía, pues imagínate que ayer domingo a las nueve me cloroformaron por 3ª vez para bajarme el tendón del brazo, que como ya te dije lo tenía contraído, pero ya se me pasó el cloroformo que fue a las 10, estuve en un grito hasta las seis de la tarde que me pusieron una inyección de Sedol y no me hizo nada, pues los dolores me siguieron aunque un poco menos fuertes, después me dieron cocaína, así fue como se me pasaron un poco, pero la vasca (no sé cómo se escribe) no se me quitó en todo el día, depuse verde, la pura bilis, pues figúrate que al otro día de que vino Mati a verme, es decir, el sábado en la noche, le dio un ataque a mi mamá y yo fui la primera que la oí gritar y como estaba dormida, se me olvidó por un momento que estaba mala y me quise levantar pero sentí un dolor terrible en la cintura y una angustia tan espantosa que no te puedes imaginar, Alex, pues yo quería pararme y no podía hasta que le grité a Kity y todo eso me hizo mucho mal y estoy muy nerviosa. Bueno, pues te estaba yo diciendo de ayer que toda la noche no hice otra cosa más que deponer y tuve un trastorno horrible; vino Villa a verme, pero no lo dejaron pasar a la recámara, pues estaba muy molesta con esos dolores. También vino Verastigué pero tampoco lo vi. Ahora en la mañana amanecí con una inflamación en donde tengo la fractura de la pelvis (cómo me choca ese nombre), que ya no sabía qué hacer, pues tomaba agua y la deponía de la misma inflamación en todo el estómago por tanto grito como di ayer. Ahora no me queda más que dolor de cabeza, pero te digo que ya estoy desesperada de tanto estar en cama y en una sola postura; quisiera que aunque poco a poco me pudiera ir sentando, pero no me queda otro remedio que aguantarme.

Respecto a los que me vienen a ver te diré que no son tan pocos, pero no son ni la 3ª parte de los que más me simpatizan; un montón de viejas y muchachas que más que por cariño vienen por curiosidad; de los muchachos son todos los que tú te puedes imaginar…, pero siquiera me quitan el aburrimiento en los momentos que están conmigo; esculcan todos los cajones, me quieren traer una victrola; nada más imagínate que la güera Olaguíbel me trajo la suya y como el sábado llegó Lalo Ordóñez del Canadá se trajo de Estados Unidos unos discos bastante suaves, pero no aguanto más que una pieza, pues a la 2ª ya me duele la cabeza; casi todos los días vienen los Galán y también los Campos, los italianos, los Canet, etcétera, todo Coyoacán; entre la gente seria se cuenta a Patiño y al Chava, que me trae libros como *Los* 3 *mosqueteros*, etcétera, tú imagínate qué contenta estaré; ya les he dicho a mi mamá y a Adriana que yo quiero que vengan ustedes, es decir tú y los muchachos (se me olvidaba)… Oye Alex, quiero que me digas qué día vas a venir para que si por casualidad el mismo día quiere venir una bola de atascadas no recibirlas, pues quiero platicar contigo y nada más. Diles por favor a Chong Lee (el príncipe de Manchuria) y a Salas que también tengo muchas ganas de verlos, que no sean malas gentes, de no venirme a ver, etc., lo mismo que a la Reyna, pero yo no quisiera que el día que vinieras tú, viniera la Reyna, pues no conviene tenerle que estar platicando a ella sin libertad de platicarte a ti y a los muchachos; pero si es más fácil venir con ella, ya sabes que con tal de verte a ti aunque vengas con la *puper* Dolores Ángela…

Alex ven pronto, lo más pronto que puedas, no seas malo con tu chamaca que tanto te quiere.

Frieda

NOTAS

Sobre los ataques de histeria de su madre Frida opinaba («Fragmentos»): «Mi madre estaba histérica por insatisfacción... porque no estaba enamorada de mi padre... me mostró un libro forrado en piel de Rusia donde guardaba las cartas de su primer novio. En la última página estaba escrito que el autor de las cartas, un joven alemán, se había suicidado en su presencia. Ese hombre vivió siempre en su memoria... Mi madre llegó a la histeria por la religión».

Con «vasca» se refiere a la basca, es decir, los espasmos que preceden al vómito.

Entre las amigas más cercanas de Frida hay que contar a Esperanza Ordóñez y Agustina Reyna. Tres eran las hermanas Canet: Etelvina, Montserrat y Lourdes. Otras coyoacaneses a las que trató fueron: Lucha Valdés, Ninfa Garza, Julieta García, Lupe Rubí, Consuelo Robledo, Paz Fariñas.

[o]

5 de noviembre de 1925

Alex: Tú dirás que no te he escrito porque ya no me acuerdo de ti, pero no hay nada de eso; la última vez que viniste me dijiste que volverías muy pronto, un día de éstos, ¿no es cierto? Yo no he hecho más que esperar ese día que no ha llegado todavía...

Pancho Villa vino el domingo, pero F. Luna no se presenta, ya estoy perdiendo las esperanzas. Ya estoy sentada en un sillón y seguramente para el día 18 me paro, pero no tengo fuerzas de nada, así que quién sabe cómo me vaya; del brazo sigo igual (ni pa'trás ni pa'delante), ya estoy buten de desesperada con *d* de dentista.

Ven a verme, no seas tan mala gente, hombre, parece mentira que ahora que más te necesito te hagas que la V. t. h.; dile a Chong Lee que se acuerde de Jacobo Valdés que tan bellamente dijo: en la cama y en la cárcel se conocen los amigos. Y todavía estoy en espera de tú.

[...] si no vienes es porque ya no me quieres nada, ¿eh? Mientras, escríbeme y recibe todo el cariño de tu hermana que te adora.

Frieda

NOTAS

La invención de términos y las alteraciones verbales y gramaticales gustaban tanto a Frida como a otros *Cachuchas*. Gómez Arias explicó así este término (*Memoria personal...*): «El nombre de Los Cachuchas provenía del hecho de que en vez de sombreros usábamos cachucha. Así de simple, aunque así de subversivo, pues la costumbre de vestir con sombrero o 'carrete', según la temporada del año, era muy rígida, aun para los preparatorianos. Las cachuchas nos las proporcionaba José Gómez Robleda, quien entre otras de sus cualidades era sastre. Él las cosía y nos las regalaba».

V. t. h.: iniciales de Virgen te habla, que en lenguaje coloquial equivale a decir: no me salgas con que tienes asuntos más importantes.

[p]

12 de noviembre de 1925

[...] El domingo a las siete seguramente habrá una misa para agradecer que salí viva y será mi primera salida; pero después quiero ir a la calle, aunque sea a dar unos cuantos pasos y quizá te gustaría que fuéramos a dar una vuelta por el pueblo, ¿quieres?

[q]

Jueves, 26 de noviembre de 1925

Mi adorado Alex: No te puedo explicar todo lo que estoy pasando ahora, pues figúrate que a mi mamá le dio un ataque y estaba yo con ella, porque Cristina se largó a la calle cuando tú viniste, y la desgraciada gata te dijo que no estaba yo, y estoy con un coraje que no te puedes imaginar; tenía yo unas ganas de verte, de estar contigo un rato sola, como hace tanto tiempo no estamos, que me dan ganas de decirle todas las picardías que sé a la infeliz, maldita gata; después salí a gritarte por el balcón y la mandé a que te buscara, pero no te encontró, así es que no me quedó otro remedio que llorar de puro coraje y de sufrimiento [...]

Créeme Alex, quiero que me vengas a ver porque estoy que me lleva el diablo y no puedo más que aguantarme, pues sería peor si me desesperara, ¿no crees? Quiero que me vengas a platicar como antes, que te olvides de todo y que me vengas a ver por el amor de tu santa madre y que me digas que me quieres aunque no sea cierto ¿eh? (la pluma no escribe muy bien con tantas lágrimas).

Me gustaría contarte muchas cosas, Alex, pero tengo ganas de llorar y lo único que puedo hacer es convencerme de que vas a venir [...] Perdóname, pero no fue mi culpa que vinieras de balde, Alex mío.

Escríbeme pronto.

Tu querida Friducha

5 diciembre 1925

… Lo único de bueno que tengo es que ya voy empezando a acostumbrarme a sufrir…

[s]

19 de diciembre de 1925

Alex: Ayer fui a México sola a dar una vuelta; lo primero que hice fue ir a tu casa (no sé si estaría mal hecho o bien hecho), pero fui porque sinceramente tenía ganas de verte. Fui a las 10 y no estabas, te esperé hasta la una y cuarto en las bibliotecas, en la tienda, volví a las cuatro a tu casa y tampoco estabas; no sé a dónde estarías. Qué ¿sigue enfermo tu tío?

Todo el día anduve con Agustina Reyna; según me dijo, no quiere andar mucho conmigo porque tú le dijiste que era igual o peor que yo, y eso es un gran desprestigio para ella, en lo que creo tiene razón, pues me voy dando cuenta de que «el señor Olmedo» estaba en la verdad al decir que no valgo ni un «centavo», es decir, para todos los que algún día se llamaron mis amigos, porque, para mí naturalmente, valgo mucho más que un centavo, porque me quiero tal como soy.

Ella dice que en varias ocasiones tú le has dicho algunas de las cosas que te he contado yo, detalles que yo nunca le dije a la Reyna porque no hay ninguna razón para que ella las supiera y no me explico con qué fin se las contaste tú. El caso es que ya nadie quiere ser mi amigo porque estoy demasiado desprestigiada, cosa que no puedo remediar. Tendré que ser amiga de los que me quieran así como soy […]

Lira me levantó el falso de que le había dado un beso y si sigo enumerando llenaría hojas enteras; naturalmente todo esto a mí me llamó al principio la atención, pero después empezó a no importarme nada (justamente eso fue lo malo), ¿sabes?

De todos, Alex, lo hubiera recibido sin ninguna importancia, porque es lo que hacen *todos*, ¿comprendes?, pero nunca se me ha de olvidar que tú, al que he querido como a mí misma o más, me tuvieras en el concepto de una Nahui Olín o peor que ella misma, que es un ejemplo de todas ellas. Todas las veces que me has dicho que no quieres hablarme ya, lo has hecho como para quitarte un peso de encima. Y tuviste el valor, Alex, de insultarme, diciendo que había hecho ciertas cosas con otro el día que lo hice por primera vez en mi vida porque te quería como a nadie.

Soy una mentirosa porque nadie me cree, ni tú siquiera, y así poco a poco y sin sentirlo, entre todos la van echando a uno al demonio. Bueno, Alex, yo quisiera decirte todo, todo, porque yo sí creo en ti, pero hay la desgracia de que tú no creerás en mí nunca.

El martes voy probablemente a México, si quieres verme estoy a las 11 en la puerta de la biblioteca de la Secretaría de Educación Pública. Te espero hasta la una.

Tuya Frieda

NOTA

Nahui Olín (Carmen Mondragón, 1893-1978), poeta, pintora y modelo de artistas. Había dado para entonces múltiples y muy públicas muestras de su entusiasta adhesión al concepto de amor libre.

[t]

26 de diciembre de 1925

[...] El lunes empiezo a trabajar, o sea, el lunes dentro de ocho días [...]

[u]

27 de diciembre de 1925

[...] No puedo por nada en esta vida dejarte de hablar. No seré tu novia, pero siempre te hablaré aunque me hagas las peores groserías [...] porque te quiero más que nunca, ahora que te me vas [...]

TARJETA DE 1926

LEONARDO

NACIÓ EN LA CRUZ ROJA EN EL AÑO DE GRACIA DE 1925 EN EL
MES DE SEPTIEMBRE Y SE BAUTIZÓ EN LA VILLA DE COYOACÁN
DEL AÑO SIGUIENTE

FUE SU MADRE
FRIDA KAHLO
SUS PADRINOS
ISABEL CAMPOS
Y ALEJANDRO GÓMEZ ARIAS

DEDICATORIA PARA ÁNGEL SALAS

This infantil dibujo is for my buten de buen hermano Ángel Salas.

Friducha

Coyoacán, D. F., julio 18. Muerte of the Benemérito B. Juárez.

F. K.

CARTAS A ALEJANDRO GÓMEZ ARIAS

[a]

19 de febrero de 1926

[...] dispuesta a hacer cualquier sacrificio por hacerte ese bien, ya que con eso compensaría un poco el mal que te he hecho [...] en cambio de todo lo que no te pude o no te supe dar te voy a ofrecer lo único que a nadie más que a ti le daría, seré tuya, el día que quieras, para que siquiera eso te sirva de prueba para justificarme un poco [...]

[b]

13 de marzo de 1926

[...] Me dijiste el miércoles que ya era hora de que acabara todo y que siguiera yo para donde podía seguir. Tú crees que eso no me duele nada, porque muchas circunstancias te hacen creer que no tengo ni gota de vergüenza y que, en primer lugar, no valgo nada y no tengo nada que perder ya; pero me parece que ya te he dicho otra vez que si para ti no valgo nada, para mí valgo más que muchas otras muchachas, cosa que tú interpretarás como pretensión de ser una muchacha excepcional (título que tú alguna vez me diste, ahora no me explico por qué), y por eso todavía le llamo ofensa a lo que tú tan sincera y bien intencionadamente me dices [...]

[c]

17 de marzo de 1926

[...] Te esperé hasta las seis y media en el convento y te habría esperado toda la vida, pero tenía que llegar a buena hora a la casa [...] ya que tú has sido tan bueno conmigo, ya que tú eres el único que me ha querido bien, te pido con toda mi alma que no me dejes nunca, acuérdate que yo no puedo decir que cuento con mis padres porque tú sabes perfectamente cómo estoy; así es que el único que podría ver por mí eres tú, y tú me dejas porque te imaginaste lo peor, que me apena nada más pensarlo. Dices que ya no quieres ser mi novio [...] ¿qué quieres entonces hacer de mí?, ¿dónde quieres que me vaya? (lástima que no puede realizarse eso que pensaba yo cuando era chica, que me trajeras en la bolsa); aunque no lo digas, tú sabes que por mucho que haya hecho estupideces con otros, ellos no son nada junto a ti [...] todavía falta mucho tiempo para olvidarnos, podemos ser buenos novios, buenos esposos, no me digas que no, por lo que más quieras [...] Todos los días te voy a esperar en Churubusco hasta las 6, puede ser que alguna vez le tengas lástima y comprendas como a ti mismo a tu

Frieda

[d]

12 de abril de 1926

[...] si alguna vez nos casamos, vas a ver, voy a ser buten de «bien», casi como mandada a hacer para ti [...] La mía es una de las casas más tristes que conozco.

[e]

25 de abril de 1926

[...] Nadie en esta casa cree que realmente estoy enferma. No puedo ni hablar de eso porque mi madre, la única que se aflige un poco, se enferma, y luego dicen que es por mi causa, que soy muy imprudente, así que yo, y nadie más que yo, sufro [...]

[f]

Agosto 21, 1926

My Alex:

No soy one pelada como you pensó anoche, porque no me despedí of you, porque por más que hice, non pude ya salir al avise falaz. Pero espero que you me perdonará no?

Si you want mañana viernes, mi lo verá in the night, in the little tree... pa' darnos al amor...

Mi telephoneará to las cuatro he! Non es «he» (él) you know.

Yo necesito que vareas veces you me diga... «don't be lagrimilla» —it's very sweet for me.

Yo amo to you very much. You lo cree?

Well, yo le suplico me perdone lo de ayer por haberse tratado of my mom.

Your for ever

      Frieda
      lagrimilla de Gómez Arias
      or una virgen lacrimorum

You no me escribe for the aigrón de anoche verdad?
One viento alicio buten de juerte.

May boca estuvo aquí un gran tiempo
Te adoro Alex.
Para la sonsa v. gr. (cobro $2.00 por ilustrar cartas)

NOTA

La última frase se debe a que la carta está profusamente ilustrada y escrita con mayúsculas estilizadas.

[g]

28 de septiembre de 1926

[...] Aunque haya dicho «te quiero» a muchos y haya tenido citas y besado a otros, en el fondo sólo te he amado a ti [...]

El retrato dentro de unos días estará en tu casa. Perdona que te lo dé sin marco. Te suplico que lo pongas en un lugar bajo, donde lo puedas ver como si me vieras a mí [...]

NOTA

Se refiere al *Autorretrato* de 1926.

[h]

Septiembre 29, 1926

[...] ¡Para qué estudias tanto? ¿Qué secretos buscas? La vida te lo revelará de pronto. Yo ya lo sé todo, sin leer ni escribir. Hace poco, casi unos días era una niña que caminaba por un mundo de colores, de formas duras y tangibles. Todo era misterioso y ocultaba algo; descifrar, aprender me gustaba como un juego. Si supieras qué terrible es conocer todo súbitamente, como si un re-lámpago iluminara la tierra. Ahora habito en un planeta doloroso, transparente como de hielo; pero que nada oculta, es como si todo lo hubiera aprendido en segundos, de una vez. Mis amigas, mis compañeras se han hecho mujeres despacito, yo envejecí en instantes y todo es hoy blando y lúcido. Sé que nada hay detrás, si lo hubiera yo lo vería [...]

[i]

1926

... No creo que vaya a ir al convento a pintar porque no tengo óleos ni he tenido ganas de comprarlos...

[j]

8 de enero de 1927

[...] Traéme si puedes un peine de Oaxaca de esos de madera eh. Dirás que soy muy pedinche verdad [...]

[k]

10 de enero de 1927

Alex: Ya quiero que te vengas, no sabes cómo te he necesitado este tiempo y cómo, cada día te quiero más.

Estoy como siempre, mala, ya ves qué aburrido es esto, yo ya no sé qué hacer, pues ya hace más de un año que estoy así y es una cosa que ya me tiene hasta el copete, tener tantos achaques, como vieja, no sé cómo estaré cuando tenga treinta años, me tendrás que traer envuelta en algodón todo el día y cargada, pues ni modo que entonces se pueda, como te dije un día, en una bolsa, porque no quepo ni a trancazos.

Oye, cuéntame qué tal te has paseado en Oaxaca y qué clase de cosas suaves has visto, pues necesito que me digas algo nuevo, porque yo, de veras que nací para maceta y no salgo del corredor... ¡Estoy *buten buten* de aburrida!!!!!! Dirás que por qué no hago algo de provecho, etcétera, pero ni para esto tengo ganas, soy pura... música de saxofón, tú ya sabes, y por eso no te lo explico. Esta pieza en donde tengo un cuarto ya la sueño todas las noches y por más que le doy vueltas y más vueltas ya no sé ni cómo borrar de mi cabeza su imagen (que además cada día parece más un bazar). ¡Bueno! qué le vamos a hacer, esperar y esperar... La única que se ha acordado de mí es Carmen Jaimes y eso una sola vez, me escribió una carta nada más... nadie, nadie más...

¡Yo que tantas veces soñé con ser navegante y viajera! Patiño me contestaría que es *one* ironía de la vida. ¡jajajaja! (no te rías). Pero son sólo diecisiete años los que me he estacionado en mi pueblo. Seguramente más tarde ya podré decir [...] Voy de pasada, no tengo tiempo de hablarte. Bueno, después de todo, el conocer China, India y otros países viene en segundo lugar... En primero, ¿cuándo te vienes? Creo que no será necesario que te ponga un telegrama diciéndote que estoy en agonía, ¿verdad? Espero que sea mucho muy pronto, no para ofrecerte algo nuevo pero sí para que pueda besarte la misma Frida de siempre...

Oye, a ver si por ahí entre tus conocencias saben de alguna receta buena para engüerar el pelo (no se te olvide).

Y haz de cuenta que está en Oaxaca contigo tu

Frieda

NOTAS

Buten equivalía para Frida a demasiado, muchísimo, excesivamente. Freddy Aguilar Reyes, director de la Biblioteca del Instituto de Artes Gráficas de Oaxaca, consideró oportuno puntualizar que buten es una locución vulgar que significa excelente, lo mejor de su clase (Diccionario de la Real Academia), o un adjetivo jergal que significa magnífico (Diccionario del español actual de Manuel Seco).

Alejandro Gómez Arias se encontraba entonces a punto de partir hacia Alemania. Al respecto relató a Víctor Díaz Arciniega (*Memoria personal*...): «... Terminar la Preparatoria, obtener un buen lugar en el curso de oratoria de *El Universal* y el accidente del autobús donde viajábamos Frida y yo, coinciden en mi confusión. No obstante mi deseo de no querer refutar ni aclarar versiones de otros, aquí hay algo que me incumbe muy íntimamente. En los estudios y biografías sobre Frida se ha dicho o insinuado que mi viaje a Europa obedece a presiones familiares para distanciarme de ella. Eso es inexacto. Es falso. Mi familia no me presionó en nada en ningún sentido. Siempre respetaron mis decisiones. La idea del viaje se encontraba en mí desde tiempo antes. Mis incertidumbres y búsquedas íntimas y personales eran anteriores. El accidente, he de decirlo así, fue una fatal coincidencia con un deseo que venía gestando en mí desde años antes».

[1]

Domingo, 27 de marzo de 1927

Mi Alex: No te imaginas con qué gusto te esperaba el sábado, pues estaba segura de que vendrías y de que el viernes había algo qué hacer [...] a las cuatro de la tarde recibí tu carta de Veracruz [...] Imagínate mi dolor, no sé explicártelo. Yo no quisiera atormentarte, y ser fuerte, sobre todo tener tanta fe como tú, pero no puedo, no puede consolarme nada, y ahora ya tengo miedo de que así como no me dijiste cuándo te ibas, me engañes diciéndome que nada más cuatro meses vas a tardar [...] No puedo olvidarte un solo momento, en todas partes, en todas mis cosas estás tú, sobre todo en mi cuarto, y en mis libros y en mis pinturas. Hasta hoy a las 12 recibí tu primera carta, esta mía quién sabe cuándo la recibirás, pero te voy a escribir dos veces a la semana y tú me dirás si te llega bien o a qué dirección puedo mandarlas [...]

Ahora, desde que te fuiste, no hago nada en el día, nada, no puedo hacer nada, ni leer [...] pues cuando estabas conmigo, todo lo que hacía era para ti, para que tú lo supieras y lo vieras, pero ahora no me dan ganas de hacer nada. Sin embargo, comprendo que no debo ser así, al contrario, voy a estudiar todo lo que pueda y ahora que me alivie voy a pintar y a hacer muchas cosas para que cuando vengas sea yo un poco mejor. Todo depende del tiempo que esté yo enferma. Todavía faltan 18 días para hacer un mes acostada y quién sabe cuánto tiempo en ese cajón, así es que por ahora no hago nada; sólo llorar y apenas dormir porque en las noches, que estoy sola, es cuando mejor puedo pensar en ti, voy viajando contigo...

Oye Alex, el 24 de abril lo vas a pasar seguramente en Berlín, y ese día justamente cumples un mes de no estar en México, ojalá no sea viernes y que lo pases más o menos feliz. ¡Qué cosa tan horrible es estar tan lejos de ti! Cada vez que pienso que el vapor te lleva más y más de mí, siento unas ganas de correr y correr hasta alcanzarte, pero todas las cosas que pienso y siento, etcétera, las resuelvo como todas las mujeres, con llorar y llorar, ¿qué puedo hacer yo? nada «I am buten de *lagrimilla*». Bueno Alex, el miércoles que vuelva a escribirte te diré casi lo mismo que en esta carta, un poco más triste y a la vez un poco menos porque habrán pasado tres días más y tres días menos [...] así, poco a poco sufriendo indeciblemente, se acercará el día en que vuelva a verte [...] y entonces sí nunca más tendrás que irte a Berlín.

[*Firmó con un triángulo en vez de su nombre*]

NOTA

La pintura ya había comenzado a ocupar algo de su tiempo. Obligada nuevamente por los médicos a permanecer encerrada en su casa, en septiembre de 1926 decidió pintar el *Autorretrato con traje de terciopelo* (óleo sobre tela, 79.7 x 59.9 cm). Medio cuerpo, la mano derecha cruzada en la cintura, la mirada orgullosa dirigida al espectador. Al fondo un paisaje oscuro de mar y montañas. El escote muy alargado resalta su delgadez y su piel pálida. En el reverso de la tela escribió: «Frieda Kahlo a los 17 años. En sept. de 1926 −Coyoacán− *Heute ist Immer Noch*» [El hoy aún persiste]. Cuando se lo envió a Gómez Arias escribió esta nota: «Perdona que te lo dé sin marco. Te suplico que lo pongas en un lugar bajo, donde lo puedas ver como si me vieras a mí».

[11]

29 de marzo de 1927

Alex: Your «Botticelli» también se ha puesto muy triste, pero ya le dije que mientras que tú vuelvas, será la «Bien dormida», y a pesar de eso, te recuerda siempre […]

NOTA

Llama «Botticelli» a su *Autorretrato*.

[14]

CARTA A ALICIA GÓMEZ ARIAS

30 de marzo de 1927

[...] Le ruego no piense mal de mí si no la invito a venir a mi casa, pero en primer lugar no sé qué pensaría Alejandro, y en segundo no se imagina lo horrible que es esta casa, y me daría mucha pena que usted viniera; pero yo quiero que usted sepa que mis deseos serían todo lo contrario... Tengo dieciocho días acostada en un sillón y todavía faltan diecinueve que debo estar en la misma postura (pues ya le habrá platicado Alejandro que a consecuencia del golpe del camión quedé mala de la espina) y probablemente después de esos diecinueve días me tendrán que entablar o poner un corsé de yeso, así que imagínese lo desesperada que estaré. Pero todos esos sufrimientos los paso por ver si así me alivio, porque yo estoy completamente aburrida de no poder hacer nada, por estar siempre enferma.

[...] Estoy haciendo por averiguar la dirección de una hermana de mi papá que vive en Pforzheim, estado de Baden, pues sería muy fácil comunicarse con Alejandro por medio de ella. Dudo un poco de que pueda conseguirla porque hace ya mucho tiempo que no sabemos de la familia de mi papá, por la guerra [...]

NOTA

El matrimonio constituido por Jakob Heinrich Kahlo (comerciante en joyería y artículos fotográficos) y Henriette Kaufmann (ama de casa) tuvo varios hijos, entre ellos Guillermo (Wilhelm), María Enriqueta y Paula.

CARTAS A ALEJANDRO GÓMEZ ARIAS

[a]

6 de abril de 1927

[...] Ya tengo diecisiete días en este sillón y no siento absolutamente ningún alivio, los dolores me siguen tan fuertes o más que al principio, y ya estoy completamente convencida de que el doctor éste me tomó el pelo, pues de nada me sirvió hacer lo que me dijo. Ahora que cumpla un mes le voy a hablar claro, porque no me voy a estar toda la vida como a él se le dé la gana [...] Si sigo como voy, sería mejor que me eliminaran del planeta, pero lo único que me hace tener esperanza es que cuando más tarde para julio [...] Pero la única visita que sinceramente espero llegará de Veracruz un día de julio —y como siempre... chiflará— dejará... Obregón ¡La Preparatoria! (No es un poema estridentista) [...]

Hablando de pintores, tu «Botticelli» está bien, pero en el fondo se le ve cierta tristeza que, naturalmente, no puede disimular; en el triángulo que tú sabes hay en el jardín han crecido ya las plantas, seguramente será por la primavera, pero no florecerán hasta cuando tú llegues [...] y tantas otras cosas que te esperan [...]

NOTA
Gómez Arias habría de regresar en noviembre.

[b]

[...] Además de tantas otras cosas que me apenan, mi mamá también está mala, mi papá no tiene dinero; sufro, sin mentirte, hasta porque Cristina no me hace caso y no sacude mi pieza, todo se lo tengo que pedir por favor, me pone las cartas cuando se le pega la gana y me coge todo lo que se le antoja [...] Lo único que me entretiene un poco es leer, ya van cinco veces que leo *Juan Gabriel Borkman* y como seis o siete *La bien plantada*; del periódico un artículo que sale diario de «La Revolución Rusa», por Alejandro Kerensky (hoy será el último), y lo que pasa en Shangai. Aprendo alemán, pero todavía no paso de la tercera declinación porque está de los demonios [...] También me dice en el papel si le quiero hacer un retrato «muy moderno», pero ni remedio, no puedo. Seguramente le gustaría uno que tuviera como fondo la capilla de Ocotlán o algo puramente tlaxcalteca o tintón. Esta vez no igualará su vida con el pensamiento [...]

El domingo que viene me va a retratar mi papá con «Cañita» para que te mande su efigie eh? Si puedes hacerte una bonita fotografía allá, me la mandas a ver si cuando esté un poco mejor hago tu retrato.

Escríbeme –escríbeme– escríbeme y escríbeme, y sobre todo, ni aunque veas a la propia *Venus de Milo* en El Louvre, no me olvides.

Ni aunque veas lo más grande en arquitectura, no me olvides. Es lo único que puede aliviarme, no me olvides.

[Firma con un triángulo y continúa al día siguiente]

Alex: esta carta te la iba a mandar a España, pero hoy en la noche acaban de venir los muchachos (Salas, Chong, el Flaquer y el Crispetín) y me dijeron que Orteguita se había marchado a París y me dieron su nueva dirección.

Nada más al Crispetín y a mí nos ha llegado carta tuya, bueno y naturalmente a tu mamacita también, pero a ninguno de los demás muchachos; espero carta de La Habana, aunque me llama la atención que se tarde tanto. (No te imaginas lo triste que estuve cuando vi a los muchachos y no estabas tú mi Alex.)

NOTA

Quien le pedía el retrato era seguramente Miguel N. Lira, a quien pintaría unos tres meses después.

[c]

Viernes de Pascua, 22 de abril de 1927

Mi Alex: Ya me escribió Alicia; pero después del 28 de marzo ni ella ni nadie ha tenido la menor noticia de ti… No hay nada comparable a esta desesperación de no saber nada de ti en un mes.

Sigo mala, me estoy adelgazando mucho; y siempre opinó el doctor que me pusieran el corsé de yeso tres o cuatro meses, pues la canaladura ésa, aunque es un poco menos molesta que el corsé, da peores resultados, pues como es cosa de estar en ella meses, los enfermos se llagan, y es más fácil curar las llagas que la enfermedad. Con el corsé voy a sufrir horriblemente, pues lo necesito fijo y para ponérmelo me van a tener que colgar de la cabeza y esperar así hasta que seque, pues de otro modo sería completamente inútil por la posición viciada en que tengo la espina, y colgada van a procurar que me quede lo más derecha posible, pero por todo esto, que no es ni la mitad, te puedes imaginar cómo estaré sufriendo y lo que me falta... Dice el *viejo* doctor que el corsé da muy buenos resultados cuando está bien puesto, pero todavía falta ver eso y si no me lleva el diablo me lo van a poner el lunes en el Hospital Francés... La única ventaja que tiene esta cochinada es que puedo andar, pero como andando me duele tanto la pierna, la ventaja sale contraproducente. Además no voy a salir a la calle en esa figura, pues con toda seguridad me llevan al manicomio. En el caso remoto que no dé resultado el corsé tendrían que operar, y la operación consistiría, según este doctor, en quitarme un pedazo de hueso de una pierna y ponérmelo en el espinazo, pero antes de que esto pasara, con toda seguridad me autoeliminaba del planeta [...] A esto se reduce todo lo que me pasa, no tengo nada nuevo que contarte; estoy aburrida con A de ¡ay ay ay! Mi única esperanza es verte [...]

Escríbeme

"

"

"

y sobre todo, quiéreme

"

"

"

"

"

[*Firma con un triángulo*]

CARTA A ALICIA GÓMEZ ARIAS

Sábado 23 de abril, 1927

Alicia:

Le agradezco mucho que haya sido tan amable de avisarme inmediatamente cómo está Alejandro y créame que me dio mucho gusto saber que llegó tan bien a Hamburgo.

Yo sigo enteramente igual, sin mejorarme para nada y figúrese Ud. que ya cambió de opinión el Dr. y en lugar del aparato ése que me iban a poner el lunes en el Hospital Francés, me van a enyesar, y aunque con eso tengo la ventaja de poder cuando menos andar un poco, dice el Dr. que es muy molesto, y que probablemente va a ser necesario que esté así tres o cuatro meses; ya estoy desesperada, pero prefiero el corsé de yeso a la operación, pues me da mucho miedo porque todas las operaciones en la espina son muy peligrosas.

Por todo esto, se puede Ud. imaginar cómo estoy sufriendo. Alicia, perdone la letra, pero casi no puedo sentarme para escribirle bien. Dígame por favor cómo está su mamá, pues Alex me recomendó que me informara con Ud., y si puedo andar cuando tenga ese corsé, le iré a hablar por teléfono cada vez que pueda, para no molestarla tanto con cartas; pero creo que Ud. perdonará tanta molestia pues ha sido únicamente porque estoy enferma, como siempre.

Reciba mi sincero cariño y agradecimiento.

Frieda

CARTAS A ALEJANDRO GÓMEZ ARIAS

[a]

25 de abril de 1927

Mi Alex:

Ayer estuve muy mala y muy triste, no te puedes imaginar la desesperación que llega uno a tener con esta enfermedad, siento una molestia espantosa que no puedo explicar y además hay a veces un dolor que con nada se me quita. Hoy me iban a poner el corsé de yeso, pero probablemente será el martes o miércoles porque mi papá no ha tenido dinero –y cuesta sesenta pesos– y no es tanto por el dinero, porque muy bien podría conseguirlo, sino porque nadie cree en mi casa que de veras estoy mala, pues ni siquiera puedo decirlo porque mi mamá, que es la única que se aflige algo, se pone mala, y dicen que fue por mí, que soy muy imprudente. Así es que yo y nadie más que yo soy la que sufro, me desespero y todo. No puedo escribir mucho porque apenas puedo agacharme, no puedo andar porque me duele horrible la pierna, ya me canso de leer –no tengo nada bonito que leer–, no puedo hacer nada más que llorar y hay veces que ni eso puedo. No me divierto en nada ni tengo una sola distracción, sino nada más penas, y todos los que alguna vez me vienen a ver me chocan muchísimo. Todo esto lo pasaría si tú estuvieras aquí, pero así me dan ganas que me lleve lo más pronto el tren [...] no te puedes imaginar cómo me desesperan las cuatro paredes de mi cuarto. ¡Todo! Ya no puedo explicarte con nada mi desesperación [...]

[b]

Domingo 31 de abril de 1927. Día del Trabajo

Mi Alex:

Acabo de recibir tu carta del 13 y este momento ha sido el único feliz en todo este tiempo. Aunque tu recuerdo me ayude siempre a estar menos triste, mejores son tus cartas.

Cómo quisiera explicarte minuto a minuto mi sufrimiento; me he puesto peor desde que te fuiste y ni un solo momento me consuelo y puedo olvidarte.

El viernes me pusieron el aparato de yeso y ha sido desde entonces un verdadero martirio, con nada puede compararse; siento asfixia, un dolor espantoso en los pulmones y en toda la espalda, la pierna no puedo ni tocármela y casi no puedo andar y dormir menos. Figúrate que me tuvieron colgada, nada más de la cabeza, dos horas y media y después apoyada en la punta de los pies más de una hora, mientras se secaba con aire caliente; pero todavía llegué a la casa y estaba completamente húmedo. Me lo pusieron en el Hospital de Damas Francesas, porque en el Francés era necesario internarme lo menos una semana, pues no permiten de otra manera, y en el otro empezaron a ponérmelo a las nueve y cuarto y pude salir como a la una. No dejaron entrar a Adriana ni a nadie, y yo enteramente sola estuve sufriendo horriblemente. Tres o cuatro meses voy a tener este martirio, y si con esto no me alivio, quiero sinceramente morirme, porque ya no puedo más. No sólo es el sufrimiento físico, sino también que no tengo la menor distracción, no salgo de este cuarto, no puedo hacer nada, no puedo andar, ya estoy completamente desesperada y, sobre todo, no estás tú, y a todo esto agrégale: oír constantemente penas; mi mamá sigue muy mala, en este mes le han dado siete ataques, y mi papá lo mismo, y sin dinero. Es para desesperarse por completo ¿no crees? Cada día me adelgazo más, y ya no me

89

divierte nada. Lo único que me da gusto es que vayan a venir los muchachos, el jueves vinieron Chong, el güero Garay, Salas y el Goch, y van a volver el miércoles, sin embargo me sirve de sufrimiento también porque tú no estás con nosotros.

Tu hermanita y tu mamá están bien, pero seguramente darían cualquier cosa por tenerte aquí; procura por todos los medios venirte pronto.

No dudes ni un solo momento en que cuando vengas seré exactamente la misma.

Tú no me olvides y escríbeme mucho, tus cartas las espero casi con angustia y me hacen un infinito bien.

Nunca dejes de escribirme, lo menos una vez a la semana, me lo prometiste.

Dime si puedo escribirte a la Legación de México en Berlín, o a donde siempre.

¡Cuánto te necesito Alex! ¡Ven rápido!

Te adoro.

NOTA

De su padre, Frida recordó («Fragmentos»): «Padecía frecuentes ataques de epilepsia. Era tal su temple que se me hacía difícil convencerme de su epilepsia. Y eso que muchas veces al ir caminando con su cámara al hombro y llevándome de la mano, se caía repentinamente. Aprendí a asistirlo durante sus ataques en plena calle. Por un lado cuidaba de que aspirara prontamente éter o alcohol, y por el otro vigilaba que no robaran la cámara fotográfica».

[c]

[...] Cuando esté un poco más acostumbrada a esta porquería de aparato, voy a hacer el retrato de Lira y a ver qué otra cosa. Estoy *buten* de agüitada [...] Salas me prestó *La linterna sorda* de Jules Renard y compré *Jesús* de Barbusse. Es todo lo que he leído. Voy a leer *El faro* [...]

18

CARTAS Y DEDICATORIA A MIGUEL N. LIRA

[a]

Lunes 16 de mayo de 1927

Hermanito:

Ya está empezado tu retrato y tenía la intención de tenerlo acabado para el jueves p., pero figúrate que desde hoy lunes hasta el domingo p. no voy a estar en la casa, pues imagínate que el… corsé de yeso no sirvió y me van a poner otro y como los viejos Sres. no pueden venir hasta el pueblo, voy a tener que estar en casa de mi hermana Matilde una semana y no va a ser posible terminar tu retrato para el jueves sino para quien sabe qué día de la semana que entra. Te prometo que no pasa de la semana que entra.

No te imaginas cómo siento no poder verlos el jueves, pero ya ves qué suerte tengo (de perro amarillo). Por favor avísales a los muchachos. Yo te vuelvo a escribir diciéndote qué día te veo eh? Si quieres escríbeme esta semana a Dr. Lucio #102, Dpto. 27. (Si sabes algo de Alex, pues no me ha vuelto a escribir).

Bueno hermano, mientras que nos volvemos a ver, ruégale a Dios que no me vaya buten de mal con el 2°. aparato, y recibe como siempre el cariño de tu hermanita.

Frieducha

¡Saluda al Flaquer y a Salisky!

[b]

22 de mayo de 1927

Hermanito: desde hoy lunes otra vez estoy en Coyoacán, y me dará mucho gusto volverlos a ver; tu retrato casi está terminado, así es que el miércoles los espero como siempre; por favor dile a los muchachos. Sigo mala del espinazo y estoy que me lleva la recién casada, no te imaginas de veras cómo sufro con esto; bueno, pues no hay más remedio que aguantarme, ¿no crees?

Alex me escribió de Berlín, pero no me da ninguna nueva dirección, y no sé si seguir escribiendo a Ortega, ¿tú qué crees? El miércoles me dirás.

Saludos de tu hermana

Frieducha

NOTA

Esta carta dirigida a Miguel N. Lira (1905-1961), quien se desarrollaría como poeta, editor y promotor cultural, y de quien Frida hizo un retrato dentro de un estilo estridentista, fue localizada por el investigador e historiador Napoleón Rodríguez, quien la volvió a publicar en el periódico *La Jornada* el 3 de marzo de 1993. Fotocopia completa en el archivo de Raquel Tibol.

[c]

[EN LA CARA POSTERIOR
DE LA ACUARELA *CANTINA TU SUEGRA*]

This is my obra maistra and solamente you sabrá apreciar con your alma niña, your hermana agua. Friducha. Julio 18 de 1927.

NOTA

La pequeña acuarela obsequiada a Miguel N. Lira mide 18.5 x 24.5 cm. A fines de los años 40, junto a un autorretrato dibujado con tinta sobre madera, le dice a Lira: «Chong-Lee, Mike hermano de siempre, no te olvides de la Cachucha no. 9. Frida Kahlo».

19

CARTAS A ALEJANDRO GÓMEZ ARIAS

[a]

Domingo 27 de mayo de 1927

[...] No quiero que estés preocupado por mí, pues aunque yo soy muy desesperada, no es cosa peligrosa la enfermedad que tengo. Sufro mucho con eso, porque ya sabes cómo soy, pero es mejor que ahora que estás tú lejos, esté enferma [...]

[b]

Martes 29 de mayo de 1927

[...] Mi papá me dijo que cuando me alivie me va a llevar a Ve-racruz, pero está *buten* de verde-mar, pues no hay mosca (otra co-sa que no es novedad), pero hay que esperar a ver si por casua-lidad puede cumplirse su promesa. Ya hace tiempo que empecé al aburre y aburre y si esto sigue voy a acabar «de a demente»; pero cuando *you* regrese, *tute this* aburrimiento *non* existirá... Hay algunos que nacen con estrella y otros estrellados, y aunque tú no lo quieras creer, yo soy de las estrelladísimas [...]

[c]

[…] Ya casi acabo el retrato de Chong Lee, te voy a mandar una fotografía de él […] Cada día peor, pues voy a tener que convencerme de que es necesario, casi seguro, operarme, pues de otro modo se pasa el tiempo y después ya no sirve el segundo corsé de yeso que me pusieron y en eso se han tirado casi cien pesos a la calle, pues se los regalaron a un par de ladrones como son la mayor parte de los doctores, y los dolores me siguen enteramente igual en la pierna mala y hay veces que me duele también la buena, así que estoy peor cada momento y sin la menor esperanza de aliviarme pues para eso falta lo principal que es el dinero. Tengo el nervio ciático lesionado, además de otro que no sé cómo se llama y que se ramifica con los órganos genitales, dos vértebras no sé en qué partes y *buten* de cosas que no puedo explicarte porque no las entiendo, así es que no sé en qué consistiría la operación, pues nadie puede explicarlo. Puedes imaginarte por todo lo que te digo, qué grandes esperanzas tengo de estar, no digo buena, siquiera mejor para cuando tú llegues. Comprendo que es necesario en este caso tener mucha fe, pero no te puedes imaginar un solo momento cómo sufro con esto, pues precisamente no creo que me pueda aliviar. Un doctor que tuviera algo de interés por mí podría ser que pudiera cuando menos mejorarme, pero todos estos que me han visto son unas mulas que no les importo nada y que nada más se dedican a robar. Así es que yo no sé qué hacer, y desesperarme es inútil […] Lupe Vélez está filmando su primera película con Douglas Fairbanks ¿ya sabes? ¿Cómo son los cines en Alemania? ¿Qué otras cosas sobre pintura has sabido y visto? ¿Vas a ir a París? ¿El Rin cómo es? ¿La arquitectura alemana? Todo […]

[d]

Sábado, 4 de junio de 1927

Alex, mi vida: Ahora en la tarde recibí tu carta [...] No tengo ni siquiera esperanzas de que estés aquí para julio, estás encantado [...] ¡enamorado de la catedral de Colonia y de tantas cosas que has visto! Yo en cambio contando los días hasta que el día menos pensado vuelvas. Me entristece pensar que me vas a encontrar todavía enferma, pues el lunes me van a cambiar, por 3ª vez, el aparato, esta vez para ponérmelo fijo, sin poder andar durante dos o tres meses, hasta que me suelde perfectamente la espina, y no sé si después sea necesario siempre operarme. De todos modos ya me aburro y muchas veces creo que sería preferible que me llevara de una vez... la tía de las muchachas, ¿no crees? Nunca voy a poder hacer nada con esta desgraciada enfermedad, y si eso es a los diecisiete años no sé cómo estaré después, cada día estoy más flaca y ya verás cuando vengas cómo te vas a ir para atrás de ver lo horrible que estoy con *this aparadaje móndrigo*. Después voy a estar mil veces peor, pues imagínate después de haber estado un mes acostada (como me dejaste), otro con dos diferentes aparatos, y ahora otros dos acostada, metida en una funda de yeso, después seis otra vez con el aparato chico para poder andar, y con las esperanzas magníficas de que me operen y me pueda quedar en la operación como el oso [...] Es para desesperarse, ¿o no? Probablemente tú me dirás que soy buten pesimista y lagrimilla, y sobre todo ahora que eres completamente optimista, después de haber visto el Elba del Rijn, todo Lucas Cranach y Durero y sobre todo el Bronzino y las catedrales. Así yo podría ser enteramente optimista y siempre niña. No sabes cómo me dio gusto que hayas conocido el retrato maravilloso de *Eleonora de Toledo* y tantas cosas que me dices [...] Ahora sigo mala, seguramente más tarde me tendrán que operar, porque aunque con este aparato de yeso me alivie de la espina, no me sirve para curar los nervios que tengo lesionados en la pierna y solamente una operación o la aplicación de una corriente eléctrica (caliente) varias veces (cosa problemática y no muy eficaz, para el doctor) podría aliviarme. No puedo hacer ninguna de las dos cosas porque no tengo dinero, así es que ya no tengo ni qué hacer y te puedes imaginar cómo estaré de triste. Estoy haciendo el retrato de Lira, buten de feo. Lo quiso con un fondo estilo Gómez de la Serna [...]

Pero si te vienes pronto, prometo estar cada día mejor.

Tuya

No me olvides...

[*Firma con un triángulo*]

NOTA

El escritor y crítico de arte español Ramón Gómez de la Serna (1888-1963) fue un entusiasta defensor de las vanguardias. Por aquellos años sus artículos y ensayos se difundían en México.

CARTA A MIGUEL N. LIRA

Martes 8 de junio a las 11 ½ de la mañana

Chong Lee:

Mañana miércoles me ponen el aparato, así es que estoy que me lleva la tía torrentes (casi tres meses voy a tener que estar acostada). Si quieren y pueden, les agradeceré en el alma vengan el sábado. Si esta carta te llega mañana en la mañana, haz lo posible por venir mañana mismo, eh? pero si no con seguridad el sábado.

Dirán que los muelo mucho, pero tú bien sabes que el día que vienen Uds. es cuando (solamente) estoy contenta.

Tu hermana

Friedushka

CARTAS A ALEJANDRO GÓMEZ ARIAS

[a]

24 junio, 1927

… Sigo mal, y seguiré peor, pero voy aprendiendo a estar sola y eso ya es una ventaja y un pequeño triunfo…

[b]

15 de julio de 1927

[…] Todavía no puedo decirte que sigo mejor, pero sin embargo estoy mucho más contenta que antes, tengo tanta esperanza de aliviarme para cuando tú vuelvas que ya no debes estar triste por mí un solo momento. Ya casi nunca me desespero, y muy pocas veces soy «lagrimilla». El día 9 de agosto hago dos meses de estar en esta posición y dice el doctor que me sacarán una radiografía para ver cómo están las vértebras y es casi seguro que solamente hasta el 9 de septiembre estaré con el aparato de yeso, después no sé qué harán conmigo. La radiografía me la van a tomar aquí mismo en la casa, pues no debo moverme absolutamente nada. Estoy en una mesa con carretillas para que puedan sacarme al sol, y de ninguna manera podrías imaginarte qué molesto es esto, pues tengo ya más de un mes de no moverme para nada, pero estoy dispuesta a estar así seis meses, con tal de aliviarme […]

No te imaginas lo maravilloso que es esperarte con la misma serenidad del retrato […]

[c]

22 de julio de 1927, Día de la Magdalena

Mi Alex [...] Yo a pesar de tantos sufrimientos creo que me voy aliviando; puede no ser cierto, pero yo ya *quiero creerlo*, de cualquier manera es mejor, ¿no crees? Estos cuatro meses han sido una continua pena para mí, día por día; ahora casi me avergüenza no haber tenido fe, pero es que nadie puede imaginarse cómo he sufrido. ¡Pobre novia tuya! Me hubieras llevado, como yo te decía cuando era chica, en una de tus bolsas, como la pepita de oro en el poema de Velarde... ¡pero ahora soy tan grande! He crecido tanto desde entonces [...]

Oye mi Alex: qué maravilla debe ser el Louvre; cuántas cosas voy a saber cuando tú vengas.

A Niza la tuve que buscar en la geografía, porque no me podía acordar dónde estaba (he sido siempre «*sometimes* brutilla»), pero ya *non* se me olvidará nunca... créeme.

Alex: voy a confesar una cosa: hay momentos que creo que me estás olvidando, pero ¿verdad que no? Ya no podrías tú reenamorarte de la Gioconda [...]

«*Novedades en mi casa*»

−Maty ya viene a *this* mansión. Se han hecho las paces. (Todas las señoras católicas −Veladora, Abuelita, Pianista, etcétera− acabaron sus días por *this chance* anticatólico.)

−Mi papá ya no está en la «Perla», sino en Uruguay 51.

«*Fuera de mi casa*»

−Chelo Navarro tuvo *one* «niña».

−Ganó Jack Dempsey contra Jack Sharkey en Nueva York.

¡Gran sensación!
 —La revolución en México[1] reeleccionistas
                              antirreeleccionistas.

«*En mi corazón*»

 —solamente tú—

                          tu
                          —
                          —
                          —
                          —
                          —
                          —

                          Frieda

1 Candidatos interesantes: José Vasconcelos (?)
                              Luis Cabrera

NOTAS

En las memorias dictadas a Víctor Díaz Arciniega, Gómez Arias hacía un comentario que pareciera no ajustarse a los hechos: «No me gustaría decir —y creo que a ella tampoco le gustaría— que éramos novios».

Hace mención del poeta Ramón López Velarde (1888-1921).

Desde 1922 Guillermo Kahlo (1872-1941) tenía su estudio fotográfico en la joyería La Perla en las calles de Madero y Motolinía. En 1927 decidió instalar un estudio independiente.

[d]

23 de julio de 1927

Mi Alex: En este momento recibo tu carta [...] Me dices que después te embarcarás a Nápoles, y es casi seguro que también vayas a Suiza, te voy a pedir una cosa, dile a tu tía que ya quieres venirte, que por ningún motivo quieres quedarte allá después de agosto [...] no puedes tener idea de lo que es para mí cada día, cada minuto sin ti [...]

Cristina sigue igual de bonita, pero es *buten de móndriga* conmigo y con mi mamá.

Pinté a Lira porque él me lo pidió, pero está tan mal que no sé ni cómo puede decir que le gusta. Buten de horrible. No te mando la fotografía porque mi papá todavía no tiene todas las placas en orden con el cambio; pero no vale la pena, tiene un fondo muy alambicado y él parece recortado en cartón. Sólo un detalle me parece bien (*one* ángel en el fondo), ya lo verás. Mi papá también sacó una fotografía del otro de Adriana, de Alicia con el velo (muy mal) y a la que quiso ser Ruth Quintanilla y que le gusta a Salas. En cuanto me saque *more* copias mi papá te las mando. Solamente sacó una de cada uno, pero se las llevó Lira, porque dice que las va a publicar en *one revistamen* que saldrá en agosto (ya te habrá platicado ¿no?). Se llamará *Panorama*, en el primer número colaboran, entre otros, Diego, Montenegro (como poeta) y quién sabe cuántos más. No creo que sea algo bien.

Ya rompí el retrato de Ríos, porque no te imaginas cómo me chocaba ya. El fondo lo quiso el *Flaquer* y el retrato acabó sus días como Juana de Arco.

Mañana es el santo de Cristina, van a venir los muchachos y los dos hijos del licenciado Cabrera, no se parecen a él (son muy brutos) y apenas hablan español, pues tienen ya doce años en Estados Unidos y sólo vienen en vacaciones a México. Los Galant también vendrán, la Pinocha, etcétera, solamente Chelo Navarro no porque está todavía en cama por su niña, dicen que está buten de mona.

Esto es todo lo que pasa en mi casa, pero de esto nada me interesa.

Mañana hace mes y medio de que estoy enyesada, y *cuatro* meses que no te veo, yo quisiera que el otro comenzara la vida y pudiera besarte. ¿Será verdad que sí?

Tu hermana
Frieda

NOTAS

En sus evocaciones (*Memoria personal...*) Gómez Arias no menciona a ninguna tía que lo haya acompañado en sus correrías europeas, sí a la señora Mosser, dueña de la casa de pensión en Wiesbaden, base de operaciones desde la cual se desplazó a Viena, Praga, Belgrado, Roma, Florencia, Venecia... A diferencia de otros alemanes, ella lo trató con mucha deferencia.

Flaquer y Pinocha eran, respectivamente, apodos de los amigos comunes Eduardo Bustamante y Esperanza Ordóñez.

De los retratos mencionados, hoy son localizables dos de dimensiones que pueden considerarse mayores dadas las limitaciones físicas que entonces padecía Frida: el de Miguel N. Lira (99.2 x 67.5 cm) y el de Alicia Galant (107 x 93.5 cm).

Se refiere al pintor Roberto Montenegro (1885-1968).

[e]

Alex: Entramos a agosto… y podría decir que a la *vida* también si estuviera segura de que vas a regresar a fin de mes. Pero ayer Bustamante me dijo que probablemente te vas a Rusia, por lo cual te quedarás más tiempo […] Ayer fue santo de Esperanza Ordóñez (Pinocha) e hicieron *sam guateque* en mi casa porque ellos no tienen piano. Estuvieron los muchachos (Salas, Mike, Flaquer), Matilde mi hermana y otros mancebos y mancebas. A mí me llevaron en mi carrito a la sala y estuve viendo bailar y cantar. Los muchachos estuvieron bastante contentos (creo yo). Lira le hizo *one* poema a la Pinocha y en el comedor hablaron los tres. Miguel se las corrió de episodios, citó a Heliodoro Valle, Tsiu Pau, López Velarde *e otros vareos*. Creo que a los tres les gusta bastante la Pinocha (estéticamente) y se hicieron muy buenos amigos.

Yo, como siempre, estuve «lagrimilla». Aunque ya *tutes* las mañanas me sacan al sol (cuatro horas) no siento que haya mejorado mucho pues los dolores siempre son los mismos y estoy bastante delgada; pero a pesar de esto, como te dije en la otra carta, yo quiero tener fe. Si hay dinero, este mes me sacan otra radiografía y ya tendré mayor seguridad; pero si no, de todas maneras me voy a levantar hasta el 9 o 10 de septiembre y para entonces sabré si me alivio con este aparato o siempre sí es necesaria la operación (tengo miedo). Pero todavía tendré que esperar bastante tiempo para ver si el absoluto reposo de estos tres meses (casi puedo decir martirio) da resultado o no.

Según lo que me dices el Mediterráneo es maravillosamente azul, ¿lo conoceré alguna vez? Creo que no, porque tengo muy mala suerte, y mi mayor deseo desde hace mucho tiempo ha sido viajar. Sólo me quedará la melancolía de los que han leído libros de viajes. Ahora no leo nada. No quiero. No estudio alemán ni hago nada más que pensar en ti. Seguramente me creo buten de sabia. Y aparte de las idas y venidas de los buques de vapor solamente leo en el periódico «el editorial» y lo que pasa en Europa.

De la revolución acá todavía no se sabe nada, ahora el que parece que las puede es Obregón, pero nadie sabe nada.

Aparte de esto no hay nada interesante. Alex ¿has aprendido mucho francés? Aunque no sea necesario aconsejártelo… atácalo lo más que puedas, ¿eh?

¿Qué museos has visitado?

¿Cómo son las muchachas en todas las ciudades que has visitado? ¿y los muchachos? No coquetees mucho con las muchachas en los balnearios […] Sólo en México les dicen «Medeas» y «Meches» a las que son tan exquisitas que parecen de Botticelli, con buenas piernas, y sólo aquí se les puede hablar así Señorita (Sorita), ¿quiere ser mi novia? Pero en Francia no, ni en Italia, y definitivamente no en Rusia donde hay muchas peladas comunistas […] No sabes con qué gusto daría toda mi vida sólo por besarte.

Creo que ahora que de veras he sufrido, es justo que lo merezca ¿no?

¿Será como tú dices en el mes de agosto? ¿Sí?

Tu Frieda
(*Te adoro*)

CARTA A ALICIA GÓMEZ ARIAS

2 de agosto de 1927

[...] Sigo mala, ya no hablo de otra cosa, y además de la misma enfermedad, esto me apena mucho. Mañana hago ya dos meses con este aparato y todavía no veo ninguna mejoría [...] Perdóneme que le escriba en este papel, pero en este momento no tengo otro, y todo me lo tienen que dar en la mano [...]

CARTAS A MIGUEL N. LIRA

[a]

En agosto. Coyoacán, 1927.

Hermano:

No sé decirte nada de tu felicidad.

¿Qué se puede decir cuando empieza la vida?

¡Canta «La Internacional» porque su cuerpo es el del mundo, como la ola socialista!

Buten de revolucionario y sólo comparable al triunfo de Lindbergh, alarido de todos los hombres en el minuto universal.

Yo siento que Ella tiene la sencillez y la atracción infinitas de la frase que todos oímos: Este era un Rey que tenía tres hijas...

No puede ser tu novia, una novia es únicamente joven y Ella es la juventud.

Está en tu vida, pero cuando la pierdas podrás decir como Xenius: Rememos Nando, rememos, la noche se nos viene encima y el mar alborota...

Solamente habrás envejecido uno o dos años y seguirás siendo Príncipe de la Manchuria y yo...

tu hermana

Frieda

[b]

Mike:

¿Cómo sigues? ¿Ya no tienes calentura? Te iba a escribir ayer, pero también estuve buten de mala tute el día.

En this momento son las 7 ½ de la mañana y acabo de despertar, todavía algo mala.

Ayer me escribió Alex, me dice que only ha recibido dos cartas tuyas, una carta el 16 de julio en Nice todavía. Me dice que probablemente sale para Florencia y que le siga escribiendo. No comprendo cómo entonces piensa llegar a fines de agosto, ¿no crees? Mi carta llegará a París como por el 18, fecha en que él debería estar ya en camino para América. Yo creo que me dice mentiras, ¿no crees?

¿Cómo pasó su santo Salisky? Lucha y yo le queríamos regalar algo, pero no tuvimos ni un centavo.

Mañana jueves van a venir, verdad?

Ya puse tu poema en un cuadrito con paspartu. ¡Juan Timburón!

Bueno hermano, yo que sólo canté de la exquisita partitura del íntimo decoro, alzo hoy la voz a la mitad del foro... y pido mi desayuno, ni no lloro...

Estoy en un momento que me lleva la tía de las muchachas (tía del Flaquer) pues me duele de una manera trágica y horrible el *espinazo* y la pierna, pero... para mí la pulpa es pecho, y el *espinazo* cadera, ¡qué grosera!

Si puedes contéstame.

Que te alivies es lo que quiere de tute corazón tu hermana.

Frieducha

(*Tráeme algo para leer*)

[24]

CARTAS A ALEJANDRO GÓMEZ ARIAS

[a]

8 de agosto de 1927

[...] No sé decirte si estoy mejor o no, porque no han sacado la radiografía, pero los dolores me siguen y antier estuve bien buten de mala. Lira me hizo favor de mandar a su papá para que me hiciera un reconocimiento con más interés que los demás. Sería muy largo explicarte todo lo que según él tengo; pero creo yo que de lo que me ve bastante mala es de la pierna, pues tengo lesionado el ciático de las vértebras. Dice que sería necesario aplicarme el termocauterio, no sé por qué. Hay como veinte opiniones diferentes, pero el caso es que sigo mala, y que todos se hacen bolas [...] Todo el optimismo que tenía se acabó y vuelvo a desesperarme, ¿pero verdad que ahora tengo razón? [...]

[b]

9 de septiembre de 1927

[...] Coyoacán, exactamente igual, todas sus cosas: sobre todo el cielo limpio en las noches. Venus y Arturo. Venus y Venus. El 17 hará dos años de nuestra tragedia, yo sobre todo la recordaré buten, aunque es estúpido ¿no? No he pintado nada nuevo, hasta que tú vuelvas. Ahora las tardes de septiembre son grises y tristes. A ti te gustaban tanto los días nublados de la Preparatoria, ¿te acuerdas? He sufrido buten, y casi estoy neurasténica, y me he embrutecido gran *cantité*, estoy muy móndriga, créeme, pero [...] estoy leyendo *Las ciudades y los años*, de Fedin, una maravilla de talento. Es el padre de *tute* los novelistas modernos [...]

CARTA A MIGUEL N. LIRA

Lunes 12 de septiembre 1927

Hermanito del alma,

Te he extrañado buten.

Ayer domingo vinieron Salisky y Pérez Reguera a verme.

Haces falta tú siempre.

En México ya no ha llovido tanto, pero las calles del pueblo, hermano, suaves como de Semidol, como un edredón... pero de lodo.

No sé si te llegará a tiempo esta carta, pero si no ¿te la regresarán a the Puper México?

No he hecho nada, soy buten de floja y ríspida.

En cuanto llegues de Tlaxcala venme a ver.

Slava ahora llega de Cuernavaca, daréle tu recado. Me escribió, toda ella está llena de ti.

Besos, tu hermana

Frieda

Todos mis recuerdos a María Guadalupe, campana de Ocotlán.

Antier tute la tarde fue tuya, vino Isidoro Gurría y estuvimos releyendo tus maravillosos poemas de la Guayaba; te admira buten.

[26]

CARTAS A ALEJANDRO GÓMEZ ARIAS

[a]

17 de septiembre de 1927

[...] Sigo mala y casi sin esperanzas. Como siempre, nadie lo cree. Hoy es el 17 de septiembre, el peor de todos porque estoy sola. Cuando tú vengas yo no podré ofrecerte nada de lo que quisiera. Seré en lugar de una pelada y coqueta solamente pelada e inútil, que es peor. Todas estas cosas me atormentan constantemente. Toda la vida está en ti, pero yo no podré poseerla [...] Soy muy simple y sufro demasiado por lo que no debía. Soy muy joven y es posible aliviarme. Únicamente no lo puedo creer; lo debía creer ¿verdad? Seguramente será en noviembre [...]

[b]

[...] no creas que es mentira pero a veces me parece que soy la más infeliz de las mujeres (es algo vulgar hacerse mártir), pero luego me pongo a pensar y me convenzo de que hay algo de eso, pero falta mucho para ser una olvidada de la manopla de Dios.

Ya me solté en el tanque ahora en la mañana (felicítame).

Oye mi Alex, te adoro, de veras, no creas que es pura ilusión de óptica, cuando vengas te lo voy a decir de palabra ¿eh? Tú por favor ni te olvides de mí ahora que no me ves; por lo que más quieras dime que me vas a querer tanto como si me vieras y que me vas a escribir unas cartas largas como periódicos de domingo.

Tu cuate que te quiere como no te lo puedes ni imaginar.

F.

[27]

CARTA A MIGUEL N. LIRA

27 sep. 1927

Hermanito:

Como the jovedy probablemente no podré verte, te escribo para que recibas a tiempo tute mis felicitaciones. Mi espíritu estará contigo y el día que vengas te felicitaré personalmente with sam abrazo falaz. ¿You comprende?

Mi mejor cariño.

Tu hermana

Frieda

CARTAS A ALEJANDRO GÓMEZ ARIAS

[a]

Octubre 15 de 1927

Mi Alex: ¡La penúltima carta! Todo lo que podría decirte ya lo sabes.

Todos los inviernos hemos sido felices, nunca como ahora. La vida está delante de nosotros, es imposible explicarte lo que esto significa.

Es probable que siga mala, pero ya no lo sé. En Coyoacán las noches asombran como en 1923, y el mar, símbolo en mi retrato, sintetiza la *vida*, mi vida.

¿No me has olvidado?

Casi sería injusto ¿no crees?

Tu Frieda

[b]

14 de junio de 1928

[...] Ahora más que nunca siento que no me quieres ya, pero te confieso que no lo creo, tengo fe... no puede ser. Tú en el fondo me entiendes; ¡sabes por qué hice las cosas! Además, ¡sabes que te adoro!, ¡que eres no sólo una cosa mía, sino yo misma! [...] ¡Insustituible!

[29]

CARTA A MIGUEL N. LIRA

Mike:

Les agradezco buten que me hayan ofrecido lo del guateque, pero ayer se dio cuenta Alex de que había algún chance entre todos y creo que pensará muy mal de mí si aceptara yo que entre todos le hiciéramos la cena; así es que te pido por favor que seas tan amable de decirles a todos que les agradezco buten, pero que voy a (…) los muchachos.

Yo creo que a principios de la semana que entra será. ¿No crees que así es mejor? Yo desde un principio se lo dije a Salisky que lo podría saber él, y como va a ser en mi casa, diría que era yo una pelada comunista.

Bueno hermano, buten de gracias por tute y si quieres contéstame diciéndome si crees lo mismo que yo. Sobre todo a Salisky dile que me dispense, pero hay cosas en la vida que no tienen remedio y ésta es una de ellas.

Contéstame pronto para que me dé tiempo de mandarte la otra carta avisándote cuando es. Me haces favor de avisarle al Flaquer, Güero Garay, James y Uds. dos.

Buten de saludos. Tu hermana

Frieda

CARTA A GUILLERMO KAHLO

San Francisco, Calif., noviembre 21 de 1930

Papacito lindo:

Si supieras el gusto que me dio recibir tu cartita, me escribirías diario, pues no puedes tener idea qué contenta me puse. Lo único que no me gustó es que me dijeras que sigues igual de corajudo, pero como yo soy igual que tú, te entiendo muy bien y sé que es muy difícil dominarse; pero en fin, haz todo lo posible siquiera por mamá que es tan buena contigo. Le dio mucha risa a Diego lo que me decías de los chinos, pero dice que me cuidará bastante para que no me roben.

Yo estoy bien, me estoy poniendo unas inyecciones con un doctor Eloesser, alemán de origen, pero que habla el español mejor que uno de Madrid, así es que le puedo explicar con toda claridad todo lo que siento. Estoy aprendiendo un poquito de inglés cada día y cuando menos puedo entender lo más esencial, comprar en las tiendas, etc., etc.

Dime en tu contestación cómo estás, y cómo está mamá y todos. Te extraño muchísimo pues ya sabes *cómo te quiero*, pero seguramente en marzo ya estaremos otra vez juntos y podremos platicar mucho, mucho.

No dejes de escribirme y con toda confianza si necesitas algo de dinero mándame decir.

Diego te saluda muy cariñosamente y dice que no les escribe por tener mucho que hacer.

Recibe todo mi cariño y mil besos de tu hija que te adora.

Frieducha

Escríbeme todo lo que haces y lo que te pasa.

NOTA

La boda de Frida con Diego Rivera (1886-1957) tuvo lugar el 21 de agosto de 1929. En noviembre de 1930 viajaron a San Francisco para que Diego cumpliera distintos compromisos de pintura mural.

[31]

CORRIDO PARA ANTONIO PUJOL
Y ÁNGEL BRACHO

San Francisco, enero 1, 1931

A Pujol y a Bracho

Hijos de la gran mañana!
los saludo desde aquí
a la manera tehuana
pa' que les llegue hasta allí

Trabajen mucho muchachos
y hagan hartos cuadrotes!!!!
pa' vender a los gringachos
y les den hartos pesotes

Vacilen hasta cansarse
con las tehuanas tan chulas
si no saben abusarse
serán purititas mulas

Un saludo yo les mando
y me despido también
pa' que se queden pensando
en la que los quiere bien

Su cuate
Frieda

NOTA

Bracho y Pujol eran dos jóvenes artistas mexicanos nacidos, respectivamente, en 1911 y 1914. Estudiaban en la Escuela de Artes Plásticas de la Universidad Nacional cuando Diego Rivera fue director de la misma.

[32]

PÁRRAFOS DE CARTAS

[a]

San Francisco, enero 24, 1931

[...] Diego hace ya tres días que empezó a pintar, el pobrecito llega rendido en las noches, pues es un trabajo para mulas y no para gentes; imagínate que ayer empezó a las ocho y media de la mañana y regresó a las nueve de la mañana; más de 24 horas trabajó sin parar, sin comer ni nada; estaba rendido el pobre. Es buena gente conmigo, yo soy la que a veces se me pone lo Kahlo en la cabeza y hago muchos corajes, pero él tiene buen genio y cuando menos parece que me quiere; yo lo quiero buten-buten. Estoy pintando y ojalá se me haga lo de la exposición. (?)

Aquí la vida a veces es interesante pues hay mucho que ver; la gente es como en todo el mundo habladora y chismosa, etc., etc., pero no metiéndose con nadie puede uno trabajar tranquilo y vivir bien. Ayer Diego dio una conferencia en un club de viejas, había como cuatrocientos espantajos, todas como de doscientos años, con el pescuezo amarrado, pues les cuelga en forma de olas; en fin, unas viejas espantosas pero todas muy amables; me iban a ver como animal raro, pues yo era la única joven y otras dos o tres muchachonas como de treinta para arriba, así es que les caí muy en gracia y me atarantaban de tanto hablarme; la mayor parte escupen al hablar, como el señor Campos, y todas tienen dentadura postiza que se les hace para todos lados. Bueno, te digo que había cada iguanodonte ancestral que le quitaba el hipo a cualquiera y le ganan en ¡belleza! a Carmen Jaimes.

[b]

Febrero 4 de 1931

[...] Recibe mi cariño entero que ya sabes que es como de aquí a Neptuno, o puede ser más grande.

Tu Frieducha

[c]

Febrero 12 de 1931

[...] Estoy pintando, he hecho ya seis cuadros que les han gustado bastante. La gente de aquí nos ha tratado muy bien, y los mexicanos que hay aquí en San Francisco son puras mulas, no te imaginas; sin embargo, idiotas hay dondequiera, y hay cada gringo que válgame Dios, como ladrillos de brutos, pero tienen todos, en general, muchas ventajas, no son tan sinvergüenzas como en nuestro adorado México.

[d]

Febrero 16 de 1931

Hoy Diego no fue a trabajar y flojeamos todo el día, hasta hace un momento en que se fue a la casa del director del Stock Exchange a una fiestecita que le daban. Yo no quise ir porque tengo inflamación y es peor andar, ¿no crees? Hace unos días vi en el teatro una cosa magnífica de negros, es lo que más me ha gustado.

NOTA
    Sin destinatarios, mecanografiados en una hoja. Todas las cartas fueron remitidas desde San Francisco, California.

LISTON EN EL CUADRO *FRIEDA Y DIEGO RIVERA*

Aquí nos veis, a mí, Frieda Kahlo, junto a mi amado esposo Diego Rivera, pinté estos retratos en la bella ciudad de San Francisco, California, para nuestro amigo Mr. Albert Bender, y fue en el mes de abril del año 1931.

NOTA

Albert Bender, admirador de Rivera, logró que el gobierno de los Estados Unidos le otorgara la visa de entrada cuando en 1930 fue invitado a pintar murales en San Francisco. El óleo sobre tela mide 100 x 79 cm.

[34]

CARTA A ISABEL CAMPOS

San Francisco, Calif., mayo 3 de 1931

Cuate querida:

Recibí tu cartita hace buten de siglos, pero no pude contestarte porque no estaba en San Francisco sino más al sur y tenía una bola de cosas que hacer. No puedes imaginarte el gusto que me dio recibirla. *Tú fuiste la única amiga que se acordó de mí.* He estado muy contenta, nada más que extraño mucho a mi mamá. La ciudad no tienes idea de lo maravillosa que es. Te escribo poco de ella para tener harto que contarte.

Llegaré muy pronto al poderoso «pueblo». Yo creo que a mediados de éste y entonces te platicaré buten de cosas. Hartas habladas...

Quiero que me saludes con *mucho cariño* a tía Lolita, a tío Panchito y a todos tus hermanos y hermanas, con especialidad a Mary.

La ciudad y la bahía son «padres». El *gringuerío* no me cae del todo bien, son gente muy sosa y todos tienen caras de bizcochos crudos (sobre todo las viejas). Lo que es resuave aquí es el barrio chino, la manada de chinos son resimpáticos. Y no he visto niños más bonitos en toda mi vida que los niños chinos. ¡Bueno! una cosa maravillosa, quisiera robarme uno para que lo vieras.

Del inglés no quiero ni platicarte porque estoy hecha una atascada. Ladro lo más esencial, pero es dificilísimo hablarlo bien. Sin embargo me doy a entender aunque sea con los malvados tenderos.

No tengo amigas. Una o dos que no pueden llamarse amigas. Así es que me paso la vida pintando. Para septiembre haré una exposición (la primera) en Nueva York. Aquí no me alcanzó el tiempo y sólo pude vender algunos cuadros. Pero de todas maneras me sirvió de mucho venir pues se me abrieron los ojos y vi hartas cosas nuevas y suaves.

Tú que puedes ver a mi mamá y a Kitty cuéntame de ellas. Te lo agradecería de veras. Todavía (si es que quieres) te alcanza el tiempo de escribirme una carta. Yo te pido que lo hagas pues me dará muchísimo gusto. ¿Será mucho pedir?

Salúdame a todos, si ves al Dr. Coronadito, a Landa, al Sr. Guillén. A todos los que se acuerden de mí. Y tú, cuatezoncita linda, recibe el cariño de *siempre* de tu cuate que te quiere mucho.

Frieducha

Besos a tu mamacita, papá y hermanos.
Mi dirección: 716 Montgomery St.

NOTA
La primera exposición tendría lugar en Nueva York en 1938.

[35]

CARTA A NICKOLAS MURAY

Coyoacán, may 31, 1931

Nick,

Szeretlek ugy mint egy angyalt.

Gyöngy virag vagy drágan.

Soha nem foglak téged el felejtni soha, soha.

Te vagy a tejes eletem.

Remelem hogy soha est te el nem fogod felejteni.

Frida

Please come to Mexico as you promised me! We will go together to Tehuantepec, in *August.*

[*Después de estampar sus labios, agrega*:] This is specially for the back of your neck.

NOTA

Nickolas Muray (Hungría, 1892-Estados Unidos, 1965), fotógrafo, crítico de danza, aviador, campeón de esgrima, le fue presentado a Frida en México por Rosa Rolando y Miguel Covarrubias. Un primer acercamiento amoroso se volvió más profundo cuando Frida llegó a Nueva York para presentar su primera exposición individual en la galería Julien Levy de Nueva York, del 1 al 15 de noviembre de 1938. Como Frida no hablaba el húngaro, alguien le debe haber ayudado a redactar esta carta, escrita con faltas de ortografía.

[36]

CARTAS AL DOCTOR LEO ELOESSER

[a]

Coyoacán, a 14 de junio de 1931

Querido doctor:

No se puede imaginar la pena que nos dio no verlo antes de venirnos para acá, pero fue imposible, yo telefoneé tres veces a su oficina, sin encontrarlo, pues nadie contestó, entonces le dejé dicho a Clifford que me hiciera el favor de explicarle a usted. Además, imagínese que Diego estuvo pintando hasta las doce de la noche anterior al día que salimos de San Francisco y ya no tuvimos tiempo de nada, así es que esta carta es en primer lugar para pedirle mil perdones y decirle también que llegamos con bien a este país de las enchiladas y los frijoles refritos. Diego ya está trabajando en el Palacio. Lo he tenido un poco malo de la boca; además, está cansadísimo. Yo quisiera que si usted le escribe, le diga que es necesario para su salud que descanse un poco, pues si sigue trabajando así, se va a morir. Usted no le diga que yo le conté que está trabajando tanto, pero dígale que lo supo usted y que es absolutamente necesario que descanse un poco. Se lo agradecería muchísimo.

Diego no está contento aquí, porque extraña la amabilidad de la gente de San Francisco y a la ciudad misma. Ya no quiere otra cosa más que regresar a Estados Unidos a pintar. Yo llegué muy bien, flaca como siempre y aburrida de todo, pero me siento mucho mejor. Yo no sé con qué pagarle a usted mi curación y todas las finezas que tuvo usted conmigo y con Diego. Sé que con dinero sería la peor manera, pero el agradecimiento más grande que pudiera tener nunca compensaría su amabilidad, así que le suplico y le ruego sea tan bueno de mandarme decir cuánto le debo, pues no se puede imaginar con qué pena me vine sin haberle dado nada que equivaliera a su bondad. En la carta que me conteste, cuénteme cómo está, qué hace, todo, y por favor salúdeme a todos los amigos, con especialidad particular a Ralph y a Ginette.

México está como siempre, desorganizado y dado al diablo, sólo le queda la inmensa belleza de la tierra y de los indios. Cada día, lo feo de Estados Unidos le roba un pedazo, es una tristeza, pero la gente tiene que comer y no hay más remedio que el pez grande se coma al chiquito. Diego lo saluda muchísimo y reciba el cariño que sabe le tiene

Frieda

NOTA

Frida conoció al cirujano osteólogo Leo Eloesser (1881-1976) en México en 1926, pero fue desde 1930, en San Francisco, que cultivaron una cada vez más estrecha amistad. Antes de regresar a México con Diego en 1931, para que éste avanzara en sus murales de la escalera de Palacio Nacional, ella pintó el retrato del médico en casa de éste, situada en la calle Leavenworth. Ralph es el escultor norteamericano Ralph Stackpole (Ginette es su esposa), anfitrión y colaborador de Rivera en 1930 en San Francisco. Clifford es Clifford Wight, otro de los ayudantes de Rivera.

[b]

Nueva York, 26 de noviembre de 1931

[...] La *high society* de aquí me cae muy gorda y siento una poca de rabia contra todos estos ricachones de aquí, pues he visto a miles de gentes en la más terrible miseria, sin comer y sin tener dónde dormir, ha sido lo que más me ha impresionado de aquí, es espantoso ver a los ricos haciendo de día y de noche *parties*, mientras se mueren de hambre miles y miles de gentes [...]

A pesar de que me interesa mucho todo el desarrollo industrial y mecánico de Estados Unidos, encuentro que les falta completamente la sensibilidad y el buen gusto.

Viven como en un enorme gallinero sucio y molesto. Las casas parecen hornos de pan y todo el confort del que hablan es un mito. No sé si estaré equivocada, pero sólo le digo lo que siento [...]

NOTA

Frida llegó a Nueva York con Diego, quien debía presentar en diciembre de 1931 una exposición retrospectiva en el recientemente inaugurado Museo de Arte Moderno.

37

CARTA A MATILDE CALDERÓN DE KAHLO

Nueva York, 20 de enero de 1932

Mamacita linda:

Ya por fin estoy mejor, sólo tengo algo de garraspera y tos pero no tiene importancia. Lo peor fue que me pasé unos días rete aburrida, zampurrada en este mugroso hotel viendo el Parque Central tan pelón de árboles que parece un basurero, y oyendo aullar a los leones, tigres y osos que tienen en el Parque Zoológico enfrente del hotel. De noche me he puesto a leer historias de detectives, y luego ya que me agarra el sueño muy macizo me voy a mi cama y empiezo a soñar puras pesadillas.

Así me he pasado ocho días de gripa. Ya ayer salí un rato pero no quiero hacerme la muy valiente pues el clima es de la trompada y de una recaída me va peor ¿no crees? Así es que prefiero aburrirme y quedarme papando moscas en el hotel. Además de día viene manada, de tarde también, y de noche ya nada más espero a Diego.

De repente bajamos a cenar al restorán del hotel y si no nos suben la cena al cuarto.

Hay una señora aquí, hermana de una de San Francisco, que viene a verme muy seguido y dice que le simpatizo buten. Pobre vieja, es buena conmigo pero no aguanto mucho a la gente, no sé por qué.

A veces también vienen las Bloch, unas judías hijas del mejor compositor de música moderna, Ernesto Bloch; ellas son buenas conmigo. La grande toca el laúd (instrumento muy antiguo que se tocaba en la edad media) y la pobre viene cargando su laúd para tocarme y cantarme canciones. El otro día vino a guisarme para que cambiara yo de comida, me hizo una sopa de verdura que me supo a rayos, pero tuve que decir que estaba magnífica, luego me hizo un dulce de chocolate con soletas que estaba regular, pero sí le agradezco mucho que sea tan buena conmigo pues no tiene ninguna necesidad ¿no crees? Ellas son muchachas muy pobres que trabajan y apenas les alcanza para lo más necesario, pues el padre está en Europa y además es muy mujerero y hace sufrir mucho a su madre, así es que ellas no lo quieren y viven solitas aquí con su hermano el casado que es ingeniero electricista y también muy pobre y muy buen muchacho.

Hay varias gentes que se han portado muy bien conmigo. Otra muchacha que estuvo en México tres años y que habla español muy bien, se llama Ella Wolfe. Ésa me quiere mucho y ahora que he estado mala, a pesar de que trabaja y vive relejos, ha venido a verme y a darme medicinas y me trae libros y todo lo que a mí se me da la gana. Es rusa, morena y gordita, me da mucho idea de Mati, nada más que Mati es más bonita.

También Malú Cabrera se ha portado bien conmigo, pues a pesar del pasado... que tú ya conoces, y de la amistad con la Guadalupe Marín, me trata bien y ha querido hacer amistad conmigo.

Como ves, en cuestión de quién vea por mí, tengo bastantes. Además ya ves que Diego, a pesar de que aparentemente no se preocupa y sólo le gusta estar pinte y pinte, me quiere mucho y es muy buena gente. Todos los hombres creo que son iguales de inútiles en caso de enfermedad ¿no crees? Pero es magnífico conmigo, yo soy la que a veces me encajo demasiado y abuso, y me pongo de un humor de los diez mil diablos, pero ya se me irá quitando con el tiempo.

Le voy a escribir a Hortensia Muñoz pues tengo muchas ganas de verla antes de salir para Detroit.

Linda, ¿tú qué me cuentas de nuevo?, ¿qué haces, cómo te pasas los días? Yo te extraño tanto que no creo que puedas tener una idea. A veces cuando pienso en ti y en mi papá creo que es mentira que estoy tan re lejos de ustedes, y cuando veo la de de veras me dan ganas de correr y correr hasta llegar a Coyoacán. Yo creo que para agosto o septiembre ya Diego habrá acabado con todo lo que tiene que hacer.

Me dicen los Covarrubias que me vaya con ellos a México en marzo, pero yo creo que no podré dejar a Diego. Él me dice que si gana algo de dinerito este año ya podremos vivir en México para siempre, pero que tengo que aguantar latas y viejas y fiestas, etc., para poder conseguir lo que él quiere. Yo creo que tiene mucha razón, pero yo soy muy ansiosa y desesperada y quisiera que todo se hiciera por obra de la magia. Lo único que me pasa es que no puedo estar contenta sin ustedes, y veo todo horrible y latoso y molesto, pero en realidad lo único que tengo es coyoacanitis.

En cuanto puedas y tengas un tiempecito libre escríbeme linda, cuando recibo carta tuya estoy muy contenta y veo todo de mejor manera.

Le escribí a mi papá, él en sus cartas me dice que no puede ponerse a pintar como yo le digo porque siempre está preocupado por trabajo y porque cree que vive de arrimado y ya no te da lo que él quisiera darte, pero yo le digo que no sea tontito y lleve la vida más ligera; cuando menos ahorita no les falta lo más esencial ¿no crees linda?, y él puede hacer trabajitos que le caigan de repente sólo para no aburrirse y para que tenga algo para comprar sus cigarros y dulces. Yo, si es que vendo alguna pintura, le mandaré para que pague lo que debe en el Foto Supply y así ya quede tranquilo, y cuando yo llegue ya verás cómo arreglamos todo bien y los tres viviremos muy felices. Yo quiero que ahora a mí me toque vivir contigo, pues ya viste que en los meses que estuve en México te vi muy poco por no poder dividirme entre mi casa y la tuya. Si los tres vivimos juntos ya verás qué bien nos va a ir y yo seré la más feliz del mundo.

Linda, no vayas a estar preocupada creyendo que estuve muy mala o algo que te vayas a figurar. Sólo tuve gripa, pero ya estoy completamente bien, sólo tengo algo de tos.

Cuídate mucho, piensa mucho en mí y escríbeme cada vez que puedas.

Dale muchos, muchos besos a mi papá, a Cristi, a la niña y a Antonio salúdamelo. A mi abuelita ya le escribí. Sólo espero otra cartita tuya.

¿Ya llegó la cuelga de Isoldita o no?

Te mando todo mi corazón,

tu Frieducha

Te mando a ti y a mi papá estos cinco dólares para que compren algo que les guste.

NOTAS

Matilde Calderón y González, la madre de Frida, era la mayor de los doce hijos que tuvieron Isabel, hija de un militar español, y Antonio, un indígena de Morelia, Michoacán, según relató la propia Frida en mayo de 1953.

Ella Goldberg de Wolfe (1896-2000) nació en Ucrania, emigró con su familia a Estados Unidos y en los años veinte radicó una larga temporada en México, trabajando para la TASS, agencia de noticias de la Unión Soviética. Fue miembro del Partido Comunista norteamericano hasta la firma del pacto germano-soviético, entonces Ella y Bertram, su marido, rompieron con el P. C. Su amistad con Frida sería entrañable a partir del encuentro en Nueva York.

38

CARTAS A ABBY A. ROCKEFELLER

[a]

New York, January 22th, 1932

My dear Mrs. Rockefeller:

I want to thank you for your beautiful book that you sent me last week. I hope that in spite of my terrible English I can read it. Your flowers were marvellous, you cannot imagine how they look nice in this room. This hotel is so ugly that by the flowers I think I am in Mexico.

I am much better now and hope to see you very soon.

After this eight days indoors I am very ugly and thin, but I hope that soon I shall be better.

Please give my best regards to Mr. Rockefeller and your children.

Diego sends his love to you
Many kisses from
                    Frieda Rivera

Please excuse my terrible english.

[b]

New York, January 27th, 1932

My dear Mrs. Rockefeller:

Diego is very sorry, he cannot write you because he is still in bed.

He wants to thank you for your marvellous flowers and for your kind letter you sent.

He is very bored when he is not working, but you know that he is like a child and doesn't like doctors at all; in spite of that I called one and now he is very angry with me because doctor told him to stay in bed few days more.

He misses very much your daughter's baby and he told me that he loves her more than me.

I hope that he will be better very soon and will be able to write you himself and specially to work again. He is very glad that you and Mr. Rockefeller liked his drawing of Mrs. Milton, and he thanks you.

Please excuse my English.

Our best regards.

Diego Rivera. Frieda Rivera

NOTA

Abby Aldrich Rockefeller (1874-1948) promovió, junto con Lille P. Bliss y Mary Quinn Sullivan, la fundación del Museo de Arte Moderno de Nueva York, el cual quedó inaugurado el 8 de noviembre de 1929. En 1931 Diego Rivera fue invitado a exponer y en instalaciones del propio MOMA trabajó ex profeso cuatro tableros al fresco.

[39]

CARTA A CLIFFORD Y JEAN WIGHT

New York, April 12, 1932

Cliff and Jean dear:

A week ago I received Jean's letter; I couldn't answer it right away because I have been in bed *again* with influenza and I felt very badly. I hope that you forgive me. This climate of New York ¡my god! is simply awful for me. But... what can I do? I hope Detroit will be better, otherwise I commit suicide.

It's really very nice to know that Cristina and Jack arrived already and I am sure that we will have a grand time all together. It would be very nice if we could stay in the same hotel. Don't you think so?

Diego wishes that you look for one apartment for us right away, because we shall leave New York next week. The one that you describe in your letter Diego thinks is too small because there is no room to work or paint in it. And that is the more important question. It is absolutely indispensable for Diego and for me too. (I am going to paint there, because I am tired doing nothing but lying on a cautch. I don't know how do you spell this word.)

For that important reason, and if it is not too much trouble for you, we should like very much that you could find one apartment with one room with light enough where could be possible to paint in it, one bedroom with two beds, or *one* big one (that should be nicer of course), one kitchenette and bathroom. Maybe you could find it in the same Hotel Wardell on the top of the building, even if it is a little more expensive; but, if you cannot, then in some other place near the museum.

Also if it is possible, maybe you can find one studio not very expensive, and in this case we should take the apartment in the Wardell which you describe me. I know that this is not so easy to find, but if you could, I shall appreciate you very very much. You know how difficult is to work in the living room in a hotel, because one has to eat, see people, and every thing in the same room. That is why I rather want one studio, or one bigger room in the same apartment.

Diego has finished the last lithograph, but I wonder if he will do some more, and that is why we can't leave this week, but it is sure that the next we will take the train for Detroit. I shall send you a telegram saying the exact date we leave.

There are not interesting news in New York. You must know already that Lindberg's child is not in his home yet. The chinese and japanese still fighting... etc., etc. Universal news. The only thing is that we went to the circus and we enjoyed very much, is a huge circus in Madison Garden. They have many animals, freaks, beautiful girls, and 100 clowns. Oh my goodness! I never have seen before such marvellous things.

The Blanches were here. Arnold has an exhibition very interesting. They went to a party that Malú Cabrera gave to me on account of our leaving and because I was «rebaptized». Now my name is not any more «Frieda» but «Carmen». Was very nice party. I dressed like a baby, Diego was the priest, Malú the godmother and Harry the godfather. Diego was marvellous. You would laugh to death.

Besides that, Concha Michel from Mexico (maybe Cliff remembers her) gave a concert of Mexican songs here in the Barbizon Plaza. She sings beautifully and was a great success. She dressed first like an indian, then like the tehuana, and finally like «china poblana». Everybody was crazy about her. She gave me the words of the songs and we can sing them in Detroit if I buy a guitar.

Ella Wolfe and Bert send to Cliff their love, the same from the Block's and the Bloch's (Suzanne and Lucienne, yes! Luci).

Please tell Cristina that I want very much that she will write me. Diego and I send our love to them, and salutations to Niendorff and Dr. Valentiner.

Love to you from

Diego y la Chicuita.

Adiós.

I shall send you a telegram to let you know when we will arrive to Detroit.

Let me know if you could find the apartment and thank you very very very very very much.

Chicua.

Cliff:

I found your tape measure or tape worm (what is the name in English?) ¡Oh my English! But you know what I mean. In Spanish is *metro metálico*. Oh, then tape measure.

Write me right away, will you?

I feel much better now from the cold, but I have stomach-ache. ¡Poor Chicua! She wants to go back to Mexico, that is all. We shall go directly from Detroit to Coyoacán, D.F. Shall we?... YES. Clifford and Jean.

NOTAS

Clifford Wight, escultor inglés, fue ayudante de Rivera en San Francisco y en Detroit. Como a los otros ayudantes, Diego lo representó en los andamios del fresco en la California School of Fine Arts. En enero de 1931 Frida retrató a Jean Wight, esposa de Clifford, en un óleo sobre tela de 65.5 x 46 cm. También en 1931 retrató en un dibujo a lápiz (40 x 30 cm) a lady Cristina Hastings, esposa del vizconde y lord John Hastings, a quien solían llamar Jack, otro de los ayudantes de Rivera en San Francisco.

Lucile y Arnold Blanch, pareja de pintores, cultivaron amistad con

Frida en Nueva York, lo mismo que Malú Cabrera (hija del escritor, periodista y político Luis Cabrera) y su esposo Harry Block, el periodista y escritor Bertram D. Wolfe y su esposa Ella, así como las hijas del compositor Ernst Bloch.

William Niendorff fue ayudante de Rivera en Nueva York.

El Dr. William R. Valentiner era el director del Instituto de Artes de Detroit cuando Rivera pintó ahí los murales en 1932.

[40]

CARTAS AL DOCTOR LEO ELOESSER

[a]

Detroit, 26 de mayo de 1932

[...] Esta ciudad me da la impresión de una aldea antigua y pobre, me pareció como un poblado, no me gusta nada. Pero estoy contenta porque Diego está trabajando muy a gusto aquí y ha encontrado mucho material para sus frescos que hará en el museo. Está encantado con las fábricas, las máquinas, etcétera, como un niño con un juguete nuevo. La parte industrial de Detroit es realmente lo más interesante, lo demás es como en todo Estados Unidos, feo y estúpido [...]

De mí tengo mucho que contarle, aunque no es muy agradable que digamos. En primer lugar, de salud no estoy nada bien. Yo quisiera hablarle de todo menos de eso, pues comprendo que ya debe estar usted aburrido de oír quejas de todo el mundo y con la gente enferma, de enfermedades, y sobre todo de los enfermos, pero quiero tener la pretensión de creer que mi caso será un poco diferente porque somos amigos y tanto Diego como yo lo queremos mucho. Eso usted lo sabe bien.

Empezaré diciéndole que fui a ver al doctor Pratt, porque usted se lo recomendó a los Hastings. La primera vez tuve que ir porque sigo mala del pie y en consecuencia del dedo que, naturalmente, está en peores condiciones que cuando usted me vio, pues han pasado ya casi dos años. De este asunto no me preocupo mucho, pues sé perfectamente que no tienen ningún remedio y ya ni llorar es bueno. En el hospital Ford, que es donde se encuentra el doctor Pratt, no recuerdo qué médico diagnosticó que era una *úlcera trófica*. ¿Qué es eso? Me quedé en babía cuando supe que en la pata tenía yo semejante cosa. La cuestión más importante ahora y es lo que quiero consultar con usted antes que con nadie es que tengo *dos* meses de embarazada, con ese motivo volví a ver al doctor Pratt, el que me dijo que sabía en qué condiciones generales estaba yo, porque había hablado con usted acerca de mí, en Nueva Orleans, y que no necesitaba yo explicarle otra vez la cuestión del accidente, la herencia, etcétera, etcétera. Como por el estado de salud en que estoy creí fuera mejor abortar, se lo dije, y me dio una dosis de *quinina* y una purga de aceite de ricino muy fuerte. Al día siguiente de haber tomado esto tuve una ligerísima hemorragia, *casi nada*. Durante cinco o seis días he tenido algo de sangre, pero poquísima. De todas maneras yo creí que había abortado y fui a ver al doctor Pratt otra vez. Me examinó y me dijo que no, que él está completamente seguro de que *no aborté* y que su opinión era que sería mucho mejor si en lugar de hacerme abortar con operación me dejara yo la criatura y que a pesar de todas las malas condiciones de mi organismo teniendo en cuenta la pequeña fractura en la pelvis, espina, etcétera, etcétera, podría yo tener un hijo con operación cesárea sin grandes dificultades. Él dice que si nos quedamos en Detroit durante los siguientes siete meses de embarazo, él se encargaría de atenderme con todo cuidado. Yo quiero que usted me diga qué opina, con toda confianza, pues *yo no sé qué hacer en este caso*. Naturalmente, yo estoy dispuesta a hacer lo que usted crea que me convenga más para mi salud, y *Diego dice lo mismo*. ¿Usted cree que sería más peligroso abortar que tener el hijo? Hace dos años que aborté en México con una operación, más o menos en las mismas condiciones que ahora, con un embarazo de tres meses. Ahora no tengo más que dos y creo yo que sería más fácil, pero *no sé por qué* el doctor Pratt piensa que me convendría más tener al hijo. Usted mejor que nadie sabe en qué condiciones estoy. En primer lugar, con esa herencia en la sangre no creo yo que el niño pudiera salir muy sano. En segundo lugar, yo no estoy fuerte y el embarazo me debilitaría más. Además, en este momento la situación para mí es bastante difícil, pues no sé exactamente cuánto tiempo Diego necesitará para terminar el fresco y si, como yo calculo, fuera en septiembre, el niño nacería en diciembre y tendría yo que irme a México faltando tres meses para que naciera. Si Diego acaba más tarde, lo mejor sería que me esperara yo a que la criatura naciera aquí, y de todas maneras habría terribles dificultades para viajar con un niño de días. Aquí no tengo a nadie de mi familia que pudiera atenderme durante y después del embarazo, pues el pobrecito de Diego por más que quiera no puede, pues tiene encima el problema de su trabajo y miles de cosas. Así es que con él no contaría yo para nada. Lo único que podría yo hacer en ese caso sería irme a México en agosto o septiembre y tenerlo allá. No creo que Diego esté muy interesado en tener un hijo, pues lo que más le preocupa es su trabajo y tiene sobrada razón. Los chamacos vendrían en tercer o cuarto lugar. Para mí no le sé decir si sería bueno o no tener un niño, pues como Diego continuamente está viajando y por ningún motivo quisiera dejarlo solo y yo quedarme en México, sería eso solamente dificultades y latas para los dos ¿no le parece? Pero si realmente usted opina como el doctor Pratt, que para mi salud es mejor no abortar y tener a la criatura, todas esas dificultades pueden subsanarse en alguna forma. Lo que quiero saber es su opinión, más que la de nadie, pues usted sabe en primer lugar mi situación y le agradecería yo en el alma que me dijera claramente qué es lo que usted piensa que sería mejor. En caso de que la operación para abortar fuera más conveniente, le ruego que le escriba al doctor Pratt, pues probablemente él no se da cuenta bien de todas las circunstancias y como es en contra de la ley hacer abortar, quizá él tiene temor o algo y más tarde sería imposible hacerme la operación.

Si, por lo contrario, usted cree que tener al niño pueda mejorarme, en ese caso quiero que me diga si sería preferible que me vaya a México en agosto y tenerlo allá, con mi mamá y mis hermanas, o esperar a que nazca aquí. Ya no quiero darle más molestias, no sabe usted, doctorcito, lo que me apena tenerlo que molestar con estas cosas, pero le hablo más que como a un médico como al mejor de mis amigos y su opinión me ayudará como usted no tiene idea, pues no cuento con *nadie* aquí. Diego como siempre es buenísimo conmigo, pero no quiero distraerlo con semejantes cosas, ahora que tiene encima todo el trabajo y necesita más que nada tranquilidad y calma. A Jean Wight y a Cristina Hastings no les tengo la suficiente confianza para consultar cosas como ésta, que tiene trascendencia enorme y que por una tarugada ¡me puede llevar la pelona! Por eso ahora que estoy en tiempo quiero saber lo que usted piensa y hacer lo que sea mejor para mi salud, que creo que eso es lo único que le interesaría a Diego, pues sé que me quiere y haré todo lo que esté de mi parte para darle gusto en todo. No como nada bien, no tengo apetito y con mucho esfuerzo me tomo dos vasos de crema diarios y algo de carne y verduras. Pero ahora todo el tiempo quiero vomitar con el dichoso embarazo y ¡estoy fregada! Me canso de *todo,* pues la espina me molesta y con lo de la pata también estoy bastante amolada, pues no puedo hacer ejercicio y en consecuencia, ¡la digestión está de la trompada! Sin embargo, tengo voluntad de hacer muchas cosas y nunca me siento *deeepcionada de la vida,* como en las novelas rusas. Comprendo perfectamente mi situación y más o menos estoy feliz, en primer lugar, porque tengo a Diego, a mi mamá y a mi papá; los quiero tanto. Creo que es suficiente y no le pido a la vida milagros ni mucho menos. De mis amigos a usted es al que más quiero y por eso me atrevo a molestarle con tanta tontería. Perdóneme y cuando me conteste esta carta, cuénteme cómo ha estado y reciba de Diego y de mí nuestro cariño y un abrazo de

Frieda

Si usted cree que me debo hacer la operación inmediatamente le agradecería me pusiera un telegrama diciéndome el asunto en una forma velada, para no comprometerlo en nada. Mil gracias y mis mejores recuerdos. *F*

Con referencia a lo que me preguntó del ballet de Carlos Chávez y Diego, resultó una porquería con *P* de..., no por la música ni las decoraciones sino por la coreografía, pues hubo un montón de güeras desabridas haciendo de indias de Tehuantepec y cuando necesitaban bailar la zandunga, parecían tener plomo en lugar de sangre. En fin, una pura y redonda cochinada.

NOTAS

Leo Eloesser fue, desde San Francisco, el consejero médico de Frida. Hombre de convicciones democráticas, durante la guerra civil en España prestó servicios profesionales en el Ejército Republicano. En las dos últimas décadas de su existencia radicó en Tacámbaro, Michoacán.

Entonces Rivera ya estaba pintado en el patio central de Detroit Institute of Arts *El hombre y la máquina*, integrado por 26 tableros al fresco.

Entre diversos análisis ordenados por el Dr. Eloesser en San Francisco en 1931 se contaron los de Wasserman y Kahn, que resultaron ligeramente positivos.

Antes de llegar a Detroit habían viajado a Filadelfia para presenciar el estreno del ballet *H. P.,* con música de Carlos Chávez, diseños de Rivera y la orquesta dirigida por Leopoldo Stokowski.

[b]

Doctorcito querido:

Había yo querido escribirle hace tanto tiempo como no tiene usted idea, pero me pasaron tantas cosas que hasta hoy puedo sentarme tranquilamente, tomar la pluma y ponerle estos renglones.

En primer lugar, le quiero dar las gracias por su cartita y su telegrama tan amables. En esos días estaba yo entusiasmada en tener al niño, después de haber pensado en todas las dificultades que me causaría, pero seguramente fue más bien una cosa biológica, pues sentía yo la necesidad de dejarme a la criatura. Cuando llegó su carta, me animé más, pues usted creía posible que lo tuviera y ya no le entregué la carta que usted me mandó para el doctor Pratt, estando casi segura que podría yo resistir el embarazo, irme a México con tiempo y tener al niño allá. Pasaron dos meses casi y no sentía ninguna molestia, estuve en reposo continuo y cuidándome lo más que pude. Pero como dos semanas antes del cuatro de julio empecé a notar que me bajaba una especie de sanguaza casi a diario, me alarmé y vi al doctor Pratt, y él me dijo que todo era natural y que él creía que podía yo tener al niño muy bien con la operación cesárea. Seguí así hasta el 4 de julio, que sin saber ni por qué aborté en un abrir y cerrar de ojos. El feto no se formó, pues salió como desintegrado a pesar de tener ya tres meses y medio de embarazada. El doctor Pratt no me dijo cuál sería la causa ni nada y solamente me aseguró que en otra ocasión podía yo tener otra criatura. Hasta ahorita no sé por qué aborté y cuál es la razón de que el feto no se haya formado, así es que quién sabe cómo demonios ande yo por dentro, pues es muy raro ¿no le parece? Tenía yo tanta ilusión de tener a un Dieguito chiquito que lloré mucho, pero ya que pasó no hay más remedio que aguantarme… En fin, hay miles de cosas que siempre andan en el misterio más completo. De todos modos tengo suerte de gato, pues no me muero tan fácilmente, ¡y eso siempre es algo…!

¡Dése una escapadita y venga a vernos! Tenemos mucho que platicar y con buenos amigos se olvida uno de que está en este país tan mula! Escríbame y no se olvide de sus amigos que lo quieren mucho,

Diego y Frieda

Yo la mera verdad, ¡no me hallo!, como las criadas, pero tengo que hacer de tripas corazón y quedarme, pues no puedo dejar a Diego.

[41]

CARTA A DIEGO RIVERA

Coyoacán, 10 de septiembre de 1932

[...] Aunque me dices que te ves muy feo en el espejo con tu pelito corto, no lo creo, sé lo lindo que eres de todos modos y lo único que siento es no estar allá para besarte y cuidarte, y aunque sea a veces molerte con mis rezongos. Te adoro, mi Diego. Siento que dejé a mi niño sin nadie y que me necesitas... No puedo vivir sin mi chiquito lindo... La casa sin ti, no es nada. Todo sin ti me parece horrible. Estoy enamorada de ti más que nunca y cada vez más y más.

Te mando todo mi amor.

Tu niña chicuititita

CARTAS A ABBY A. ROCKEFELLER

[a]

Detroit, Tuesday the 24th of January, 1933

My dear Mrs. Rockefeller,

I have no words to thank you for the marvellous photograph of the babies that you sent to me. Really was very sweet of you to do it, and I wish I could write English well enough to tell you how much I appreciate your kindness.

The babies look simply divine and I imagine how proud you must be having these wonderful grandchildren. I cannot forget the sweet little face of Nelson's baby, and the photograph you sent to me is hanging now on the wall of my bedroom. You can't imagine the happy face of Diego when I opened the envelope and suddenly he saw the photograph of Mrs. Milton's babies. They are really the sweetest children we know.

Here in Detroit everything is getting all right. Diego working as always day and night. Sometimes I get worried about him because he looks very tired and there is nothing in this world that will make him rest. He is happy only when he is working and I don't blame him, but I only hope that he doesn't get sick and everything will be all right. This fresco in the Institute of Arts is really marvellous, I think it is the best he has done. I hope you'll see it sometime.

I am painting a little bit too. Not because I considered myself an artist or something like that, but simply because I have nothing else to do here, and because working I can forget a little all the troubles I had last year. I am doing oils on small plates of aluminum, and sometimes I go to one crafts school and I made two lithographs which are absolutely rotten.

If I do some others and they are better I will show them to you in New York.

I think we are going to New York very soon. Diego is painting now the last big wall which will take him two weeks more to finish it, and then we will say good bye to Detroit for a while.

Dr. Valentiner is coming next week, I think you will see him in New York, don't you think it is very nice that he comes back?

What are the news in New York? Is the people talking about Technocracy all the time? Here everybody is discussing it and I think everywhere, I wonder, what is going to happen in this planet?

Let me thank you once more for your sweet present and please give my regards to Mrs. Milton, Nelson and his wife. Many kisses for all the children and for you my best wishes for a very happy new year. Diego sends to you his best regards.

Sincerely yours

Frieda

[b]

Detroit, March the 6th, 1933

Dear Madame Rockefeller,

You can't imagine how pleased I was with your letter, we were very sorry to hear that you were sick but your letter brought good news and we are so glad that you are feeling better.

As you must know, the magnificent exhibition of Italian paintings of the Fifteenth and Sixteenth Centuries which Dr. Valentiner arranged, is to open at the Detroit Institute of Arts on March the eight and would be marvellous if you will feel well enough to come here to see it.

Diego finished the frescoes already and if you come you could see them at the same time.

The reception for the frescoes will be later, because of changes that are to be made in the court including the removal of the central fountain.

We shall be leaving Detroit for New York next monday, and we hope that you could come here before we leave. Please tell Mr. and Mrs. Milton that we would be very glad if they could come too and Nelson and Mrs. Nelson's. How are all the babies? I hope to see them when I am in New York. I never will forget your kindness for sending me their photograph.

I have been so lazy these days that I didn't feel like painting or anything, but as soon as I arrive in New York I will start again. I am going to show you the ones I did here even though they are awful.

Please forgive me for not replying to your letter sooner, but I was in bed with influenza when I received it and I have only just got better.

I hope to hear from you soon and in the meanwhile I send you many kisses.

Diego sends his best regards to you.

Frieda

NOTA

William R. Valentiner era director del Detroit Institute of Arts. De las litografías trabajadas por Frida en Detroit, la única que se conoce es *El aborto*.

[43]

CARTAS A CLIFFORD WIGHT

[a]

Nueva York, abril 11 de 1933

—Barbizon Plaza—

Cliff:

I received your two letters, but as always I find so many pretexts to be lazy that only now I can answer them. I hope you forgive me. Will you?

In first place I will tell you that New York is worse than last year, and the people are sad and pesimistic (how do you spell pesimistic?), but nevertheless the city is still beautiful in many ways and I feel better here. Diego is working like hell and half of the big wall is already finished. It is wonderful and he is very happy. (I am too.)

I have seen the same things and the same people, with the exception of *Lupe Marín* who was here two weeks. She was kind and sweet as I would never expect, and that is really something in that case.

We went together to theaters, burlesques, movies, 5 and 10 cents stores, drugstores, cheap restaurants, China Town, Harlem, etc., and... was she thrilled! Oh boy!

The very first thing she did was to fell down in the (escalators) at Macy's and she made a scandal because she said she wasn't an acrobat! She spoke in Spanish to everybody, even to the policemen and of course they thought she was «coocoo the parrot girl». We went shopping and she use to «yeal» (I don't know how to spell that word, but you know what I mean) in

Spanish to all the girls, as she were in «La Merced». Well I can't tell you in words all the things she did, but was absolutely miraculous that nobody took her to an asylum.

We saw Nelson R. and his wife and Mr. and Mrs. R., the parents. Nelson sends his regards to you.

Malú is having her baby in a month and I will be the godmother.

Ella and Bert sent their love to you, and they are as nice as always to me.

Hideo Noda is working with Diego now, and Ben Shahn and Lou Block, the brother of Harry.

Lucienne is in love with a boy, and she has changed a lot, she is more human now, and not so «important». Suzanne is in love too with a mathematician, a nice fellow.

Rosa and Miguel Covarrubias are going to Mexico and from there to Bali again for a year. I saw the Blanches, they are going to Europe this year with the Guggenheim scholarship. Everybody is going away and New York will be empty (for me), but that is all right after all.

Barbara Dunbar had a baby and she has been ill in bed four months. Poor thing. O'Keeffe was in the hospital for three months, she went to Bermuda for a rest. She didn't make love to me that time, I think on account of her weakness. Too bad.

Well that's all I can tell you until now.

Diego wants to answer your questions:

1. He is going to join the Union as soon as he arrives in Chicago and will pay of course the money required.

2. He says that if the men of the Union want to make the frames there is no way of discussion and you must let them do it.

3. He wants to know if Ernest is very necessary to you, otherwise is better to tell him, and pay his trip to Boston. He says you can pay it because Mr. Kahn is giving you 74 or 72 dollars a week. 42 for you, 18 for Ernest and the rest will pay the expenses of the trip for Ernest.

4. Let me know what Mr. Kahn arranged about the Union men who want to stretch the canvas.

5. If they want 17 dollars a day to stretch it, how many days will they need to finish it?

Diego says that the workmen who told you that the majority of artists and painters in the museums are mostly junk, is absolutely right and he [...]

Well Cliff, I think that's all Diego told me and now tell me about yourself and Jean and Cristina and Jack and «pu-waddle» (how do you spell this name?) and Ernest.

How are you feeling? What Chicago is like? Do you think I will like it?

I saw a movie the other day called «M», is good. See it if you can. Is a german one. Also «Potemkin» and «Gabriel in the White House», this is a rotten propaganda but some parts are excellent.

OK, Cliff. Good bye and behave yourself. Be always in the shadow! The sun is dangerous.

Give many kisses to Jean and Cristina (with the permission of Jack) and un abrazo a usted y a usted y a Jack without permission at all.

Frieda

Diego sends his best wishes to all of you.

Diego thanks you for all the clippings you sent to him and he says everything in Detroit is OK now. Burroughs wrote to him a letter and sent an article he published, a very good one.

We live now in the 35 floor. The view is magnificent.

New York is getting warm. To hell with the climate of this country. What a summer is going to be this year: my god. I will join the «nudisme» but that's worse... for the public.

Notas

En el hotel Barbizon Plaza se hospedaban entonces Diego y Frida.

Lupe Marín (1897-1981) fue la segunda esposa de Rivera (1922-1927).

Las R. corresponden a Nelson Rockefeller y a sus padres.

El prestigiado pintor Ben Shahn y su colega Hideo Noda se contaron entre los ayudantes de Rivera en el mural del edificio número 1 del Centro Rockefeller.

Miguel Covarrubias (1904-1957) se había casado en Nueva York con la bailarina Rosa Rolando.

Georgia O'Keeffe fue una notable pintora estadounidense de tendencias bisexuales.

Albert Kahn era el arquitecto de un nuevo edificio de la General Motors en Chicago, para el que Rivera iba a pintar una gran tela (*Forja y fundición*), encargo que le fue cancelado tras el escándalo en torno al mural del Centro Rockefeller.

[b]

New York, Oct. 29, 1933

Dear Jean and Cliff,

What the hell! What the hell! What were you doing in Arizona? I bet you my boots that you had a swell time, the photos show it. But... if you go to MEXICO you will be thousand times happier, and first of all you will meet there the loveliest people on earth, the Riveras and the Hastings. What do you think of that?

We are leaving New York the first week of December, and if you make up your mind and start driving towards that land, we'll be... oh boy all together!!! ¡¡¡happy!!!¡¡¡

Diego asks me to answer here Clifford's letter to him, and I do it, but of course you are going to forgive me for not answering it the way he told me, because as you know he [...] last as h [...] and I can't remember everything he says. But in few words,

he wants to thank you for the letter, the photos, the dolls, everything that so kindly you sent to us, and he wants to remind you
that you have a piece of land in Mexico where you can build a
little house for you and whachyoumaycallit [*dibuja un perrito*] at
any time you feel like it, and that he'll be very glad if you go
when we'll be there. Besides that he says that he is very happy to
know that Cliff is studying communism. It is a pity that you were
not here in New York while all the Rockefeller business happened, and while Diego is painting at the New Worker's School.

I have learned so many things here, and I am more and more
convinced that the only way to become a man, I mean a human
being and not an animal, is to be communist. Are you laughing
at me? Please don't. Because it is absolutely true.

Diego is almost finishing the frescoes at the New Worker's
School, they are swell and I send you here some photos that Lucienne took. They are not so hot, but anyway you can have an
idea. Lucienne has been working like hell, taking photos, but
she... why she herself is disappointed with the photos. But in
Radio City she did swell, and her photos were the most important ones to make public the whole affair.

Sánchez got married a few weeks ago, with a girl from Texas,
she weighs 76 pounds and is very small. Nice girl, anyway they
are very happy... Sánchez looks pale... I don't know why????????

Lucienne and Dimitroff, as always, very very happy, both are
now members of the Party, and they go to the strikes to talk to
the workers, make speeches in the meetings and have a swell
time.

Sánchez and Dimitroff are the only ones working for Diego
now, also Lucienne helps a little.

I have been painting a little, reading and hanging around as
always. Now I have packed everything, and I am just wanting to
go back.

How are you kids? Tell me everything you do, your plans for
the future, well, everything. Have you seen Dr. Eloesser? and

Ralph? Give my love to all our friends: Emily, Joseph, Ginnette, Ralph, Doctor Eloesser, Pflueger, etc. etc. etc. etc. etc. etc.

My new address is Hotel Brevoort, 5th Ave. and 8th Street, and in Mexico, you know: Ave. Londres 127, Coyoacán, D.F., México, Air Mail.

Please write to me soon, as soon as you can, before I leave to Mexico.

Thanks again for all the things you sent me, and I hope to see you sometimes in my dreams, until we'll be together in Mexico in reality.

Good-bye.

La Chicua

Have you seen a cartoon «The 3 little pigs. Who is afraid of the big bad wolf», and «I am no angel». Mae West? I think they are wonderful. I am sending to Cliff communist literature.

NOTAS

Stephen Dimitroff, quien se casó con Lucienne Bloch, fue asistente de Rivera en Nueva York. Antonio Sánchez Flores fue su químico asistente durante muchos años.

Emily Joseph fue la intérprete simultánea de las conferencias en francés que Rivera sustentó en San Francisco.

Ginnette era esposa del escultor Ralph Stackpole, de San Francisco, quien había conocido a Rivera en París y fue, en California, su entusiasta promotor.

Timothy Pflueger fue el arquitecto del San Francisco Stock Exchange, donde Rivera pintó un fresco en el cubo de la escalera.

[44]

CARTA A MARÍA RIVERA BARRIENTOS

Nueva York, octubre 27, 1933

Hermanita,

No te había yo escrito hace mucho y en ésta quisiera contarte mil cosas, pero como ya pronto nos vamos a ver mejor me las guardo para entonces, y ahora sólo te contesto a tus preguntas. Antes te quiero decir que Diego ya está mejorcito y que no te preocupes, pues lo único que tiene es muy cansado y por lo tanto nervioso, pero lo hice descansar a fuerzas y ahora en México creo que con el clima se sentirá mejor, pues siquiera tendrá sol y aire puro.

De lo que me dices de irnos a esperar a Veracruz, te diré que me daría un gusto enorme y a Diego lo mismo, y ojalá que consiguieras un boleto barato para alguna de mis hermanas que quisiera irme a esperar a Veracruz también y así te acompañabas con alguien hasta Veracruz. Tú pregúntales a ellas quién de todas quiere ir contigo y yo le pago el pasaje. Ahora el asunto grave es la fecha, pues todavía no puedo decirles exactamente en qué barco salimos, hasta que Diego se decida y me diga: pero yo lo sabré con ocho días de anticipación y les puedo mandar un telegrama para que te dé tiempo a pedir permiso en la oficina. Pero de veras te agradezco que seas tan mona de querer ir por nosotros hasta Veracruz pues no sabes qué gusto me daría. Le avisaré con tiempo también al Dr. Millán para que él vaya también por nosotros.

De lo que dices que has estado mala, no sabes qué triste me pone, pues sé todas las penas que tienes que pasar trabajando y sin sentirte bien de salud. Yo creo que lo mejor que puedes hacer es ver al Dr. Millán para que él te recomiende con algún doctor bueno y que no gastes tu dinero con charlatanes mulas. Además creo que tú también lo que necesitas es un buen descanso de todas tus ocupaciones y cuidarte bien [...]

NOTAS

María Rivera (1896-1960), hermana de Diego.

El Dr. Alfonso Millán (1906-1975), amigo cercano, quien en junio de 1948 realizó a Frida un psico-diagnóstico de Rorschad.

CARTA A ELLA WOLFE

Nueva York, octubre 30, 1933

Ella Linda,

No seas mala gente y recibe el dinero de Paca. ¿Por qué has de pagar tú los libros que otros aprovecharon?

Te lo mando por correo porque sé que de otra manera no me lo vas a recibir.

Ayer oímos la conferencia de Roger Baldwin, estuvo O. K., pero es una pura mula en la cuestión del «free speech». Welch habló rebién y le puso a Baldwin «las peras a veinticinco». ¿Entiendes? No, bueno, pues luego te explico.

Hoy te voy a ver en la Escuela, por eso adiós adiós adiós

la Chicua

Peel me a grape!

Gracias por las cartas que me hiciste favor de escribirle a la Sra. Mathias y a Burroughs.

Un abrazo a Bertrancito Wolfe de la Chicua.

NOTAS

La relación de Diego Rivera con el escritor estadounidense Bertram D. Wolfe (1896-1977) se inició en México en los años veinte. Fue durante el periodo neoyorkino de los treinta cuando Frida trabó estrecha amistad con él y su esposa Ella.

Paca es Frances Toor y la Escuela, la New Worker's School, donde Rivera estaba pintando los 21 tableros del *Retrato de Norteamérica*.

CARTA A ISABEL CAMPOS

Nueva York, noviembre 16, 1933

Chabela linda,

Desde hace un año no sé ni una palabra de ti ni de ninguna de Uds. Tú puedes imaginarte qué año ha sido éste para mí; pero ya no quiero ni hablar de eso, pues no consigo nada, y nada en el mundo podrá consolarme.

Dentro de un mes llegamos a México y te podré ver y platicarte mucho. Te escribo ésta para que me contestes y me cuentes muchas cosas, pues aunque parece que nos hemos olvidado, en el fondo siempre me acuerdo de Uds., y creo que tú y todas de cuando en cuando se recordarán de que existo, aunque tan lejos. Dime cómo pasas los días aburridos de Coyoacán, pero que cuando está uno lejos le parecen tan lindos.

Yo aquí en Gringolandia me paso la vida soñando en volver a México, pero para el trabajo de Diego ha sido completamente necesario quedarnos aquí. Nueva York es muy bonito y estoy mucho más contenta que en Detroit, pero sin embargo extraño México. Esta vez nos quedaremos allá casi un año y después, quién sabe si vayamos a París, pero por lo pronto ya no quiero pensar en lo de después.

Ayer nevó por primera vez aquí, y muy pronto va a hacer un frío que se la lleva a uno la... tía de las muchachas, pero no hay más remedio que ponerse los calzones de lana y aguantar la nieve. Yo siquiera con las famosas enaguas largas, el frío me cala menos, pero de repente me entra un frío helado que ni veinte enaguas resisten. Sigo como siempre de loca y ya me acostumbré a este vestido del año del caldo, y hasta algunas gringachas me imitan y quieren vestirse de «mexicanas», pero las pobres parecen nabos y la purita verdad se ven de a tiro feriósticas, eso no quiere decir que yo me vea muy bien, pero cuando menos pasadera. (No te rías.)

Cuéntame cómo están Mari y Anita, Marta y Lolita; de Pancho y Chato sé por Carlitos que de repente me escribe, pero quiero que tú me platiques de todos. Me encontré aquí el otro día a uno de los muchachos López, no me acuerdo si es Heriberto o su hermano, pero estuvimos platicando de Uds. con mucho cariño. Él está estudiando en la Universidad de New Jersey y está contento aquí.

Cristi me escribe poco, pues está ocupada con los niños, así es que nadie me cuenta de Uds. No sé si verán de vez en cuando a Mati ahora que vive en Coyoacán, pero ella no me dice nada. ¿Qué se han hecho los Canet? Chabela ya debe estar enorme y lo mismo Lolita tu hermana, ya ni las conoceré cuando las vea. Dime si sigues aprendiendo inglés y si no, ahora que yo llegue te enseño, pues ya «ladro» un poco mejor que el año pasado.

Te quisiera contar en esta carta *miles de cosas* pero se volvería un periódico, así es que prefiero guardármelas para cuando llegue y desembucharlas allá.

Dime qué quieres que te lleve yo de aquí, pues hay cosas tan chulas y tantas que no sé ni qué sería bueno llevarles, pero si tú tienes especial gusto por algo nada más me hablas y te lo llevo.

Ahora que llegue yo me tienes que hacer mi banquete de quesadillas de flor de calabaza y pulquito pues ya nada más de pensar se me hace agua la boca. No creas que me estoy encajando y ya desde aquí te exijo que me des el banquete, nada más te lo recuerdo para que no te hagas de la vista gorda ahora que llegue. ¿Qué has sabido de las Rubí y de toda la gente que antes eran nuestras amigas? Cuéntame algunos chismes, pues aquí nadie me platica y de cuando en cuando los chismes son muy agradables al oído.

Dales muchos besos a tío Panchito y Lolita y a tía Chona también (pues a mí sí me quiere). Para todas Uds., pero especialmente para ti, aquí van mil toneladas de besos para que los repartas y te quedes con la mayor parte.

No dejes de escribirme. Mi dirección es: Hotel Brevoort, 5th Ave. and 8th Street. N.Y.C. New York.

Tu cuate que no te olvida.

Frieda

No se olviden de mí.

[47]

CARTA A ELLA Y BERTRAM D. WOLFE

Nueva York, 1933

Bert y Ella, cuatezones,

Diego me dijo que les mandara yo este cheque para ayudar a los gastos de las invitaciones, etc., para la New Worker's School.

Les mando las dos «macanas» que erogaron por la cena de los Claude. No te enojes, Ella linda, pero no es justo que tú pagues lo que se comió Claude, pues él tiene harta mosca y tú no.

Hoy viernes les dejaré la llave en mi cantón pa' que Bert estudie.

Los veo a la noche.

Muchos besos de su cuate la flaca que los ama con todo el corazón,

Friedita

Ya se van acercando los días, y yo estoy muy triste, pues Diego me echa toda la culpa del viaje al dichoso México. Hoy estuve chillando mucho.

CARTA A ELLA WOLFE

México, julio 11 de 1934

Ella lindísima,

¿Con qué cara te voy a escribir esta carta? Prefiero ya no decirte nada, ni darte excusas de ninguna clase. El caso es que no te he escrito, que me he portado como una cochina, desgraciada, mula, apestosa, infame, etc., etc., y todo lo mal que puedas pensar de mí es poco a lo que merezco, pero olvidarás por un momento todo, y te platicaré en esta carta lo que en ninguna de las otras te dije (naturalmente porque nunca las escribí).

Me preguntabas en tu última cartita lo que nos había parecido el libro a Diego y a mí; te diré, por mi parte, que me parece magnífico, y a Diego le gustó muchísimo; le molestó algo lo del prefacio incompleto, pero comprendió muy bien por qué había sucedido esto, y se le olvidó el disgusto cuando empezó a leer el texto de Bert, y a ver las reproducciones que nos parecieron estupendas; la presentación del libro es preciosa, y todo en general resultó *muy bien*; ni yo ni Diego le hemos escrito a Harry y ha de decir de nosotros que somos de lo más mulas que hay en esta vida, pero estoy segura, o cuando menos así lo espero, que en cuanto le escribamos nos perdonará y se le quitará el enojo; tú hazme favor de decirle también a Bert que se le permiten todas las maldiciones, todos los insultos, etc., etc., en protesta de que los Rivera se han portado tan cochinamente y ni siquiera dos renglones le escribimos acerca del libro y de su maravilloso texto; pero que ya que se haya cansado de insultarnos, nos perdone y todas las cosas seguirán su curso normal y de puro gusto nos iremos a pasear a Water Gap todos juntos, aunque me vuelvan a correr del hotel por andar infringiendo la ley moral de los Estados Sumidos usando pantalones de mecánico en el comedor. No, de veras, dile a Boit que no se vaya a enojar con nosotros; pero que él sabe ya la calidad de la melcocha a la que pertenecen estos dos amigos que tiene en México y que se llaman Diego y la Poderosa Chicua, y que debe ser indulgente con nosotros esta vez, y naturalmente tú también, pues si no todo sería inútil.

Figúrate que el otro día me encontré al desgraciado de Siqueiros en la casa Misrachi, tuvo la desfachatez de saludarme, después de haber escrito la cochinada de artículo en el *New Masses*, y yo lo que hice fue dejarlo como perro y no contestarle a su saludo, y Diego hizo peor; el Siqueiros le dijo: «¿Qué tal Diego?», y entonces Diego sacó su pañuelo, escupió en él y se lo guardó en la bolsa otra vez, y no le escupió en la cara porque había mucha gente y hubiera sido escandaloso, pero te digo que Siqueiros se quedó como chinche soplada y se largó con la cola entre las piernas. ¿Qué te parece semejante artículo? Bueno, es para mentarle a su progenitora y meterle una friega al desgraciado éste, ¿no crees? Diego no se ha decidido a escribir un artículo en contra porque es darle mucha importancia a semejante estúpido, pero yo le voy a decir que lo escriba para que lo ponga barrido y regado, pues no merece que se salga con la suya el hijo de la… ¿Tú qué crees?

Oye linda, me dio un gusto enorme saber que Jim viene a México, cuando leí tu carta casi no lo creía, pero cuando vi la de de veras, me dio rete harto gusto. Te diré francamente que me dio tristeza también, pues cómo me hubiera gustado que tú y Boit vinieran con él. Yo le dije a Paca que yo haría todo lo que estuviera de mi parte por hacerte venir, pero me explicó que le escribiste que tenías que trabajar todo el verano, y se me cayeron las alas a los pies, pues no te imaginas lo que yo daría por tenerlos aquí, cuando menos un mes, y pasearnos juntos, y platicar harto, y divertirnos, y… bueno, todo lo podríamos hacer en México juntos, pero no pierdo las esperanzas de que algún día nos volvamos a ver y estaremos rete contentos como en Nueva York.

Fíjate que he tenido a Diego muy malo estas dos semanas, tuvo una fiebre nerviosa que le duró más de diez días sin quitársele para nada, le subía la temperatura y le bajaba y así lo tuve sin saber qué hacer. Lo estuvo viendo Nacho Millán, y como tú sabes que Diego le tiene verdadero respeto como médico a Nacho, hizo todo lo que Nacho le indicó y en menos de dos semanas se mejoró bastante. Nacho dice que lo que Diego tiene es un desgaste nervioso muy fuerte y ahora lo está inyectando y le ha dado una nueva dieta para mejorarlo; sin embargo veo a Diego muy decaído y muy delgadito, el color de su piel como amarilloso, y sobre todo, y es lo que más me angustia, lo noto como sin ánimo para trabajar, y triste siempre, como si no le interesara nada. A veces está desesperado y no empieza a pintar en ninguna parte todavía. Ya tiene listos los muros de Palacio y de Medicina, pero como no se siente bien todavía no ha comenzado a pintar; esto me tiene a mí como nunca de triste, pues si yo no lo veo a él contento, no puedo estar tranquila nunca, y me preocupa su salud más que la mía propia. Te digo que si no fuera porque no quiero mortificarlo más, no me aguantaría la pena que tengo tan grande de verlo así; pero sé que si le digo que me apena verlo así se preocupa más y es peor, pues está tan sensible que la menor cosita lo desmoraliza y lo preocupa; yo no sé realmente qué haré para animarlo a que trabaje con gusto como antes, pues él cree que yo tengo la culpa de todo lo que le pasa por haberlo hecho venir a México; pero yo sé que no fue mi culpa solamente lo que lo trajo aquí, y es lo único que me consuela; pero no te imaginas lo que yo sufro sabiendo que él piensa que por mí se vino aquí y que esto es la causa de que esté como está. Hay veces que quisiera platicarte tantas cosas que por carta es tan difícil, que me desespera estar tan lejos de ustedes, pero no hay más remedio que esperar y esperar a que él comprenda que yo jamás tuve la menor intención de hacerle un daño semejante, pues sabía yo perfectamente lo que significaba para él venir a México, y yo misma se lo hice ver varias veces en

Nueva York. (Yo no sé qué le pasa a la máquina que escribe indecente.)

Ustedes son testigos de que no me vine *nada contenta*, y aunque ahora ya no hay ningún remedio, es un consuelo para mí saber que ustedes cuando menos saben que es verdad lo que digo. Yo no sé si lo que tiene Diego es a consecuencias del adelgazamiento tan rápido que tuvo en Detroit, o si será del mal funcionamiento de sus glándulas; el caso es que está agotado moralmente de una manera horrible, y yo sufro, si es posible, más que él de ver que no hay medio de hacerlo cambiar de manera de pensar, y que por más que yo le quisiera dar la vida por volverle su salud, no sirve de nada. Te digo que poco es lo que te cuento en comparación a lo que yo he sufrido estos meses aquí, y aunque yo no le diga nada a Diego para no mortificarlo, hay veces que estoy verdaderamente desesperada. Todo esto naturalmente se refleja en la situación económica de Diego también, pues como no trabaja, y los gastos enormes que tiene son los mismos, no sé yo dónde irá a parar si sigue en esta situación. Yo hago todo lo posible por animarlo y arreglar las cosas en la forma más fácil para él, pero no logro nada todavía, pues no te imaginas lo cambiado que está a como ustedes lo vieron en Nueva York; no tiene ganas de hacer nada y no le interesa en lo absoluto pintar aquí; le doy toda la razón pues sé las causas que tiene para estar así, con esta gente de aquí que es la más mula del mundo, y la más incomprensiva que tú te puedas imaginar, pero no sé en qué forma se puede cambiar a esta gente sin cambiar lo que hay que cambiar en todo el mundo que está lleno de esta clase de cabrones; así es que no es México, ni China, ni los Estados Unidos, sino es lo que tú y yo y todos sabemos, y naturalmente yo quisiera que a Diego le interesara en la misma forma que le interesó expresarse en Nueva York, expresarse aquí, o en cualquier rincón del mundo, y además creo que sí le interesa, pero lo triste es que más bien consiste en una situación interior en él, en que su enfermedad no lo deja ser el mismo que fue, y él pone de pretexto a México, o a cualquier situación exterior que le rodea, ¿no crees? El caso es que yo estoy en una constante angustia de verlo así, y no sé qué ni cuál será la solución, ¿me entiendes?

No quiero que de ninguna manera sepa él que yo te digo esto, pues ya te expliqué que ahora la menor cosita que él sospecha que pueda tocar de cerca lo que le pasa le molesta inmensamente; pero quisiera que tú le escribieras en una forma inteligente, como si yo no te hubiera dicho nada, y lo animaran; que Bert le escriba también, pues él dice que ya no le gusta *nada* de lo que ha hecho, que su pintura de México y en parte la de Estados Unidos es *horrible*, que ha perdido la vida miserablemente, que ya no tiene ganas de nada; en fin, es muy difícil explicarte en una carta el estado de ánimo en que está; pero tú me entenderás con lo poco que te escribo, y verás cómo es muy doloroso para mí verlo así, pues si alguien en el mundo ha trabajado con toda su energía, y con toda su fuerza ha sido Diego; así es que todo lo que yo pueda decirte es poco, a la tristeza que yo siento de ver lo decaído y lo fatigado de todo que está.

No quiero cansarte contándote solamente penas, pero no sé por qué siento tanto consuelo diciéndote lo que me pasa; será porque me quieres algo y me aprovecho para descargar un poco en ti todo el peso que siento encima; pero créeme que si no fuera porque de veras me siento ahora verdaderamente triste no te molestaría con toda esta carta tan larga y tan aburrida.

Dile a Boit que aunque a él no le he escrito directamente, es lo mismo que si lo hiciera escribiéndote a ti; dile que le mando muchos saludos, muchos muchos, y a todos en tu casa, a los muchachos en la Escuela, muy especialmente a Jay que tú sabes cómo quiero; y si ves a la pareja de «pichones» enamorados de Lucienne y Dimi, también dales mis recuerdos, y a todos los amigos nuestros de allá, y a Maluchita y Harry y Maluchitititita dales hartos besos; no les cuentes nada de lo que te digo de Diego pues ellos no entienden nada de esto, y sí sería un tema para chismear.

Ahora comprenderás un poquito por qué no tengo ganas a veces ni de escribir; pero estas cosas no las sabe ni Paca ni nadie, y ellas te ponen la cabeza bomba de cosas en contra mía, y dicen que soy la flojera andando en tortuga. Pero no les creas, yo te sigo queriendo tanto como cuando los veía diario, nada más que muchas veces no hay que decirlo en cartas.

Recibe miles de besos de mi parte y dale algunos, los que tú quieras, a Boit y a tu mamacita y papacito también les mando muchos.

Tienes que escribir pronto para que yo no me vuelva una niña triste y chocante.

Adiós linda.

      Frieda

Te escribí en este papel de la Universidad porque se me acabo el blanco y no tengo otro. Perdóname.

NOTAS

Bert o Boit son maneras de nombrar a Bertram D. Wolfe. Jay era su hijo y Jim el hermano de Ella.

Lucienne Bloch, hija del compositor Ernest Bloch, y Stephen Dimitroff, ayudantes de Rivera en Nueva York, habían contraído matrimonio.

El libro al que se refiere es *Portrait of America*, de Diego Rivera, con un texto explicativo de Bertram D. Wolfe. (New York, Covici, Friede Publishers, 1934.)

En *New Masses*, revista neoyorkina, el 29 de mayo de 1934 David Alfaro Siqueiros había publicado el artículo «El camino contrarrevolucionario de Rivera», al que Rivera respondería en 1935 con el folleto titulado *Defensa y ataque contra los stalinistas*.

Maluchita y Harry son Malú Cabrera y su marido Harry Block, y Malichitititita su hija Malú Block, la reconocida galerista.

El papel en el que escribió esta carta era de la Universidad Nacional Autónoma de México.

TEXTO EN UNA HOJA MEMBRETADA DEL PARTIDO NACIONAL ESTUDIANTIL «PRO-CÁRDENAS»

Pero no, no puede ser, este final no está bien [...] yo conozco la novela, lector amigo. El imbécil de Rascolnicoff, tu héroe, se pudrió en Siberia, se pudrió para siempre, y su esperanza pronta a seguirle por donde quiera que fuese, Sonia, murió también con él.

Su sino estaba cumplido, el sino del miserable, del caído, del de abajo que está condenado a sufrir eternamente, a morir maldito de Dios y de los hombres.

[...] Pero hay otro Rascolnicoff, el que salió de la prisión para rehacer la vida; éste es una ficción, éste sólo vivió en la conciencia de un hombre mediocre que no se resigna a morir y a ser olvidado.

Pero la realidad es otra; es más bestial, es más terrible, es dolorosa, y ésta te la he contado ya [...] lector.

FIN

Frida Kahlo

NOTA
Este texto se puede suponer de principios de 1934.

CARTA A ALEJANDRO GÓMEZ ARIAS

12 de octubre de 1934

Alex.

Se acabó la luz y ya no seguí pintando moninches. Seguí pensando en la decoración de la pared separada por *another wall of* sabiduría. Mi cabeza está llena de arácnidos microscópicos y de gran cantidad de alimañas minuciosas. Creo que deberemos contruir la pared en un tipo microscópico también, pues de otros modo será difícil proceder al pintarrajee falaz. Además ¿crees tú que toda la sabiduría silenciosa cabrá en un espacio asaz limitado? ¿Y qué de libraquillos contendrán *such* letrilla en fojas casi non existentes? *That is the big* problema, y a ti te toca resolverlo arquitectónicamente pues como tú dices, yo *non* puedo ordenar nada dentro de la *big realité* sin ir derecho al choque, o tengo que colgar ropajes del aire, o colocar lo lejano en una cercanía peligrosa y fatal. Tú lo salvarás todo con la regla y el compás.

¿No sabes que yo nunca he mirado selvas? ¿Cómo es que podré pintar fondo selvático con alimañas en un vacilón drepa? En fin, yo haré lo que pueda y si *non* te place podrás proceder al desbarate sólido y eficaz de lo ya construido y pintado. Pero tardará tanto en concluirse que nunca tendremos tiempo ni siquiera de pensar en el derrumbe.

No he podido todavía organizar el desfile de tarántulas y los demás seres, porque estoy pensando que todo quedará como pegado a la primera capa de las infinitas que debe tener tal pared.

Me ha hecho tanto bien verte, que no he podido decírtelo. Ahora me atrevo a escribirlo porque no estás tú aquí, y porque es una carta escrita el invierno de siempre. No sé si tú lo creerás, pero es así, y no puedo escribirte sin decírtelo.

Mañana te hablaré, y yo quisiera que un día me escribieras aunque sólo fueran tres palabras, no sé por qué te pido esto pero sé que necesito que me escribas. ¿Quieres?

Notas

Alentada por Gómez Arias, al regreso de Estados Unidos comenzó Frida a pensar en la posibilidad de hacer una pintura mural.

Copia de esta carta me fue enviada en 1978 por el propio Alejandro Gómez Arias con un recado que decía: «Ojalá le interese. Saludos cordiales».

CARTA A ELLA Y BERTRAM D. WOLFE

Jueves 18 de octubre de 1934

Ella y Boit,

Hace tanto tiempo que no les escribo que ya no sé ni por dónde empezar esta carta. Pero ya no les quiero dar largos y aburridos pretextos y decirles luengas historias de por qué no les escribí en tantos meses. Uds. saben todo lo que he pasado, y creo que entenderán mi situación, aunque no les diga los detalles. Nunca había sufrido tanto y nunca creí resistir tantas penas. No se imaginan en qué estado estoy y sé que me va a costar años salir de este embrollo de cosas que tengo en la cabeza. Al principio creí que había remedio todavía pues me imaginaba que lo que pasó sería una cosa que durara poco y sin importancia, pero cada día me convenzo más de que me estaba haciendo ilusiones. Es una cosa seria y tiene también serias consecuencias como Uds. se deben imaginar.

En primer lugar es una pena doble, si así puedo explicarla. Uds. mejor que nadie saben lo que Diego significa para mí en todos sentidos, y luego, del otro lado, ella era la hermana que yo quise más y que yo traté de ayudar en cuanto estuvo en mis manos, así es que la situación se complicó en una forma espantosa y sigue peor cada día. Yo quisiera poderles contar todas las cosas para que se dieran cuenta clara de lo que esto ha sido para mí; pero si con esta carta creo los voy a aburrir pues no hablaré de nada más que de mí; imagínense si les escribo detalles del asunto echarían a correr sin acabar de leer la carta; además no quiero que piensen que soy una chismosa y que me gusta llenar las cartas de chismes inútiles; pero desde hace mucho tiempo he querido escribirles y decirles lo que pasaba, sabiendo que nadie como Uds. entenderían por qué se los contaba y por qué sufro tanto.

Los quiero demasiado y les tengo la suficiente confianza para no ocultarles la pena más grande de mi vida y por eso ahora me decidí a decirles todo.

Claro que la cosa no es solamente una estupidez sentimental de mi parte, sino que toca toda mi vida y por eso me siento como perdida, sin nada que pueda ayudarme a reaccionar de una manera inteligente. Aquí en México no tengo a nadie, tenía *únicamente a Diego*, y a la gente de mi casa, que toman el asunto a la manera católica y de las conclusiones que ellos sacan yo estoy tan aparte que no cuento para nada con ellos. Mi papá es una magnífica gente, pero que lee a Schopenhauer de día y de noche y no me ayuda en lo más mínimo a nada.

He estado tan enferma que hasta que pude salir del hospital me puse a pintar algo, pero sin ganas, y sin que este trabajo me dé nada tampoco. Amigos no tengo aquí. Estoy sola completamente. Antes me pasaba los días chillando de rabia contra mí y de pena; ahora ya ni siquiera puedo ponerme a llorar porque comprendí que era estúpido e inútil. Confié en que Diego cambiaría, pero veo y sé que es imposible y una necedad de mi parte, supuesto que debí haber comprendido desde un principio que no seré yo quien lo haga vivir de tal o cual manera y mucho menos tratándose de un asunto semejante. Ahora que está trabajando sigue igual, y toda mi esperanza era que trabajando se olvidaría de todo, pero al contrario, nada puede quitarlo de lo que él cree y considera bien hecho.

En final de cuentas ya toda tentativa de mi parte es ridícula e imbécil. Quiere su completa libertad. Libertad que siempre tuvo y hubiera tenido ahora si hubiera obrado conmigo en una forma sincera y honrada; pero lo que más tristeza me da es que ya ni siquiera la parte de amigos que había entre los dos existe. Me cuenta siempre mentiras y me oculta cada detalle de su vida como si fuera su peor enemiga.

Vivimos una vida falsa y llena de estupideces que ya no puedo soportar más. Él tiene su trabajo en primer lugar que lo salva de muchas cosas, después todas sus aventuras que le divierten. La gente lo busca a él y *no a mí*; sé que como siempre está lleno de molestias y preocupaciones del trabajo, pero sin embargo vive una vida completa sin la estúpida vaciedad de la mía. Yo no tengo nada porque no lo tengo a él. Nunca creí que significaba para mí *todo* y que yo aparte valía como una basura. Creí que yo le estaba ayudando a vivir en lo que yo podía, y que en cualquier situación yo podría resolver mi vida sola sin que hubiera complicaciones de ninguna especie. Pero ahora veo que no tengo nada más que cualquier muchacha decepcionada de que la deja el hombre; no valgo nada, no sé hacer nada, no puedo bastarme a mí misma; me parece tan ridícula y tan idiota mi situación que no se imaginan cómo me choco y cómo me odio. He perdido el mejor tiempo viviendo a expensas de un hombre sin hacer otra cosa más que lo que yo creía que le serviría a él y le ayudaría a él. Nunca pensé en mí, y después de estos seis años la respuesta de él es que la fidelidad es una virtud burguesa y que no existe más que para explotar y sacar una ventaja económica.

Créanme que nunca pensé en esto desde ese punto de vista, sé que fui todo lo estúpida que Uds. quieran, pero era sinceramente estúpida. Me imagino o más bien espero que reaccionaré poco a poco, trataré de hacer una vida nueva interesándome en algo que me ayude a salir de esto de la manera más inteligente. Pensé irme a Nueva York a vivir con Uds., pero no tuve dinero, y ahora creo que lo mejor será estudiar algo y trabajar aquí mientras puedo irme de México. Del dinero que me dio Diego para guardar, compré una casa en México que me salió bastante barata, pues no quise volver a San Ángel donde sufrí lo que Uds. no pueden tener idea. Ahora vivo en Insurgentes 432 (escríbanme aquí). Diego viene de repente de visita pero ya no tenemos qué decirnos ni conexión entre uno y otro de ninguna clase; no me cuenta jamás lo que hace ni le interesa en absoluto lo que yo hago y pienso. Ya cuando las cosas están así más vale cortarlas de raíz y creo que finalmente ésta va a ser la solución para él, pues a mí me costará otro tanto de sufrimiento o más del que he tenido y tengo, que ya es indescriptible; pero para él creo que será mejor pues no seré una carga como lo han sido todas las otras, y no admitiré ser un problema de dinero para él únicamente. Así es que por ahora ésa es mi vida. No sé qué haré mañana, pero siento que el único remedio es separarme de Diego, pues no veo ninguna razón para vivir juntos dándole yo molestias y evitándole tener su completa libertad que exige. No quiero tampoco hacerle la vida que Lupe le hizo con pleitos, y así lo dejo vivir y yo con todos mis prejuicios burgueses de fidelidad, etc., etc., me iré con mi música a otra parte. ¿No creen que es lo mejor?

Les suplico que no le digan a Malú nada; si ella ya lo sabe como me imagino, pues ha sido público y notorio debido a la actitud de Diego, déjenla que se haga comentarios sola, no quiero ya que nadie sepa nada y que se imaginen lo que quieran.

No sé qué pensarán de mí, pero todo lo que les escribo aquí ha sido como si se los contara con el corazón en la mano.

No estarán ni de mi parte ni de la de Diego, sino nada más comprenderán por qué he sufrido *tanto*, y si tienen un ratito libre me escribirán ¿verdad? Sus cartas serán un inmenso consuelo y me sentiré menos sola de lo que estoy.

Les mando mil besos, y no me tomen por una chocante sentimental, e idiota pues Uds. saben cómo quiero a Diego y lo que representa para mí perderlo.

Frieda

Mi dirección: Insurgentes 432. Mexico City.

NOTA

El motivo del sufrimiento fue la relación íntima entre Diego Rivera y Cristina Kahlo.

[52]

CARTAS AL DOCTOR LEO ELOESSER

[a]

México, 24 de octubre de 1934

[…] He sufrido tanto en estos meses que va a ser difícil que en poco tiempo me sienta enteramente bien, pero he puesto todo lo que está de mi parte para ya olvidar lo que pasó entre Diego y yo y vivir de nuevo como antes.

[…] Del pie sigo mala, pero eso ya no tiene remedio y un día voy a decidirme a que me lo corten para que ya no me fastidie tanto […]

[b]

13 de noviembre de 1934

[…] Creo que trabajando se me olvidarán las penas y podré ser un poco más feliz […] Ojalá que pronto se me quite la neurastenia estúpida que tengo y vuelva a ser mi vida más normal, pero usted sabe que para mí es bastante difícil y necesitaré mucha voluntad para lograr que siquiera me dé entusiasmo pintar o hacer cualquier otra cosa. Hoy fue santo de Diego y estuvimos contentos, ojalá y haya muchos días de éstos en mi vida […]

[c]

[...] estoy en tal estado de tristeza, aburrimiento, etcétera, etcétera, que ni un dibujo puedo hacer. La situación con Diego está peor cada día [...] Ahora, después de meses de verdadero tormento para mí, perdoné a mi hermana y creí que con esto las cosas cambiarían un poco, pero fue todo lo contrarío.

[53]

CARTA A DIEGO RIVERA

23 de julio de 1935

[...] cierta carta que vi de casualidad en cierto saco de cierto señor, y que procedía de cierta damisela de la lejana y pinche Alemania, y que me imagino que debe ser la dama que Willi Valentiner tuvo a bien mandar aquí a vacilar con intenciones «científicas», «artísticas» y «arqueológicas» me dio mucho coraje y a decir verdad *celos* [...]

Por qué seré tan mula y rejega de no entender que las cartas, los líos con enaguas, las profesoras de... inglés, las modelos gitanas, las ayudantes de «buena voluntad», las discípulas interesadas en el «arte de pintar», y las «enviadas plenipotenciarias de lejanos lugares», significan únicamente *vaciladas*, y que en el fondo *tú y yo* nos queremos *harto*, y así pasemos aventuras sinnúmero, cuarteaduras de puertas, mentadas de madre y reclamaciones internacionales, siempre nos querremos. Creo que lo que pasa es que soy un poco bruta y un tanto cuanto zorrilla, pues todas estas cosas han pasado y se han repetido durante siete años que vivimos juntos y todas las rabias que he hecho no me han llevado sino a comprender mejor que te quiero más que a mi propia piel, y que aunque tú no me quieres de igual manera, de todos modos algo me quieres, ¿no? O si no es cierto, siempre me quedará la esperanza de que sea así, y con eso me conformo...

Quiéreme tantito. Te adoro

Frida

179

[54]

CARTAS Y RECADOS A IGNACIO AGUIRRE

[a]

19 agosto, 1935

Como tesoro guardé tu carta

Tu voz me dio la más limpia alegría —no sabía qué hacer— y me puse a escribirte esta carta que no te sabrá decir, con mis palabras, todo lo que quisiera —todo lo que tú mereces por darme tanto! —tu belleza —tus manos —tú. Quisiera ser tan bonita para ti! Quisiera darte todo lo que nunca hubieras tenido, y ni así sabrías la maravilla que es poder quererte. Esperaré todos los minutos para verte. Espérame a las seis y cuarto del miércoles —abajo, en el zahúan grande de tu casa, porque creo que es más fácil. Háblame mañana a las seis de la tarde, quiero nada más oírte aunque sea un minuto. Si me hablas te juntaré florecitas chiquitas y te las llevaré el miércoles, pero si no me hablas, de todas maneras te las llevaré —tantas que puedan hacer un jardincito en tu pecho —color de tierra húmeda.

Las ranas siguen cantando para nosotros —y nuestro río espera —el pueblo casto mira a la osa mayor —y yo —te adoro.

[b]

Háblame por teléfono cualquier mañana después de las diez
–quiero verte –Si por teléfono no pudiéramos arreglar dónde nos
vemos, escríbeme a *«lista de correos» Coyoacán*. De todos modos
escríbeme –esperaré tu carta como si tú mismo llegaras–

Tus ojos–

Tus maravillosas manos –finas como antenas –Tú –han estado
cerca de mí estos días

Imán
Gaviota   No te rías porque con
Niño   las letras de tu nombre
Amor   escribí esas palabras
Canela
Isla
Océano

Yo sé que *ninguna* palabra puede decir lo que eres –pero déjame pensar –creer –que tú sientes cómo te quiero–

[c]

12 septiembre, 1935

Por qué no hablaste hoy en la mañana? Hice cuanto pude por
localizarte en todos los teléfonos posibles –Aviación –tu casa de
Liverpool –M – y nada –me quedé muy triste y preocupada ¿sigues malo? Tengo la esperanza de que hables en la tarde, pero no
te imaginas qué hubiera dado hoy –esta mañana– por oírte.

Lo que pensabas ayer es de tal manera mentira! No sabes có-
mo te quiero, te necesito —créelo, ¿quieres? Te adoro—
Antenas de mi vida
dormí con tu flor
Son ahorita las doce —ya no me vas a hablar?
quiero verte —estar contigo cerca cerca
me dejastes flores en mi hombro —flores rojas
Nacho —Nachito—
Niño   F   Día último de sep. de siempre—
Amor
Centro   Nacho
Hombre   Nacho   N
Onda   Nacho

[d]

Telegrama. 14 octubre, 1935

NACHITO: NO NOS DEJAN ENTRAR. ALÍVIATE PRONTO. TE EXTRAÑO
MUCHO. HOY TE ESCRIBO. ESCRÍBEME LONDRES 127 COYOACÁN
FRIEDA

[e]

20 octubre, 1935

Nachito mío, llegué bien —te estoy escribiendo ésta desde la casa
M. diez minutos después de haberte visto —no sabes cómo me
apena estar nerviosa contigo, pero tú lo sabes entender verdad? Te
quiero cada momento más y quisiera verte más horas —más horas
que fueran de veras nuestras sin tiempo ni nada robado a la vida
—hoy en la noche cuando leas esta carta quisiera que estés con-

migo —que me veas —tus ojos Nacho son dos pájaros negros que
me acarician —quiero que veas el color maravilloso de tu cuerpo
y que sientas por qué me asombra con la alegría más grande
—que me quieran —te lo pido —por primera vez —hazlo por todo
el cariño mío y tuyo juntos —amor

    háblame mañana

[f]

Nachito

    Ten la bondad de decirle a la Srita. que tú no tienes herma-
nas aquí, solamente tu prima Cristina y que para la próxima vez
sean tan amables de permitirme pasar a verte porque hoy no me
lo permitieron.

    Te mandan muchos saludos. Dí a qué hora podemos venir
mañana.

F.

[g]

Nachito.

    Toma tres comprimidos hoy en la noche a ver cómo te
sientes.

[h]

Habla mañana por favor

[i]

Nachito te vine a buscar porque me dijistes que estarías toda la tarde en tu casa trabajando ¿qué pasó? Vine dos veces hasta la puerta de tu casa con la esperanza de encontrarte.

Mala suerte!

Poifect

Si llegas espérame un rato, vuelvo como a las 51/2 o 6

[j]

Nachito

Siento mucho lo que pasó tratándose de un amigo tuyo, y créeme que de ninguna manera lo hice pensando en que podía haberte molestado. Te considero *tan diferente* al hombre ése, que estoy *completamente segura* de que entenderás mi actitud de una manera inteligente. Si lo que hice te ofendió en lo más mínimo, te suplico trates de comprender un apasionamiento, por qué lo hice, y *a ti* te rogaría, sinceramente, perdones la manera violenta con que reaccioné en contra de una gente que tú consideras amigo tuyo, pero al mismo tiempo, tratándose de él no me arrepiento ni por un momento de haber sido yo quien le puso las peras a veinticinco a semejante cobarde. Espero comprendas lo que te digo como yo quisiera, pero ante todo te ruego que seas conmigo sincero y me digas lo que pienses sobre el asunto, si crees que no tuve razón yo lo sabré entender y lo *único* que me preocupa y me interesa ahora es que no sea un incidente de esta clase lo que pudiera cambiar entre nosotros algo que sería irreparable —tú sabes qué.

Por favor háblame en cuanto puedas —mañana estaré toda la mañana.

NOTA

La relación de Frida con el pintor, grabador, muralista y maestro de artes plásticas Ignacio Aguirre (1900-1990) duró escasos tres meses, desde que ella regresó de Nueva York, donde había viajado para sobrellevar la consternación que le había causado la íntima relación de su hermana Cristina con Diego, hasta el encuentro de Frida con el escultor norteamericano Isamu Noguchi (1904) cuando éste ejecutaba un relieve policromado en el mercado Abelardo Rodríguez. En esta aventura Frida contó con la complicidad de Cristina, con la que se había reconciliado. El mural al que se refiere es *El hombre y la aviación* que Aguirre pintaba entonces en la Biblioteca de la Aviación Militar, obra que desapareció al demolerse el edificio situado en la colonia Balbuena.

RECADOS PARA ALBERTO MISRACHI

[a]

Alberto,

Perdone la lata, pero como no sé para cuándo llegará Diego, le suplico me mande 200 del águila pues tengo que pagar contribuciones de todas las casas.

Mil gracias y hartos saludos.

Frieda

Oct. 28 de 1935

Vale por $200.00

Frieda Kahlo de Rivera

NOTA

Alberto Misrachi Samanon, nacido en Monastir cuando esta población pertenecía a Grecia, llegó a México a principios de los años veinte; poco después instaló en Juárez 18 la librería Central de Publicaciones, la cual trasladó a Juárez 4 en 1932, año en que arregló en el sótano una sala para venta de obras de arte, sobre todo de Diego Rivera. En 1937 Frida le pintó un retrato. Buena fue la relación con él y su esposa Ana.

[b]

Albertito,

La portadora de esta cartita es una señora que le vendió a Diego un traje de tehuana para mí. Diego quedó de pagárselo hoy, pero como se fue a Metepec con unos gringachos, no me acordé de pedirle los centavos temprano y me dejó sin fierros. Total es cuestión de pagarle a esta señora $ 100.00 (cien del águila) y ponérselos a Diego en su cuenta, quedando esta nota como recibo.

Muy agradecida

Frida

[c]

Le voy a suplicar un favor, que me adelante lo de la semana que entra, pues de ésta no me queda ni un fierro, pues pagué a usted los 50 que le debía, 50 a Adriana, 25 que le di a Diego para el paseo del domingo, y 50 a Cristi, y me quedé como el oso.

No le pedí el cheque a Diego porque me dio pena fregarlo, pues sé que está muy amolado de mosca, pero como de todos modos me tendrá que dar el sábado lo de la semana, preferí pedírselo a usted, y el sábado ya no me da fierros, sino hasta la otra semana. ¿Quiere? De los $200.00 por favor cóbrese $ 10.00 que le debo a Anita, y se los paga de mi parte, pues me los prestó el viernes en Santa Anita (no se le olvide dárselos, pues dirá que soy buten de ratera si no se los pago).

Gracias por el favor y muchos recuerdos.

CARTA Y DEDICATORIA A SUS HERMANAS
LUISA Y MATILDE KAHLO CALDERÓN

[a]

Luisita linda,

Mil gracias. Todo te lo dejo en su lugar. Te dejo también mil besos por todos los lugares de tu cuartito.

Tu hermana

Frida

NOTA

Luisa le prestaba su cuarto cerca del cine Metropolitan para encuentros subrepticios.

[b]

[EN UNA FOTOGRAFÍA]

Para Matita y Paco de su hermana carnera Frida.

Parece que me va a escurrir la baba, pero *nó*, estaba yo hablando. ¿Lo creen?

NOTA

Matilde Kahlo, estaba casada con Francisco Hernández.

CARTA A ELLA WOLFE

México, marzo de 1936

Ella linda,

Me dio tanto gusto recibir tu carta que por una rarísima vez voy a ser buena niña y a contestarte luego. Martín te habrá contado todo lo que me ha pasado en estos últimos meses y por eso ya no te daré la lata con detalles de las aventuras, peripecias y relajos de la poderosa Chicua Rivera. Ya estoy casi bien de la pata, panza, etc. etc., y puedes estar tranquila por mi salud. Solamente la cabeza es la que me sigue funcionando chueco y ya no hay remedio pues nací «lucas» y lucas me moriré, pero con todo y eso me quieres ¿no?

Le leí tu cartita a Diego y quiere que yo te diga más o menos lo que él le va a escribir a Boit en una próxima carta que tiene planeada. Creo que es buena idea la de que yo me adelante a darte su contestación, pues a lo mejor Boit se va a cansar de esperar la carta y le llegará ya cuando se hable esperanto en el mundo entero y Diego se imagine que apenas ha pasado una semana después de la llegada de tu carta; así es que más o menos te diré lo que Diego dijo que le expliques a Bert. Lo de la biografía no hay ni que discutirlo pues tú y todos sabemos que Bert *debe* escribirla. La carta que Diego les mandó a los de la Guggenheim estuvo muy bien y creo que le contestarán favorablemente. Diego dice que desde luego *estará encantado* de que Bert la hiciera. Con Harry Block tuvo un disgusto serio y lo mandó al diablo, pues imagínate que resultó siendo al final de cuentas un simple lame-patas de Stalin y con pretensión de hacer política aquí en favor del P. C. con todos los métodos estúpidos y asquerosos de todos los stalinistas; así es que resultó mejor que hubieran terminado todas las relaciones de amistad entre Harry, Malú y nosotros, desde la cuestión de Siqueiros que tú debes saber bien.

Diego cree que en caso que Covici Friede hiciera el libro, en primer lugar Bert debería informarse con detalles de la cuestión de precio, royalties, etc., pues en el «Portrait of America» Covici le hizo a Diego varias tanteadas de dinero, y eso se podría evitar en este libro rectificando desde un principio en los contratos todas esas cosas, ¿no crees?

Lo más importante es lo siguiente: Diego cree que los frescos pintados en México, plásticamente, no tienen el interés de los que pintó en los Estados Unidos, y que desde luego el «Portrait of Mexico» debería hacerse teniendo *más en cuenta* el interés *político y social* que los frescos puedan contener, y tomando como pretexto el análisis de éstos para llegar a analizar clara y abiertamente la situación política actual de México que es de lo más interesante, y haciendo del libro una cosa útil a los obreros y campesinos, evitando lo más posible exagerar el valor artístico de las pinturas olvidando su contenido político; pero naturalmente este análisis, que sería amplio y preciso, Diego lo haría completamente *de acuerdo con su línea política* que siempre ha tenido, y ahora con mucha más razón después de las asquerosas maniobras del P. C. aquí en México y en el mundo entero. En este caso no sé qué pensará Bert, pues tú sabes las diferencias que hay entre ellos y creo de mucha importancia que desde un principio hablaran francamente en este sentido, pues Diego no aceptaría hacer el libro de no ser en la forma que te explico, por eso creo que será bueno que tú le digas a Bert qué cree de este asunto y si piensa que podrían ponerse de acuerdo él y Diego, o que él personalmente le escriba sugiriéndole a Diego en qué forma cree que podría hacerse el libro sin que hubiera choques entre los dos. Aparte de esto creo que nadie mejor que Bert pueda escribir ese libro, y desde luego Diego con nadie podría hacerlo mejor que con él. Tú dile esto a Bert y contéstame prontito para que yo le diga a Diego qué han pensado ustedes.

Quiero que esta carta salga hoy mismo y por eso no tengo tiempo de contarte muchas cosas que quisiera, pero pronto te escribo una poderosa carta que nada más esté llena de chismes de mi persona que pueden llenar un *New York Times*.

Salúdame mucho a Jay (dale un beso tronado), a Lucy y a Dinni y a todos los cuates.

Tú, linda, recibe millones de besos repartidos entre tú, Boit, tu mamacita y papá, hermanos, etc.

Unos especiales p'a ti de la

Chicua

NOTA

Se refiere a dos trabajos: «Portrait of Mexico» y la biografía de Rivera.

[58]

MISIVA AL MÚSICO CARLOS CHÁVEZ

México, 17 de marzo de 1936

Mi querido cuatezón
Aquí va la contestada...
con estilo algo guazón,
pero aprisa y detallada.

Di cuenta de tu misiva
a Diego, con gran premura,
y sin ser muy abusiva,
voy al grano con largura.

De los dibujos el precio
le parece bien planteado,
le va a dar rete que recio
para no hacerse de lado.

Sin embargo teme y duda
que Rockefeller la vieja,
siendo necia y testaruda
dé el permiso la... pendeja.

Lo que sepas al respecto
avísalo por avión
para que salga perfecto
el asunto, cuatezón.

Que le manden los contratos
en carta certificada

para terminar los tratos
y pa' echarles su firmada.

Pide de adelanto poco
cincuenta dólares primero,
si esto te parece loco
saca más correas al cuero.

Ya con esta me despido,
a escribir más ya me niego,
aquí termina el corrido
de Carlos Chávez y Diego.

Oye, manís, dime dónde consigo el libro de *Antígona* para
que Diego le eche un ojal, y por los versos ya sabes lo que Diego
dijo de tu última carta. Si te faltan más detalles, dímelo.

Desde luego ya aceptó y dile al fulano que mande los contratos.

En total Diego no tendrá que hacer más que el dibujo de
Antígona ¿no? Pues los demás dependen de la Sra. Rockefeller y
tú tendrás que conseguir su permiso. Creo que es todo y en este
momento no tengo tiempo de contarte gran cantidad de chismarajos, pero te mando hartos saludos y Diego lo mismo. Tu cuate

Frieda (La Poderosa)

Arregla también lo de los cincuenta dólares que Diego pide
adelantados.

Saludos al Chamaco y a Rose (Covarrubias).

NOTA

El músico Carlos Chávez había llegado a Nueva York el 10 de diciembre de 1935; el 23 de enero dirigía el estreno de su *Sinfonía india*

con la Orquesta Sinfónica de la Radio de Columbia de esa ciudad. A pesar de sus propios apremios se dio tiempo para desahogar encargos que su viejo amigo Diego Rivera le hacía en torno a una posible publicación de un libro de dibujos, el cual incluiría la serie del «Primero de Mayo» realizada en Moscú en 1928. Cuarenta y cinco de ellos los había comprado en 1931 Abby Aldrich, esposa de John D. Rockefeller, Jr. La respuesta de Chávez también fue en verso.

CARTA A BERTRAM D. WOLFE

México, marzo 24 de 1936

Queridísimo cuate, compañero, camarada, General y amigo Bertrancito:

¡Ayer llegó tu carta y obedezco tus órdenes inmediatamente contestándote hoy mismo para que ésta te llegue voladamente y sin pérdida de tiempo arregles todo lo que hay que arreglar y te vengas a esta bella ciudad de los Palacios! Me haces favor de traer a Ella, pues tú solito te pierdes en el camino. Si no la traes me enojo contigo *muy fuerte*, y puede haber trancazos cuando llegues a la estación y no vea yo a esa muchachita que tú y yo queremos harto y que se llama Ella.

Tanto a Diego como a mí nos cayó como un bombazo lo de la Guggenheim, pues estábamos seguros de que te darían la beca, pero no hay que esperar nada de esas mulas aguamieleras de los capitalistas jijos de su... re---cién casada mamá. Sin embargo estamos encantados de que vengas a pesar de ellos y de que escribas el libro y les des con él en las narices.

Diego está de acuerdo en todo lo que dices en tu carta, y nada más queremos que te des prisa para que llegues lo más pronto que puedas, pues ese día hacemos agasajo con mariachis, pulque curado, mole de guajolote y baile zapateado. Dile a Ella que no me empiece a poner pretextos y a la mera hora se raje de venir pues de veritas me peleo con ella.

Ya sabes cuate que aquí está mi cantón (casa) pa' ustedes dos, abierta de par en par como mi corazón, y ya llegando aquí verán cómo descansan tantito de los bellos Nueva Yores, pues tanto tú como Ella ya merecen siquiera tirarse de panza al sol una hora diaria y no preocuparse tanto ni trabajar como burros toda la vida. Así que vayan arreglando todo con tiempo y ya sin rajarse se vienen los dos como buenos niños, a vivir una temporada, otra que no sea la del relajiento Nueva York.

What do you say Kid? Please don't te rajes y don't te cuartees, pues ya me estoy haciendo hartas ilusiones pa' cuando ustedes lleguen a este populoso y nunca bien ponderado Mexicalán de las tunas.

Quiero que salga esta carta voladamente, es decir en avión, pa' que cuanto antes llegue a tus manos, y así no tengo tiempo de contarte chismarajos ni de platicarte cosas, pero lo principal ya te lo dije y nada más espero tu contestada para saber si de veras se me va a cumplir el tenerlos aquí o nada más estoy soñando en despierto.

¿Sabes quién está aquí en México? La esposa de Ernest Born, el que hizo las reproducciones de la Escuela en *Architectural Forum*. Hay harta manada de gente que Uds. conocen aquí, y va a estar suave cuando ustedes lleguen.

Bueno cuatezón, me despido esperando que me digas cuándo vienen y entonces harán feliz a la

Chicua Rivera y a su panzoncito amado

Mil besos a Ella.
Saludos a todos los cuates (muy especialmente a Jay).
Diego te escribirá prontito.

CARTA A CARLOS CHÁVEZ

Abril 29, 1936

Hermano,

Recibí tu poema, pa' qué te digo que me dio harto gusto. Tú lo sabes bien. Quisiera poder contestarte en verso, pero esta vez no tengo ni humor, pues imagínate que hace ya dos semanas que estamos Diego y yo en el Hospital Inglés. A mí me volvieron a operar la pata con resultado medio dudoso pues no me quiere quedar bien la pezuña. Pero eso es lo que *menos* me preocupa. Estoy de un triste como no tienes una idea por la enfermedad de Diego pues está muy malo de un ojo. He pasado unos días como nunca pues ahora te contaré con más detalle todo.

Diego empezó a estar malo del ojo izquierdo hace ya como un mes: al principio creímos que no tendría importancia pues como tú sabes, muchas veces ha estado delicado de los ojos pero sin mayores consecuencias. Pero ahora se trata de una infección seria en el saco lagrimal (le hicieron el análisis de la secreción) y resulta que tiene estreptococos. Hemos visto a *todos* los oculistas de México. Todos opinan del mismo modo, dicen que es una cosa peligrosa y con riesgo hasta de perder el ojo en caso de que hubiera la menor lesión en la conjuntiva, cosa que podría pasar fácilmente con cualquier partícula de polvo o agente externo que hiriera directamente el ojo en el estado tan delicado como está. Los microbios estos se han infiltrado ya en la piel y el tejido del párpado, en la parte inferior de la cara y en la frente, así es que tiene una inflamación terrible que casi le ha cerrado el ojo. Hubo un momento en que creímos todo perdido y tú puedes imaginarte su situación y mi angustia. (No puedo ni decírtelo con palabras.) Hace tres días que parece que la inflamación va cediendo un poco y hay esperanzas de que no tenga consecuencias más graves, pero el doctor Silva dice que el peligro no ha pasado todavía y que es bastante largo el asunto. Lo tienen en un cuarto casi a obscuras y el pobre está verdaderamente desesperado (con toda razón) y yo, inútil sin poderlo casi ni ver, pues no puedo andar todavía, y aun pudiendo andar, no podría yo resolver nada ni ayudarlo en nada, es eso lo que me tiene loca de angustia. Pensamos que en caso que no se mejore en esta semana lo mejor sería llevarlo a Nueva York para ver qué se podría hacer con los oculistas de allá, pero yo creo que no es precisamente una cosa local del ojo sino de su estado general, y que todo está conectado con su insuficiencia tiroidea, además creo que un viaje en las condiciones en que está sería terrible y de una responsabilidad que después no sabría uno qué hacer en caso de que algo sucediera a causa del viaje. Así me tienes, desesperada, hecha una idiota sin saber ni cómo resolver esta situación. Naturalmente que nada se gana con estupideces y desesperación, y creo que lo más razonable sea esperar a que las inyecciones de «pioformina» que le han puesto y el tratamiento que Silva le da, hagan su efecto, pues peor sería hacer una pendejada esperando milagros de una cosa que tiene que tener su proceso natural. Sin embargo a mí lo que más me aflije es verlo tan decaído y el peligro de que por ese foco de infección le viniera una septicemia o algo que se generalizara y que por su estado general no pudiera combatir. No quiero ni pensarlo.

Quiero que por favor me digas qué piensas, qué sería lo más acertado hacer, y si tú crees que en Nueva York fuera más fácil encontrar un buen médico o nada más es prejuicio mío, pues también allí hay bolas de raqueteros habladores que a lo mejor lo friegan peor. Sin embargo una opinión tuya me consolaría pues no te imaginas cómo estoy de apenada y de triste por Diego. No es necesario que te explique más pues tú lo quieres bien y sabes lo que esto significa para él.

Perdona que en esta carta no te hable más que de la pena

que tengo, pero tú entenderás, sabes bien cómo quisiera platicarte de muchas otras cosas y sobre todo del gusto que me ha dado todo lo que has logrado hacer allá. Créeme que ha sido para mí una alegría.

Por favor escríbeme, me ayudarás mucho a sentirme más fuerte para esperar con calma cualquier cosa. Ojalá que cuando tu carta llegue ya Diego esté mejorcito pues es lo que todos queremos y yo *más que nadie*.

Salúdame a Miguel y a Rose (Covarrubias).

Procura regresar prontito pues haces mucha falta. Espero tu carta. Diego te saluda mucho.

Mis mejores recuerdos y un abrazo de

Frieda

Por favor trata de averiguar cuál es el mejor oculista allá y cuestión de precios en hospitales, etc.

También te agradecería muchísimo vieras al Dr. Claude (te di su teléfono en mi última carta pero por si lo perdiste lo encuentras siempre en el Rockefeller Institute en las mañanas (Dr. Albert Claude) y explícale más o menos el caso de Diego. Aquí te pongo el nombre completo de los microbios:

Streptococus hemolytiens. Han invadido ya todo el saco lagrimal izquierdo filtrándose en el tejido de la cara (lado izquierdo). Sería interesante saber su opinión.

NOTA

Cordial y prolongada fue la relación de Frida con el caricaturista, pintor y antropólogo Miguel Covarrubias y su mujer, la bailarina, pintora y fotógrafa Rosa Rolando, quienes en los años treinta vivían en Estados Unidos y pasaban breves temporadas en México.

[61]

CARTAS AL DOCTOR LEO ELOESSER

[a]

12 de julio de 1936

[..] ir a algún pueblito en el que no haya más que indígenas, tortillas, frijoles y muchas flores, plantas y ríos...

Estoy terminando mi retrato, el que me pidió en la carta desde Rusia [...]

[b]

17 de diciembre de 1936

... pero lo que tendría que hacer sería irme a España, pues creo que ahora es el centro de lo más interesante que pueda suceder en el mundo [...] ha sido de lo más entusiasta que ha habido la acogida que todas las organizaciones obreras de México han tenido para este grupo de jóvenes milicianos. Se ha logrado que muchos de ellos voten un día de salario para la ayuda de los compañeros españoles, y no se imagina usted la emoción que da ver con qué sinceridad y entusiasmo las organizaciones más pobres de campesinos y obreros, haciendo un verdadero sacrificio, pues usted sabe bien en qué miserables condiciones vive la gente en los pueblitos, han dado, sin embargo, un día entero de su haber para los que combaten ahora en España en contra de los bandidos fascistas [...] He escrito a Nueva York y a otros lugares y creo que lograré una ayuda, que aunque pequeña, significará, cuando menos, alimentos o ropa para algunos niños hijos de los obreros que luchan en el frente en estos momentos. Yo quisiera suplicarle a usted que en lo posible hiciera propaganda entre los amigos de San Francisco...

[c]

30 de enero de 1937

[...] la esperanza más viva y fuerte de que se aplaste el fascismo en el mundo [...]

RECADO PARA ALBERTO MISRACHI

Albertito,

Recibí otro telegrama de Diego y dice que llega hasta hoy en la noche, *tarde*. Lo molesto con mi semana porque ayer saqué a Cristi del hospital y siempre hice gastos extra. Así es que perdonará la lata pero ya Diego le dará hoy o mañana la mosca.

Muchas gracias.

Junio 12 de 1937

Recibí de Alberto Misrachi la cantidad de $ 200.00 (Doscientos pesos), de la semana del sábado 12 de junio a sábado 19.

Frieda Kahlo de Rivera

DEDICATORIA PARA LEÓN TROTSKY EN UN AUTORRETRATO

Para León Trotsky con todo cariño, dedico esta pintura, el día 7 de Noviembre de 1937.
Frida Kahlo
En San Ángel.
México

NOTA

Ese día el revolucionario ruso Lev Davidovich Bronstein, llamado Trotsky, refugiado en la casa de Allende y Londres, en Coyoacán, cumplía 58 años de edad.

[64]

CARTA A LUCIENNE BLOCH

14 de febrero de 1938

Darling Lucy,

When your letter arrived, I was feeling lousy as hell, I been having pains on my damn foot for a week, and probably I will need another operation. I had one four months ago, besides the one they made when Boit was here, so you can imagine how I feel, but your letter came, and believe it or not, gave me courage. Yes Kid, you don't have any bad foot, but you are going to have a baby and you are still *working*, and that is really swell for a young kid like you. You don't know how happy I am with such news, tell Dimi that he is behaving O. K. and for you Kid, all my congratulations. But... please do not forget that I must be the godmother of that baby because, in first place, it will be born the very same month that I came to this damn world, and in second place, I will be damn switched if somebody else would have more right than I to be your «comadre», so keep that in mind.

Please darling take good care of yourself. I know you are strong as a rock, and Dimi healthy as an elefant, but nevertheless you should be very careful and behave as a good girl. I think you shouldn't monkey around too much on the scaffolds, and besides you should eat well and at regular hours, otherwise it is not worthwhile to risk the whole thing, I am talking now as a grandmother, but... you know what I mean O.K.

Now I will tell you some things about myself. I haven't change very much since you saw me last. Only I wear again my crazy Mexican dress, my hair grew longer again, and I am as skinny as always. My character hasn't change either, I am as lazy as always, without enthusiasm for anything, quite stupid, and damn sentimental. Some times I think that it is because I am sick, but of course that is only a very good pretext. I could paint as long as I wished, I could read or study or do many things in spite of my bad foot and other bad things, but there is the point, I live on the air, accepting things as they come, without the minor effort to change them, and all day long I feel sleepy, tired and desperated. What can I do? Since I came back from New York I have painted about twelve paintings, all small and unimportant, with the same personal subjects that only appeal to myself and nobody else. I sent four of them to a gallery here in Mexico, the University gallery, which is a small and rotten place, but the only one which admits any kind of stuff; so I sent them there without any enthusiasm. Four or five people told me they were swell, the rest think they are too crazy.

To my surprise, Julian Levy wrote me a letter, saying that somebody talked to him about my paintings and that he was very much interested in having an exhibition in his gallery. I answered sending few photographs of my last things, and he send another letter very enthusiast about the photos, and asking me for an exhibition of thirty things on October of this year and he wants to have Diego's exhibition at the same time, so I accepted, and if nothing happens in the meanwhile, I will go to New York in September. I am not quite sure that Diego will have his things ready for then, but perhaps he will come later, and after to London. Such are the projects we have, but you know Diego as well as I do, and... quién sabe lo que pase de aquí a entonces. I must tell you that Diego painted recently a series of landscapes. Two of them, if you trust my own taste, are the best things he ever painted in his whole life. They are simply gorgeous. I could describe them to you. They are different to anything else he panited before, but I tell you they are magnificent! The color, Kid, is incredible, and the drawing, gee, it's so perfect and strong, that you feel like jumping and crying of joy when you see them. One of them will be very soon at the Brooklyn Museum, so you will see it there. It is a tree on blue background. Please tell me your opinion after you have seen it.

Now that I know that I will have this exhibition on New York, I am working a little bit more to have the thirty damn paintings ready, but I am afraid I will not finish them. We will see.

Reading the *Workers Age* I noticed a great change on your group, but still you have the attitude of a good father trying to *convince* a son that he is wrong but having a great hope that the child will change with your scoldings. I think that this attitude is even worse than the bad behavior of the child. Nevertheless you are admitting little by little many things you thought were [...] all We have many things to talk about his but I am not going to bother you now with such stuff after all my opinion in this matter is damn unimportant.

I have many, many interesting things to tell you besides differences of opinion. In September we will talk for hours. Now I only can tell you that his coming to Mexico has been the swellest thing ever happened in my life.

About Diego I am happy to tell you that he feels very well now, his eyes don't bother him any more, he is fat but not too much, and he works as always from morning to night with the same enthusiasm; he still behaves sometimes as a baby, he permits me to scold him once in a while without abusing too much of that privilege naturally; in one word, he is pretty swell guy as ever was, in spite of his weakness for «ladies» (most young Americans who come to Mexico for two or three weeks and to whom he is always willing to show his murals outside of Mexico City) he is as nice and fine boy as you know.

Well darling, I think this letter is already a magazine for my character. I told you all I could, taking account of my bad humor in this moment having pains on my foot, etc., etc. I will send this letter today, air mail, so you will know a word about this lousy person. Please give my love to Dimi, and tonight, after you go to bed, make some careses on your belly, thinking I make them myself to my future godchild. I am sure it will be a girl, a little nice beautiful girl made with the best chosen hormones from Lucy and Dimi. In case I fail, and it happens to be a boy, gee! I will be proud of him just the same, anyway, boy or girl I will love it as if it were the child I was going to have in Detroit.

Give my love to Ella and Boit, tell them that in spite of my silence I love them the same old way. Give a kiss to Jay Lovestone, don't pay any attention in case he blushes, just give it in my name.

To Suzy also give my love and my best congratulations for the new little mathematician she will bring to the planet. And... one favor, when ever you happen to pass near Sheridan Square, go to the third floor and give my regards to Jeanne de Lanux, and leave a little paper with one kiss painted with lipstick for Pierre. Will you do it? O. K. Thanks a lot.

Write to me more often. I promise to answer.

What about your father? And your Mommy?

Here goes my love to you dear Lucy; as soon as we know the sex of the baby, I will send a present for the future citizen of the World.

Your murals of which you send photos last year were swell. Diego thought it so also. Send us photos from the last ones. Do not forget. Thank you for your letter, thank you for remembering me and Diego and for being a nice kid wanting to have babies with such strong clean and wonderful enthusiasm. Diego sends you both his best regards and *un abrazote* de felicitación por el futuro niño.

Frida

NOTAS

La galería Universitaria estaba dirigida entonces por Miguel N. Lira.

La exposición de 25 cuadros en la Julien Levy Gallery se inauguró el 1 de noviembre de 1938.

[65]

CARTA A ELLA WOLFE

Miércoles 13, 1938

Ella querida,

Hace siglos que te quiero escribir pero como siempre yo no sé qué bolas me hago que nunca contesto cartas ni me porto como la gente decente... Bueno, niña, permíteme darte las gracias por tu carta y la amabilidad de preguntarme de las camisas de Diego. Siento no poder darte las medidas que me pides, pues por más que le busco en el cuello, no les encuentro ni rastro de lo que pudiera llamarse un número indicador del grueso del cuello de don Diego Rivera y Barrientos, así es que yo creo que lo mejor será que en caso de que esta carta llegue a tiempo, lo cual dudo *very much* le digas a Martin que por favor me compre seis camisas de las más grandes que existan en Nueva Yores, de esas que parece casi increíble que sean para una persona, es decir, de las grandes del planeta, comúnmente llamado Tierra. Creo que las puedes conseguir en las tiendas para marineros, allá en una orilla de Nueva York, de la cual no... puedo acordarme para describírtela como es debido. Total, si no las encuentras, pues... ¿ni modo? O. K. De todas maneras te agradezco tu atención, y a él la suya.

Oye, niña, hace unos días recibió Diego la cartita de Boit, dice que le des las gracias de su parte y que por favor le manden con Martin la «mosca» de Covici y la «mosca» del señor que le compró el dibujo o acuarela. Que efectivamente se le han perdido varias cartas y que la razón que da Boit en su carta es precisamente la verdadera. Así es que cualquier cosa que se trate de la poderosa y nunca bien ponderada «mosca» sería bueno mandarla en especial, para evitar que los rupas se la avancen. Como vez, mi léxico es cada día más florido, y tú podrás comprender la importancia de semejante adquisición cultural, dentro de mi ya extensa y bastísima cultura. Dice Diego que saludes a Boit, así como a Jay y Jim de su parte y a todos los cuatezones.

Si quieres saber algo acerca de mi singular persona, ahí te va: desde que ustedes dejaron este bello país, he seguido mala de la pezuña, es decir, pie. Con la última operación (hace precisamente un mes), cero y van cuatro tasajeadas que me hacen. Como tú comprenderás, me siento verdaderamente «poifet» y con ganas de recordarles a los doctores a todas sus progenitoras, comenzando por nuestros buenos padres, en términos generales, Adán y Eva. Pero como esto no me serviría lo suficiente para consolarme y descansar ya vengada de tales «maloreadas» me abstengo de tales recuerdos y recordatorios, y aquí me tienen hecha una verdadera «santa», con paciencia y todo lo que caracteriza a esa especial fauna. Puedes decirle a Boit que ya me estoy portando bien, en el sentido de que ya no bebo tantas «copiosas»… lágrimas… de coñac, tequila, etcétera… eso lo considero como otro adelanto hacia la liberación de las clases oprimidas. Bebía porque quería ahogar mis penas, pero las malvadas aprendieron a nadar y ahora ¡me abruma la decencia y el buen comportamiento!… Me han sucedido otras cosas más o menos desagradables, las cuales no procedo a contártelas por ser de insignificante valor. Lo demás, la vida cotidiana, etcétera, es exactamente la misma que tú ya conoces con excepción de todos los cambios naturales debido al estado lamentable en que se encuentra por ahora el mundo; ¡qué filosofía y qué comprensión!

Además de las enfermedades, líos políticos, visitas de turistas gringos, pérdidas de cartas, discusiones riverescas, preocupaciones de índole sentimental, etcétera, mi vida es, como en el poema de López Velarde… igual a su espejo diario. Diego también ha estado enfermo, pero ahora ya casi está bien; sigue trabajando como siempre, mucho y bien, está más gordito, igual de platicador y comelón, se duerme en la tina, lee los periódicos en el WC y se entretiene horas jugando con don Fulang Chang, al que ya le consiguió consorte, pero por desgracia resultó que la dama en cuestión es un poco jorobada, y al caballero no le ha agradado lo suficiente para consumar el matrimonio esperado, así es que todavía no hay descendencia. Todavía Diego pierde todas las cartas que llegan a sus manos, deja los papeles en cualquier parte... se enoja mucho cuando lo llama uno a comer, florea a todas las muchachas bonitas y a veces... se vuelve ojo de hormiga con algunas ciudadanas que llegan de improviso, bajo el pretexto de «enseñarles» sus frescos, se las lleva un día o dos... a ver diferentes paisajes... para variar, ya no se pelea tanto como antes con la gente que lo molesta cuando trabaja; se le secan las plumas fuente, se le para el reloj y cada quince días hay que mandarlo componer, sigue usando los zapatotes esos de minero (hace ya tres años que usa los mismos). Se pone furioso cuando se pierden las llaves de los coches, y generalmente aparecen dentro de su propia bolsa; no hace nada de ejercicio ni se baña en el sol jamás; escribe artículos para los periódicos que, generalmente, causan un «bochinche» padre; defiende a la Cuarta Internacional, a capa y espada, y está encantado de que Trotsky esté aquí. Ya más o menos te dije los detalles principales... Como podrás observar, he pintado, lo que ya es algo, pues me he pasado la vida hasta ahora queriendo a Diego y haciéndome guaje respecto al trabajo, pero ahora sigo queriendo a Diego y, además, me he puesto seriamente a pintar monitos. Inquietudes de orden sentimental y amoroso... ha habido algunas pero sin pasar de ser puramente vaciladas... Cristi estuvo muy mala; la operaron de la vesícula biliar y se vio gravísima, ya creíamos que se moría, afortunadamente salió bien de la operación y hasta ahora aunque no se siente muy bien está mucho mejor... Vive un tanto cuanto en el... éter. Todavía sigue preguntando... ¿quién es Fuente Ovejuna?, y si ve una película y no se duerme, es un verdadero milagro, pero al final de la película siempre pregunta, bueno, pero ¿quién es el delator? ¿quién es el asesino? ¿quién es la muchacha?, total no entiende ni el principio ni el fin, y en la mitad de la película, generalmente se entrega en brazos de Morfeo... Sus chiquitos están preciosos, el Toñito (el filósofo) está cada día más inteligente y ya construye con el «mecano» muchas cosas. Isoldita ya está en tercer año; está rete chula y muy traviesa. Adriana, mi hermana, y el güerito Veraza, su marido (los que fueron con nosotros a Ixtapalapa), siempre se acuerdan de ti y de Boit y les mandan hartos saludos...

Bueno, linda, espero que con esta excepcional carta me volverás a querer, tantito cuando menos, y así, poco a poco, hasta que me quieras igual que antes... respondan a mi amor escribiéndome una poderosa carta misiva que me llene de alegría el ya tan triste corazón que me late por ustedes desde aquí con una fuerza mayor a la que ustedes pueden imaginarse, nada más óiganlo ¡TIC-TAC TIC-TAC TIC-TAC TIC-TAC! La literatura es malísima para eso de representar y dar en todo su volumen los ruidos interiores, así que no es culpa mía si en lugar de sonar mi corazón suena a reloj descompuesto, *but... you know what I mean, my children! And let me tell you, it's a pleasure.*

Hartos besos para los dos, hartos abrazos, todo mi corazón, y si les sobra tantito repártanlo entre Jay, Jim, Lucienne, Dimy y todos mis cuates del alma. Salúdame rete harto a tu mamá y papá y a la nenita que me quería mucho.

Su amada y mulífera chicua
Friduchín

NOTAS

Martin Temple, adinerado industrial y comerciante, fue benefactor de personajes y grupos de izquierda.

Fulang-Chang, nombre de un mono araña preferido de Rivera.

La editorial Covici, Friede, Inc. de Nueva York editó los libros *Portrait of America* y *Portrait of Mexico* hechos en colaboración por Rivera y Wolfe.

[66]

CARTA A JULIEN LEVY

México, 1938

… Nunca pensé en la pintura hasta 1926, cuando tuve que guardar cama a causa de un accidente automovilístico. Me aburría muchísimo ahí en la cama con una escayola de yeso (me había fracturado la columna vertebral así como otros huesos), por eso decidí hacer algo. Le robé unos óleos a mi papá y mi mamá mandó hacer un caballete especial, puesto que no me podía sentar. Así empecé a pintar.

CARTA A ALEJANDRO GÓMEZ ARIAS

Nueva York, 1 de noviembre de 1938

Alex, el mero día de mi exposición te quiero platicar aunque sea este poquito.

Todo se arregló a las mil maravillas y realmente me cargo una suerte lépera. La manada de aquí me tiene gran cantidad de cariño y son todos de un amable elevado. El prefacio de A. Breton no quiso Levy traducirlo y es lo único que me parece un poco apenas, pues tiene aspecto medio pretensiosón, pero ahora ¡ya ni remedio! ¿A ti qué se te hace? La galería es padre y arreglaron los cuadros muy bien. ¿Viste *Vogue*? Hay tres reproducciones, una en color —la que me parece más *drepa*—, también en *Life* aparecerá algo esta semana.

En una colección privada de pintura vi dos maravillas, una de Piero della Francesca, que me parece de lo más dientoncísimo del mundo, y un Grequito, el más chiquitito que he visto, pero el más suave de todos. Te voy a enviar las reproducciones.

Escríbeme si te acuerdas de mí algún día. Estaré aquí dos o tres semanas. Te quiero re harto.

Salúdame a Mir y a Rebe. Áurea está aquí y ahora más aceptable que antaño.

NOTAS

La exposición de Frida Kahlo en la Julien Levy Gallery, situada en el 15 East de la calle 57, tuvo lugar del 1 al 15 de noviembre de 1938. La presentación del catálogo la hizo André Breton.

En esa galería otros mexicanos habían expuesto antes, en individuales o colectivas: Emilio Amero (enero, 1935), Manuel Álvarez Bravo (mayo, 1935), Rufino Tamayo (octubre, 1937), Siqueiros (mayo, 1938).

CARTA A DIEGO RIVERA

New York, enero 9, 1939

Niño mío,

Ayer, que te hablé por teléfono te noté un poco triste y me he quedado muy preocupada por ti. Quisiera que antes de irme llegara tu carta para saber detalles de lo de Coyoacán y de cómo anda el lío en general. Aquí han aparecido tres artículos en el *News* sobre el viejo y el gral., te los mando para que te des cuenta de lo estúpidos que son en este pinche pueblo, dicen que Lombardo es un trotskista furibundo, etc., etc.

Sabes que esta última semana me la voy a pasar en la casa de Mary. Anoche fue a traerme, pues quiere David que descanse yo mucho y duerma muy bien antes de embarcarme, pues la maldita gripa me puso en unas condiciones pésimas y me siento completamente bocabajeada y pendeja. Te extraño tanto mi lindo que hay momentos en que tengo más ganas de irme a México que de nada, y ya me estaba yo rajando la semana pasada de irme a París, pero como tú dices que será quizá la última oportunidad que tenga de ir, voy a hacer de tripas corazón y a largarme. En marzo estaré de vuelta en México pues no pienso quedarme más de un mes en París.

Ayer no sé por qué fue un día pésimo para mí, chillé casi todo el día y Mary ya no sabía qué hacer conmigo. Eugenia se puso pesada y como ya conoces lo necia que es, cuando supo que me venía yo con mis [...] unas mexicanas, sus amigas. Ya me traía los pelos de punta pues, aunque muy buena, a veces se pone muy terca y dan ganas de ahorcarla a la infame.

Mary me ayudará a empacar mi ropa y todo, pues con la desgraciada enfermedad no pude acabar de hacer nada. El cuadro de

Mme. Luce se quedó a medias y lo acabaré en París pues no tengo fuerzas de nada porque cinco días tuve calentura muy alta y estoy agotada y dada a la chingada. Además se me juntó el periodo y me siento verdaderamente jodida. La pobre de Mary se ha portado como madre conmigo y David y Anita lo mismo, me dan cada regañada que tiembla el mundo, pues ya ves qué desobediente soy con los médicos, pero siquiera no se me complicó con pulmonía pues hubiera sido de la chifosca. Todo el mundo tiene bronquitis o algo, pues ha hecho un frío del carajo, y me regañan porque no me pongo camiseta de lana, pero la mera verdad pican mucho y yo no las aguanto en el pellejo.

Qué gusto me dio que te haya parecido bien el retrato que le hice a Goodyear, está encantado y cuando regrese quiere el de Katherine Cornell y el de su hija, pero será en octubre cuando tú vengas conmigo, pues yo ya no me espero más tiempo sin ti. Ya te necesito como el aire para respirar y es un verdadero sacrificio el que hago yendo a Europa, pues lo que quiero es a mi niño *junto a mí*.

Yo no sé los Breton qué planes tengan pues no han vuelto a escribirme para nada, ni siquiera respondieron el cable que les mandé la semana pasada. Pienso que me van a esperar en Cherburgo o a donde pare el barco, pues yo no sé qué bolas me haría yo solita en esas tierras que ni de relajo conozco.

Mi vida, no juegues mucho con Fulang pues ya ves lo que te hizo en tu ojito, mejor nada más velo de lejos, pero no te vaya a lastimar un día en serio porque lo mato. ¿Y la pellita? Debe estar enorme ya. No la dejes cazar muy seguido pues se descompone.

¿Ya subieron mi bicicleta a mi cuartito? No quiero que me la cojan los escuincles, y será mejor que tú me la guardes arriba. ¿Lupe se porta bien? ¿Y qué pasó con Carmelita? Saluda a todos y muy especialmente al general Trastorno.

¿Ves al Ch. Hidalgo? Dile que no se me ha olvidado su encargo de sus guantes y su suéter. Mi hijito, dile a Kitty que te recosa tu ropa, que te tengan todo limpiecito y que llamen al «peluquier» cuando lo necesites. No dejes de bañarte y de cuidarte mucho, mucho. No te olvides que te quiero más que a mi vida, que te extraño cada minuto más y más. Pórtate bien, *aunque te diviertas* no dejes de quererme nunca aunque sea un poquito. Te escribiré de París lo más seguido que pueda, pero tú no me vayas a tener con la aflicción de no saber ni una palabra de ti. Aunque sean cartas muy chiquitas o tarjetas, pero que sepa yo cómo estás de salud.

El cuadro de la muerta me está quedando bien, lo único que no puedo dar es el espacio entre las figuras, y el edificio parece una chimenea de esas cuadradonas, y se ve como muy chaparro. Cada día me convenzo más de lo mula que soy como dibujante y lo pendeja que me siento cuando quiero dar en la pintura algo de distancia. Qué daría yo por ver lo que estás haciendo ahora, lo que pintas, por poder estar cerca de ti y por dormir contigo en nuestro cuartito del puente; extraño tanto tu risa, tu voz, tus manitas, tus ojos, hasta tus corajes, todo, mi niño, todo tú, eres ya mi vida misma, y nada ni nadie puede cambiarme.

Estoy esperando en estos días tu carta que me prometiste en el telegrama y por teléfono. Dime por qué te noté triste, dime todo, dime si quieres que me vaya contigo y mando a la mierda a París y a todos.

Te mando millones y millones de besos y todo mi corazón. Tu chicuita.

Friduchín

NOTAS

Frida hace referencia a Trotsky, al general Lázaro Cárdenas, a Vicente Lombardo Toledano, al presidente del Museo de Arte Moderno de Nueva York, A. Conger Goodyear, quien le adquirió el óleo de 1938, *Antorretrato con mono* (40.6 x 30.5 cm), a la actriz Katherine Cornell.

El cuadro en proceso era *El suicidio de Dorothy Hale*, que le fue encargado por Clare Boothe Luce para conmemorar a su amiga, la actriz y modelo Dorothy Hale.

69

CARTAS A NICKOLAS MURAY

,[a]

Paris, 16 de febrero de 1939

My adorable Nick. Mi niño,

I am writing you on my bed in the American Hospital. Yesterday it was the first day I didn't have fever and they allowed me to eat a little, so I feel better. Two weeks ago I was so ill that they brought me here in an ambulance because I couldn't even walk. You know that I don't know why or how I got collibacilus on the kidneys thru the intestines, and I had such an inflamation and pains that I thought I was going to die. They took several x rays of the kidneys and it seems that they are infected with those damn collibacilus. Now I am better and next Monday I will be out of this rotten hospital. I can't go to the hotel, because I would be all alone, so the wife of Marcel Duchamp invited me to stay with her for a week while I recover a little.

Your telegram arrived this morning and I cried very much of happiness, and because I miss you with all my heart and my blood. Your letter, my sweet, came yesterday, it is so beautiful, so tender, that I have no words to tell you what a joy gave me. I adore you my love, believe me, like I never loved anyone —only Diego will be in my heart as close as you— always. I haven't tell Diego a word about all this troubles of being ill because he will worry so much, and I think in few days I will be all right again, so it isn't worthwhile to alarm him. Don't you think so?

Besides this damn sickness I had the lousiest luck since I arrived. In first place the question of the exhibition is all a damn mess. Until I came the paintings were still in the custom house, because the s. of a b. of Breton didn't take the trouble to get them out. The photographs which you sent *ages ago, he never received* so —he says— the gallery was not arranged for the exhibit *at all* and Breton has no gallery of his own long ago. So I had to wait days and days just like an idiot till I met Marcel Duchamp (a marvellous painter) who is the only one who has his feet on the earth, among all this bunch of coocoo lunatic son of bitches of the surrealists. He immediately got my paintings out and tried to find a gallery. Finally there was a gallery called «Pierre Colle» which accepted the damn exhibition. Now Breton wants to exhibit together with my paintings, 14 portraits of the XIX century (Mexicans), about 32 photographs of Álvarez Bravo, and lots of popular objects which he bought on the markets of Mexico, *all this junk,* can you beat that? For the 15th of March the gallery suppose to be ready. But the 14 oils of the XIX century must be *restored* and the damn restoration takes a whole month. I had to lend to Breton 200 bucks (Dlls) for the restoration because he doesn't have a penny. (I sent a cable to Diego telling him the situation and telling that I lent to Breton that money. He was furious, but now is *done* and I have nothing to do about it.) I still have money to stay here till the beginning of March, so I don't have to worry so much.

Well, after things were more or less settled as I told you, few days ago Breton told me that the associated of Pierre Colle, an old bastard and son of a bitch, saw my paintings and found that only *two* were possible to be shown, because the rest are too «shocking» for the public!! I could of kill that guy and eat it afterwards, but I am so sick and tired of the *whole affair* that I have decided to send everything to hell, and scram from this rotten Paris before I get nuts myself. You have no idea the kind of bitches these people are. They make me vomit. They are so damn «intellectual» and rotten that I can't stand them any more. It is really too much for my character. I rather sit on the floor in the market of Toluca and sell tortillas, than to have anything to do with those «artistic» bitches of Paris. They sit for hours on the «cafés» warming their precious behinds, and talk without stopping about «culture» «art» «revolution» and so on and so forth, thinking themselves the gods of the world, dreaming the most fantastic nonsenses, and poisoning the air with theories and theories that never come true.

Next morning they don't have anything to eat in their houses because *none of them work* and they live as parasites of the bunch of rich bitches who admire their «genius» of «artists». *Shit* and only *shit* is what they are. I never seen Diego or you wasting their time on stupid gossip and «intellectual» discussions, that is why you are real *men* and not lousy «artists». Gee wez! It was worthwhile to come here only to see why Europe is rottening, why all this people –good for nothing– are the cause of all the Hitlers and Mussolinis. I bet you my life I will hate this place and its people as long as I live. There is something so false and unreal about them that they drive me nuts.

I am just hoping to get well soon and scram from here.

My ticket will last for a long time but I already have accommodations for the «Isle de France» on the 8 of March. I hope I can take this boat. In any case I won't stay here longer than the 15th of March. To hell with the exhibition in London. To hell with everything concerning Breton and all this lousy place. I want to go back to *you*. I miss every movement of your being, your voice, your eyes, your hands, your beautiful mouth, your laugh so clear and honest, *YOU*. I love you my Nick. I am so happy to think I love you –to think you wait for me– you love me.

My darling give many kisses to Mam on my name. I never forget her. Kiss also Aria and Lea. For you, my heart full of tenderness and caresses, one special kiss on your neck, your

Xochitl

Give my love to Mary Sklar if you see her and to Ruzzy.

[b]

Paris, 27 de febrero de 1939

My adorable Nick,

This morning after so many days of waiting, your letter arrived. I felt so happy that before starting to read it I began to weep. My child, I really shouldn't complain about anything happens to me in life, as long as you love me and I love you. It is so real and beautiful, that makes me forget all pains and troubles, makes me forget even distance. Your words made me feel so close to you that I can feel near me —your eyes— your hands, your lips. I can hear your voice and your laugh, that laugh so clean and honest that only *you* have. I am just counting the days to go back. A month more! And we will be together again.

Darling, I made a terrible mistake. I was sure that your birthday was the 16th *January*. If I knew it was the 16th of February I would never send that cable that caused you unhappiness and trouble. Please forgive me.

Five days ago I left the hospital, I am feeling much better and I hope I will be entirely well in a few days. I didn't go back to the damn hotel because I couldn't stay all alone. *Mary Reynolds*, a marvellous American woman who lives with *Marcel Duchamp*, invited me to stay at her house and I accepted gladly because she is really a nice person and doesn't have anything to do with the stinking «artists» of the group of Breton. She is very kind to me and takes care of me wonderfully. I feel rather weak after so many days of fever because the damn infection of collibacili makes you feel rotten. The doctor tells me I must of *eaten* something which wasn't well cleaned (salad or raw fruits). I bet you my boots, that in Breton's house was where I got the lousy collibacili. *You* don't have any idea of the *dirt* those people live in, and the kind of food they eat. It's something incredible. I never seen anything like it before in my damn life. For a *reason* that I *ignore*, the infection went from the *intestines* to the *bladder* and the kidneys, so for two days I couldn't make pipi and I felt like if I were going to explode any minute. Fortunately everything *is* OK *now*, and the only thing I must do is to rest and to have a special *diet*. I am sending you here some of the reports from the hospital. I want you to be so sweet to give them to *Mary* Sklar and she will show them to David *Glusker*, so he can have an idea of what is the matter and *send* me indications of what I should *eat*. (Tell her please that for the three last days the *urine tests* show that it is *acid* and *before* it was *alkaline*.) The fever disappeared completely. I still have pain when I make pipi and a slight *inflammation* on the *bladder, I feel tired all the time (specially on the back)*. Thank you, my love, for making me this favor, and tell Mary that I miss her a lot and that I love her.

The question of the exhibition finally is settled. Marcel Duchamp has helped me a lot and he is the only one among this rotten people who is a real guy. The show will open *the 10th of March* in a gallery called «Pierre Colle». They say it's one of the best here. That guy Colle is the dealer of Dalí and some other big shots of the surrealism. It will last two weeks —but I already made arrangements to take my paintings on the 23rd in order to have time to pack them and take them with me on the 25th. The catalogues are already in the printing shop, so it seems that everything is going on all right. I wanted to leave on the «Isle de France» the 8th of March, but I cabled Diego and he wants me to wait till my things are shown, because he doesn't trust any of this guys to ship them back. He is right in a way because after all I came here *only* for the damn exhibition and would be stupid to leave two days before it opens. Don't you think so? In any case,

I don't care if the show will be successful one or not. I am sick and tired of the whole affair in Paris, and I decided that the same thing would be in London. So *I am not* going to make any exhibit in London. People in general are scared to death of the war and all the exhibitions have been a failure, because the rich bitches don't want to buy anything. So what is the use of making any effort to go to London to waste time only?

My darling, I must tell you, that you are a bad boy. Why did you send me that check of 400 bucks? Your friend «Smith» is an imaginary one, very sweet indeed, but tell *him* that I will keep *his check untounched* until I come back to New York, and there we will talk things over. My Nick, you are the sweetest person I have ever known. But listen darling, I don't really need that money now. I got some from Mexico, and I am a real rich bitch, you know? I have enough to stay here a month more. I have my return ticket. *Everything is under control* so really, my love, it is not fair that you should spend anything extra. You have plenty of troubles already to cause you a new one. I have money even to go to the «thieves market» and buy lots of junk, which is one of the things I like best. I don't have to buy dresses or stuff like that because being a «tehuana» I don't even wear pants, nor stockings either. The only things I bought here were two old fashioned dolls, very beautiful ones. One is blond with blue eyes, the most wonderful eyes that you can imagine. She is dressed as a bride. Her dress was full of dust and dirt, but I washed it, and now it looks much better. Her head is not very well adjusted to her body because the elastic which holds it, is already very old, but you and me will fix it in New York. The other one is less beautiful, but very charming. Has blond hair and very black eyes, I haven't washed her dress yet and is dirty as hell. She only have one shoe, the other one she lost in the market. Both are lovely, even with their heads a little bit loose. Perhaps that it is which gives them so much tenderness and charm. For years I wanted to have a doll like that, because somebody broke one that I had when I was a child, and I couldn't find it again. So I am very happy having two now. I have a little bed in Mexico, which will be marvellous for the bigger one. Think of two nice Hungarian names to baptize them. The two of them cost me about two dollars and a half. So you can see my darling, that my expenses are not very important. I don't have to pay hotel because Mary Reynolds doesn't allow me to go back to the hotel all by myself. The hospital is already payed. So I don't think I will need very much money to live here. Anyway, you cannot imagine how much I appreciated your desire of helping me. I have no words to tell you what joy it gives me to think you were willing to make me happy and to know how good hearted and adorable you are. —My lover, my sweetest, mi Nick —mi vida— mi niño, te adoro.

I got thinner with the illness, so when I will be with you, you will only blow and... up she goes! the five floors of the La Salle Hotel. Listen Kid, do you touch every day the fire «whachamaycallit» which hangs on the corridor of our staircase? Don't forget to do it every day. Don't forget either to sleep on your tiny cushion, because I love it. Don't kiss anybody else while reading the signs and names on the streets. Don't take anybody else for a ride to our Central Park. It belongs only to Nick and Xochitl. —Don't kiss anybody on the couch of your office. Only Blanche Heys can give you a massage on your neck. You can only kiss as much as you want, Mam. Don't make love with anybody, if you can help it. Only if you find a real F.W. but *don't love her.* Play with your electric train once in while if you don't come home very tired. How is Joe Jinks? How is the man who massages you twice a week? I hate him a little, because he took *you* away from me many hours. Have you fenced a lot? How is Georgio?

Why do you say that your trip to Hollywood was only half successful? Tell me about it. My darling, don't work so hard if you can help it. Because you get tired on your neck and on your back. Tell Mam to take care of yourself, and to make you rest when you feel tired. Tell her that I am much more in love with you, that you are my darling and my lover, and that while I am away she must love you more than ever to make you happy.

Does your neck bother you very much? I am sending you here millions of kisses for your beautiful neck to make it feel better. All my tenderness and all my caresses to your body, from your head to your feet. Every inch of it I kiss from the distance.

Play very often Maxine Sullivan's disc on the gramophone. I will be *there with you* listening to her voice. I can see you lying on the blue couch with your white cape. I see you shooting at the sculpture near the fire place, I see cleary, the spring jumping on the air, and I can hear your laugh —just like a child's laugh, when you got it right. Oh my darling Nick I adore you so much. I need you so, that my heart hurts.

I imagine Blanche will be here the first week of March. I will be so happy to see her because she is a real person, sweet and sincere, and she is to me like a part of yourself.

How are Aria and Lea? Please give my love to them. Also give my love to the Ruzzie, tell him that he is swell guy.

My darling, do you need anything from Paris?, please tell me, I will be so happy to get you anything you may need.

If Eugenia phones you, please tell her that I lost her address and that is why I didn't write. How is that wench?

If you see Rosemary give her lots of kisses. She is OK? To Mary Sklar lots of love. I miss her very much.

To you, my loveliest Nick, all my heart, blood and all my being. I adore you.

Frida

The photographs you sent finally arrived.

NOTAS

Blanche Heys y Joe Jinks, amigos de Muray.

Las iniciales F.W. significan: «fucking wonder», que equivaldría a «verdadera maravilla».

70

CARTA A ELLA Y BERTRAM D. WOLFE

París, 17 de marzo de 1939

Ella linda y Boitito, *mis meros cuates*:

Después de dos meses les escribo, ya sé que van a decir lo de siempre: ¡esa «chicua» es una mula! Pero esta vez créanme que no fue tanto la mulez, sino la bandida suerte. Aquí van las explicaciones poderosas: desde que llegué me fue de la puritita chi... fosca... pues mi exposición no estaba arreglada. Mis cuadros me estaban esperando muy quietecitos en la aduana, pues Breton ni siquiera los había recogido. Ustedes no tienen ni la más ligera idea de la clase de cucaracha vieja que es Breton y casi todos los del grupo de surrealistas. En pocas palabras, son unos perfectos hijos de... su mamá. Toda la historia de la dicha exposición se las contaré en detalle cuando nos volvamos a ver las fachadas pues es larga y triste. Pero en resumida síntesis tardó un mes y medio el asunto antes de que fuera... etcétera, etcétera, la mentada exposición. Todo esto sucedió con acompañamiento de pleitos, habladurías, chismes, rabias y latas de la «pior» clase. Por fin, Marcel Duchamp (el único entre los pintores y artistas de aquí que tiene los pies en la tierra y los sesos en su lugar) pudo lograr arreglar con Breton la exposición. Se abrió el día 10 de éste en la galería *Pierre Colle*, que según me dicen, es de las mejores de aquí. Hubo gran cantidad de raza el día del «opening», grandes felicitaciones a la «chicua», entre ellas un abrazote de Joan Miró y grandes alabanzas de Kandinsky para mi pintura, felicitaciones de Picasso y Tanguy, de Paalen y de otros «grandes cacas» del surrealismo. En total, puedo decir que fue un éxito y tomando en cuenta la calidad de la melcocha (es decir, de la manada de felicitaciones), creo que estuvo bastante bien el asunto...

Tenía yo la panza llena de anarquistas y cada uno de ellos hubiera puesto una bomba en algún rincón de mis pobres tripas. Yo sentía que hasta ese momento «habría habido de piña», pues estaba segura de que me iba a llevar la pelona. Entre los dolores de panza y la tristeza de encontrarme solita en este pinchísimo París, que me cae como patada en el ombligo, les aseguro que hubiera preferido que de un jalón me llevara el puritito tren. Pero ya cuando me encontré en el Hospital Americano, donde podía «ladrar» en inglés y explicar mi situación, me comencé a sentir un poco mejor. Cuando menos podía yo decir: *«¡Pardon me I burped!»* (Claro que no era el caso, pues precisamente no podía yo burpear ni a mentadas.) Hasta los cuatro días pude tener el placer de arrojar el primer «burp» y desde ese feliz día hasta ahora ya me siento mejorada. La razón del levantamiento anarquista en mi barriga fue que estaba llena de colibacilos y estos desgraciados quisieron traspasar el límite decente de su actividad y se les ocurrió irse de parranda a pasear por la vejiga y los riñones, y francamente me pasaron a arder, pues se cargaban un vacilón del diablo en mis riñones y ya me andaban mandando a la difuntería. Total que yo no contaba más que los días para que se me cortara la fiebre, para agarrar barco y pelarme pa' los *United States,* pues aquí no comprendían mi situación ni a nadie le importaba yo un demonio... y poco a poco, me empecé a recuperar...

Si supieran ustedes en qué condiciones están los pobres que han logrado escapar de los campos de concentración. Se les partiría el corazón. Manolo Martínez, el compañero de Rebull anda por aquí. Me cuenta que Rebull fue el único que se tuvo que quedar del otro lado, pues no pudo dejar a su mujer que estaba moribunda, quizá ahora que les escribo ésta ya lo habrán fusilado al pobrecito. Estas mulas francesas se han portado como cerdos con todos los refugiados; son unos cabrones, de la peor calaña que he conocido. Estoy asqueada de toda esta gente podrida de Europa, estas pinches «democracias» valen bolillo...

Ya hablaremos largo de todo. Mientras quiero decirles: que los he extrañado harto; que los quiero más y más; que me he portado bien; que no he tenido aventuras ni vacilones, ni amantes, ni nada por el estilo, que extraño México como nunca; que adoro a Diego más que a mi propia vida; que de cuando en cuando extraño también mucho a Nick; que me estoy ya volviendo gente seria, y que total de cuentas mientras los vuelvo a ver les quiero mandar hartísimos besos a los dos, algunos repártanlos equitativamente con Jay, Mack, Sheila y todos los cuates. Y si tienen tiempecito vean a Nick y denle un besito también y otro a Mary Sklar.

Su chicua que nunca los olvida
Frida

Boitito: Cómo va el libro, Manis? Trabajas mucho? Otro chisme. Ya Diego se peleó con la IV y mandó a volar de una manera muy seria a «piochitas» Trotsky. Ya les contaré en detalle el lío.

Diego tiene toda la razón.

NOTAS

Manuel Rebull, español que había conocido en México.

Su amiga Mary Sklar, de soltera Schapiro, estaba casada con Solomon Sklar.

71

CARTA A NICKOLAS MURAY

Coyoacán, 13 de junio de 1939

Nick darling,

I got my wonderful picture you sent to me. I find it even more beautiful than in New York. Diego says that it is as marvellous as Piero della Francesca. To me is more than that, it is a treasure, and besides, it will always remind me that morning we had breakfast together in the Barbizon Plaza Drugstore, and afterwards we went to your shop to take photos. *This one* was one of them. And now I have it near me. You will always be inside the magenta *rebozo* (on the left side). Thanks million times for sending it.

When I received your letter, few days ago, I didn't know what to do. I must tell you that I couldn't help weeping. I felt that something was in my throat, just if I had swallowed the whole world, I don't know yet if I was sad, jealous or angry, but the sensation I felt was in first place of a great despair. I have read your letter many times, too many I think, and now I realize things that I couldn't see at first. Now, I understand everything perfectly clearly, and the only thing I want, is to tell you with my best words, that you deserve in life the best, the very best, because you are one of the few people in this lousy world who are honest to themselves, and that is the only thing that really counts. I don't know why I could feel hurt one minute because you are happy, it is so silly the way Mexican wenches (like myself) see life sometimes! But you know that, and I am sure you will forgive me for behaving so stupidly. Nevertheless you have to understand that no matter what happens to us in life, you will always be, for myself, the same Nick I met one morning in New York in 18 E. 48th St.

I told Diego that you were going to marry soon. He said that to Rose and Miguel, the other day when they came to visit us, so I had to tell them that it was true. I am terribly sorry to have said it before asking you if it was O.K., but now it's done, and I beg you to forgive my indiscretion.

I want to ask from you a great favor, please, send by mail the little *cushion*, I don't want anybody else to have it. I promise to make another one for you, but I want that one you have now on the couch downstairs, near the window. Another favor: Don't let «her» touch the fire signals on the stairs (you know which ones). If you can, and isn't too much trouble, don't go to Coney Island, specially to the *Half Moon,* with her. Take down the photo of myself which was on the fire place, and put it in Mam's room in the shop, I am sure she still likes me as much as she did before. Besides it is not so nice for the other lady to see my portrait in your house. I wish I could tell you many things but I think it is no use to bother you, I hope you will understand without words all my whishes.

Darling, are you sure it is not too much bother for you to arrange for me the question of the painting of Mrs. Luce? Everything is ready to send it, but I wish you could get for me only one detail that I need very badly. I don't remember *the date* when Dorothy Hale committed suicide, and it is necessary to write it down on the painting, so if you could find out, by phone, somewhere, I would be very happy. Not to bother you so much, please write down in a piece of paper the exact date and mail it to me. About the painting, you just leave it in your office (it is a small one) and as soon as you think that Mrs. Luce is in New York, just call her up and let her know that the damn picture is there. She will send for it I am sure.

About my letters to you, if they are in the way, just give them to Mam and she will mail them back to me. I don't want to be a trouble in your life in any case.

Please forgive me for acting just like an old fashion sweetheart asking you to give me back my letters, it is ridiculous on my part, but I do it for you, not for me, because I imagine that you don't have any interest in having those papers with you.

While I was writing this letter Rose telephoned and told me that you got married already. I have nothing to say about what I felt. I hope you will be happy, very happy.

If you find time once in a while, please write to me just a few words telling me how you are, will you do it?

Give my love to Mam and to Ruzzy.

I imagine you must be very busy now and will not have time to get for me the date when Dorothy Hale killed herself, please be so sweet to ask Mam to make for me that favor, I can't send the picture till I know that damn date. And it is urgent that this wench of Claire Luce has the painting in order to get from her the bucks.

Another thing, if you write to Blanche Hays, tell her that I send all my love to her. The same, and very specially, to the Sklars.

Thanks for the magnificent photo, again and again. Thanks for your last letter, and for all the treasures you gave me.

Love

Frida

Please forgive me for having phoned to you that evening. I won't do it any more.

NOTA

La pintura a la que se refiere es *El suicidio de Dorothy Hale*, óleo de 60.4 x 48.6 cm, pintado entre 1938 y 1939. La actriz y modelo se suicidó el 21 de octubre de 1938, tirándose desde un piso muy alto de edificio Hampshire House de Nueva York.

72

CARTA A CARLOS CHÁVEZ

[Octubre 1939]

Carlitos:

Aquí están los datos, te suplico, tú me los traduzcas, pues si yo lo hago, resultarían de la «chifosca».

Comencé a pintar hace doce años. Durante la convalecencia de un accidente de automóvil que me obligó a estar en cama cerca de un año. Trabajé durante todos esos años siempre con el impulso espontáneo de mi sentimiento. Nunca he seguido ninguna escuela o influencia de nadie, no esperé de mi trabajo más que la satisfacción que pudo darme con el hecho mismo de pintar y decir lo que no podía en otra forma.

He hecho retratos, composiciones de figuras, también asuntos en los que el paisaje y la naturaleza muerta toman la mayor importancia. Llegué a encontrar, sin que me forzase para ello ningún prejuicio, una expresión personal en la pintura. Mi trabajo durante diez años consistió en eliminar todo aquello que no proviniera de los móviles líricos internos que me impulsaban a pintar.

Como mis asuntos han sido siempre mis sensaciones, mis estados de ánimo y las reacciones profundas que ha ido produciendo la vida en mí, he objetivado frecuentemente todo esto en figuras de mí misma que eran lo más sincero y real que podía hacer para la expresión de lo que sentía por mí y ante mí.

No expuse sino hasta el año pasado (1938) en la galería de Julien Levy de New York. Llevé veinticinco cuadros. Doce pasaron a las colecciones de las siguientes personas:

Conger Goodyear. N. Y.

Mrs. Sam Lewison. N. Y.

Mrs. Clare Luce, N. Y.

Mrs. Salomon Sklar. N. Y.

Mr. Edward G. Robinson. Los Ángeles (Hollywood)

Walter Pach. N. Y.

Mr. Edgar Kaufmann (Pittsburgh)

Mr. Nickolas Muray. N. Y.

Dr. Roose. N. Y.

y dos personas más que no recuerdo sus nombres pero que Julien Levy puede decirlos. La fecha de la exposición fue del 1° al 15 de noviembre de 1938.

Después hice una exposición en París, organizada por André Breton en la galería Renou et Colle, del 1° de marzo al 15 de 1939. (Únicas exposiciones que he hecho en mi vida.) Mi trabajo interesó a la crítica de París y a los artistas. El Museo del Louvre (Jeu de Paume) adquirió un cuadro mío.

Como referencias puedo dar a las siguientes personas:
Diego Rivera. Palma y Altavista. Villa Obregón, D. F., México.
Pablo Picasso. Rue de la Botie, París.
Carlos Chávez.
Mr. Sam Lewison. (No recuerdo su dirección)
Marcel Duchamp. 14 Rue Hallé. Prés du Pare Montsouris.
André Breton. 42 Rue Fontaine. 9éme., París.
Dr. William Valentiner. Director Museum Detroit.
Conger Goodyear. Museum of Modern Art.

Mi intención es hacer una exposición en los Estados Unidos. Estoy trabajando en cuadros grandes que requieren mucho trabajo. Necesito tranquilidad para pintar, y no me ajusta la «mosca». Es por eso que solicito la beca Guggenheim.

Mil gracias, si necesitas cualquier otro detalle nomás háblame. Muchos saludos y un abrazo de

Frida

NOTAS

El 23 de noviembre de 1939 Carlos Chávez enviaba la solicitud de Frida para una beca Guggenheim al Dr. Henry Allen Moe. En la carta adjunta le decía: «Frida, como usted indudablemente sabe, es una extraordinaria artista. Siempre ha pintado, desde que era niña. Cuando se casó con Diego llegó a ser conocida y a ser más admirada, pero sólo en el pequeño grupo de los amigos íntimos de Diego. Todos quedamos pasmados por su increíble sensibilidad y refinamiento. Además su habilidad en el oficio es la de un maestro [...]

»Como esposa de Diego Rivera nunca tuvo que preocuparse por ninguna clase de consideraciones financieras. Sin embargo, actualmente el caso es totalmente distinto. Se acaba de divorciar de Diego y como resultado ha tenido que ver su trabajo no sólo desde el punto de vista artístico.

»Sugerí a Frida que hiciera una solicitud para una beca Guggenheim. Francamente no puedo ver un caso más claro de un artista que necesite y merezca ser estimulada por la Fundación.»

A pesar de las numerosas recomendaciones, no recibió la beca.

CARTA A NICKOLAS MURAY

Coyoacán, 13 de octubre de 1939

Nick darling,

I couldn't write to you before, since you left, my situation with Diego was worse and worse, till came to an end. Two weeks ago we began the divorce. I love Diego, you must understand that this troubles will never end in my life, but after the last fight I had with him (by phone) because it is almost a month that I don't see him, I understood that for him it is much better to leave me. He told me the worst things you can imagine and the dirtiest insults I ever expected from him. I can't tell you here all the details because it is impossible, but one day, when you will be in Mexico, I can explain to you the whole thing. Now I feel so rotten and lonely that it seems to me that nobody in the world has suffer the way I do, but of course it will be different I hope in a few months.

Darling, I must tell you that I am not sending the painting with Miguel. Last week I had to sell it to somebody thru Misrachi because I needed the money to see a lawyer. Since I came back from New York I don't accept a damn cent from Diego, the reasons you must understand. I will never accept money from any man till I die. I want to beg you for forgiving that with a painting that was done for you. But I will keep my promise and paint another one as soon as I feel better. It is a cinch.

I haven't seen the Covarrubias, so the photos you sent to them are still with me. I love all the photographs you were so sweet to send, they are really swell. Thanks a lot for them. I send Diego your check. Has he thank you for it? He didn't see the photos because I don't think he will be very much interested in seeing my face near his.

So I kept them all for me.

Listen baby, please don't think badly about me because I haven't seen Juan O'Gorman about your house. It is only because I don't want to see anybody that is near Diego, and I hope you will understand. Please write to Juan directly. His address is: Calle Jardín No. 10, Villa Obregón, D. F., México. I am sure he will be very happy in doing what you wish.

I am so glad to hear that Arija is well and will be with you soon. I think you will bring her along to Mexico next time, won't you? I am sure she will enjoy it very much.

How about your own troubles? It is all set with the girl? In your last letter you sound happier and less preoccupated, and I am glad as hell for that. Have you heard from Mary Sklar? Whenever you see her tell her that in spite my negligence to write I do love her just the same as ever.

Tell Mam that I will send with Miguel the presents I promised her, and thank her for the sweet letter she sent me. Tell her that I love her with all my heart.

Thanks Nickolasito for all your kindness, for the dreams about me, for your sweet thoughts, for everything. Please forgive me for not writing as soon as I received your letters, but let me tell you kid, that this time has been the worst in my whole life and I am surprised that one can live thru it.

My sister and the babies send their love to you.

Don't forget me and be a good boy. I love you,

Frida

NOTA

El autorretrato que pintó para Muray es el muy elaborado con el colibrí colgando de un collar de espinas.

CARTA A EDSEL B. FORD

Coyoacán, 6 de diciembre de 1939

[...] I am sure you must receive thousands of bothering letters. I feel really ashamed to send you one more, but I beg you to forgive me, because it is the first time I do so, and because I hope that what I will ask you, won't cause you too much trouble.

It is only to explain to you the special case of a very dear friend of mine, who was for many years a Ford's dealer in Gerona, Cataluña, and who for the circumstances of the recent war in Spain came to Mexico. His name is *Ricardo Arias Viñas*, he is now thirtyfour years old. He worked for Ford Motor Co., for almost 10 years, he has a letter given by de European Central (Essex) which guarantees his actuation as a Ford worker, this letter is addressed to your plant in Buenos Aires. Also Mr. Ubach, the subdirector of your plant in Barcelona could give any kind of information about Mr. Arias. During the war, taking advantage of his charge as chief of transportation of Cataluña, he could get back to your factories several hundred units which were stolen at the beginning of the movement.

His problem is this, he couldn't go directly to Buenos Aires on account of economical difficulties, so he would like to stay here in Mexico and work in your plant. I am sure that Mr. Lajous your manager here, would give him a job knowing all about his experience and good acceptance as a Ford worker, but in order to avoid any difficulties I would appreciate very much if you were kind just to send me a note which Mr. Arias could present to Mr. Lajous as a recommendation directly from you. That would facilitate enormously his entrance in the plant. He doesn't belong to any political party, so I imagine there is no difficulty for him to get this job and work honestly. I really would appreciate of you this big favor and hope there won't be much trouble for you in accepting my petition.

Let me thank you in advance for anything you can so kindly do in this case.

NOTA

Ricardo Arias Viñas, refugiado español con el que Frida sostuvo una estrecha relación sentimental. Tras el asalto a la casa de Trotsky perpetrado por Siqueiros y un grupo el 24 de mayo de 1940, Arias, su esposa, Frida y Cristina Kahlo fueron detenidos e interrogados, y la casa de Frida cateada.

CARTAS A NICKOLAS MURAY

[a]

Coyoacán, 18 de diciembre de 1939

Nick darling,

You will say that I am a complete bastard and a s. of a b.! I asked you money and didn't even thank you for it. That is really the limit kid! Please forgive me. I was sick two weeks. My foot again and grippe. Now I thank you a million times for your kind favor and about the paying back I want you to be so sweet to wait till January. The Arensberg from Los Angeles will buy a picture. I am sure I will have the bucks next year and immediately I will send you back your hundred bucks. Is it OK with you? In case you need them before I could arrange something else. In any case I want to tell you that it was really sweet of you to lend me that money. I needed it so much.

I had to give up the idea of renting my house to tourists, because to fix the house would of cost a lot of money which I didn't have and Misrachi didn't lend me, and in second place because my sister wasn't exactly the person indicated to run such a business. She doesn't speak a damn word of English and would of been impossible for her to get along well. So now I am hoping only in my own work. I been working quite a lot. In January I will send to Julien two or three things. I will expose four paintings in the surrealist show which Paalen will have in Ines Amor Gallery. I think that little by little I'll be able to solve my problems and survive!!

How is your sinus? How long were you in the hospital and how it worked? Tell me something about yourself. Your last letter was only about myself but not a word about how do you feel, your work, your plans, etc. I received a letter from Mary. She told me the magnificent news that she will have a baby. I am more than happy about it, because Sol and herself will be just crazy of joy with a kid. Tell me about Mam. Kiss her one hundred times for me. Beginning in her eyes and finishing wherever is more convenient for both. Also kiss Ruzzy in the cheek. What is Miguelito and Rose doing? Are you coming with them to Mexico? I imagine you have already some other plans because you don't say a damn word about it in your letters. Is there another wench in your life? What nationality?

Give my love to Lea and to your baby. Were they happy in France?

Kid, don't forget about me. Write once in a while. If you don't have very much time take a piece of toilet paper and in... those moments... write your name in it. That will be enough to know that you still remember this wench.

All my love to you.

Frida

[b]

Enero de 1940

Nick darling,

I received the hundred bucks of this month, I don't know how to thank you. I couldn't write before because I had an infection in the hand which didn't let me work or write or anything. Now I am better, and I am working like hell. I have to finish a big painting and start small things to send to Julien this month. The 17th it will be a show of surrealist paintings and everybody in Mexico has become a surrealist because all are going to take part on it. This world is completely cock-eyed, kid!!

Mary wrote to me and said that she hasn't seen you for a

long time. What are you doing? It seems to me that you treat me now only as a friend. You are helping, but *nothing more*. You never tell me about yourself, and not even about your work. I saw *Coronet* and my photo is the best of all. The other wenches are OK too but one of myself is a real F.W. (Do you still remember the translation? «fucking wonder».)

I think Julien will sell for me this month or next a painting to the Arensberg (Los Angeles). If he does, I told him to pay back to you the money you already sent me, because it is easier to pay little by little than to wait till the end of the year. Don't you think so? You can't have *any idea* of the strange feeling I have owing you money. I wish you would understand. How is Arija? and Lea? Please tell me things of yourself!!! Are you better of your sinus trouble?

I feel lousy. Everyday worse and worse. Anyway I am working. But even that I don't know how and why. Do you know who came to Mexico? That awful wench of Ione Robinson. I imagine she thinks that the road is clash now!... I don't see anybody. I am almost all day in my house. Diego came the other day to try to *convince* me that nobody in the world is like *me*! Lots of crap kid. I can't forgive him, and that is all.

Your Mexican wench

Frida

My love to Mam.

How is this new year for you? How is Joe Jings? How is New York? How is the La Salle? And the woman who you always shooted?

NOTA

En la Exposición Internacional del Surrealismo, presentada en enero-febrero de 1940 en la galería de Arte Mexicano, Frida participó con los óleos *Las dos Fridas* (1939) y *La mesa herida* (1940).

Coyoacán, 6 de febrero de 1940

Nick darling,

I got the bucks, thanks again for your kindness. Miguel will take one big painting for the show on the Modern Museum. The other big one I will send to Julien. He proposed me to have a show next November so I am working hard. Besides I applied for the Guggenheim, and Carlos Chávez is helping me on that, if it works I can go to New York in October–November for my show. I haven't sent small paintings to Julien because it's better to send three or four than one by one.

What about you? Not a single word I know about what the hell are you doing. I imagine all your plans about Mexico were given up. Why? Do you have another wench? A swell one? Please kid tell me something. At least tell me how happy you are or what on earth are you thinking to do this year or next.

How is little Mam? Give her my love.

I have to give you a bad news: I cut my hair, and looks just like a ferry. Well, it will grow again, I hope!

How is Arija? And Lea? Have you seen Mary and Sol?

Write to me, please, one evening instead of reading Joe Jings, remember that I exist in this planet.

Yours
Frida

CARTA A SIGMUND FIRESTONE E HIJAS

15 febrero, 1940

Dear Sigy, Natalie and Alberta,

I am sure you will think that I am really a very bad girl, because I promised to write and I didn't, but please forgive me. I have some troubles, my sister was very ill and besides that I had to work like hell to finish a big painting for the surrealist show here; so I beg you to try forgive my rudeness.

Diego told me that you wrote him a very sweet letter and you told him that Alberta was going to marry. He wanted to write to you, but he says his English is lousy and he is ashamed to write. I think, is even worse, but he asked me to tell you in his name... (this is the only reason I didn't answer your kind letter). Diego and I congratulate [...]

Listen kids, I already finished the portrait of myself that you so kindly wanted [...] Diego is happier now than when you saw him. He eats well and sleeps well and works with great energy. I see him very often but he doesn't want to live in the same house with me anymore because he likes to be alone and says I always want to have his papers and other things in order, and likes them in disorder. Well any way I take care of him the best I can from the distance, and I will love him all my life even if he wouldn't want me to. He painted two pictures for the surrealist exhibition which are so beautiful that I don't have any words to tell you. I think one of them will be exhibit in the Modern Museum of New York, so you will see it there.

I want to ask you a favor, will you be so sweet to send me a photograph of yourself (also of Mrs. Firestone, to have all the family near me). You know you are near me, even if I don't have

the photos but would be much better for me to have them any way.
Please write to me.

Forgive my awful English, but even with my terrible word I
want to tell you that I love you very much.

[*Imprimió tres veces sus labios en lápiz labial*]
For Sigy. For Alberta. For Natalie.

Frida y Diego

NOTAS

El ingeniero Sigmund Firestone, coleccionista de arte de la ciudad
de Rochester.

En la Exposición Internacional del Surrealismo se expusieron de
Rivera dos pinturas de 1939: *Majandrágora Aracnilectrósfera en Sonrisa* y
Minervegtanimortvida.

TELEGRAMA Y CARTA A DOLORES DEL RÍO

[a]

Sra. Dolores del Río
757 Kingman Rd.
Santa Monica, Calif.

Mexico City, Mex., 27 (febrero, 1940)

DOLORES LINDA RUÉGOTE PERDONES ESTA MOLESTIA PODRÍAS PRESTARME DOSCIENTOS CINCUENTA DÓLARES NECESITO PARA RESOLVER CASO URGENTE PAGÁNDOTELOS EN DOS MESES STOP CASO SEAS TAN AMABLE SUPLÍCOTE LOS MANDES POR CABLE A LONDRES 127 COYOACÁN DF MILLONES DE GRACIAS SIGUE CARTA EXPLICANDO MOTIVO ESTE ATREVIMIENTO STOP BESOS.

FRIDA RIVERA

NOTA

Larga fue la amistad entre Frida y la actriz Dolores del Río (1902-1983), quien inició en 1925 su carrera cinematográfica en Hollywood.

[b]

Coyoacán. Marzo 1940

Dolores linda,

Estoy apenadísima contigo porque no he podido mandarte los 250 del águila que tú tan bondadosamente me prestaste. Sabes que pedí la beca de la Guggenheim, y espero que para junio se me resuelva, yo quería pedirte que por favor esperaras hasta entonces, pues te mandaría 100 «macanas» cada mes y así te podría pagar más fácilmente los fierros. Dirás que soy una abusiva, pero tú debes comprender linda que después del divorcio de Diego me ha costado mucho trabajo nivelar mis gastos pues no quise admitirle *ni un centavo* a pesar de que él me lo propuso. Ya para fin de este año quizá cambiarán las dificultades pues haré una exposición en New York en noviembre en Julien Levy Gallery, y así podría sacar algo de «mosca». Así te ruego que no pienses en ningún momento que es un abuso de mi parte el no haberte devuelto tu dinero.

Si tienes un ratito desocupado escríbeme, no seas mala niña. Me dio gusto que te haya gustado la pinturita de las encueraditas, también había yo quedado rete mal contigo con ese cuadro pues te lo prometí hace mucho tiempo.

Dime linda cómo estás, y si pronto piensas venir a México. Todos te extrañamos *harto*. Diego me habla por teléfono de vez en cuando y nos vemos poco. Me ha hecho sufrir tanto que no puedo perdonarlo fácilmente, pero todavía lo quiero más que a mi vida, él lo sabe bien y por eso se encaja, ya sabes que es como un niño malcriado.

Escríbeme chula y aquí te mando mil besos y todo mi cariño de siempre.

Frida.

Salúdame también a tu mamacita y a Carmen Figueroa.

NOTA

«La pinturita de las encueraditas» es el pequeño óleo sobre lámina (25 x 30.5 cm), de 1939, que ha figurado en exposiciones y libros con varios títulos distintos: *Dos desnudos en un bosque, La tierra misma* y *Mi nana y yo*. Se ha tomado como prueba fehaciente de las prácticas lesbianas de Frida.

[78]

RECADOS PARA ALBERTO MISRACHI

[a]

Marzo 4 de 1940

Albertito,
aquí están las boletas últimas de contribuciones. De Insurgentes debo el 1er bimestre de 40. De Coyoacán el 6to y 1er de 39-40.

Son de Insurgentes	47.30
Coyoacán	74.00
	121.30

Si Ud. puede mandar pagar la de Insurgentes es mejor y nada más me manda los 74.00 en efectivo para pagar las de Coyoacán.

Le debía yo	325.00
más	121.00
	446.00

Hágame favor de mandarme la diferencia para que le deba yo de plano *500* macanas.
Muchas gracias.

Frida

[b]

Albertito,

Tiene la bondad de entregarle al Sr. Veraza la cantidad de $200.00 (doscientos pesos) para acabar de pagar la mudanza de los ídolos de Diego.

Ésta sirve de vale y recibo por la cantidad antes citada.

Mil gracias.

Frida Kahlo

CARTA-INFORME A DIEGO RIVERA

Coyoacán, junio 11 de 1940

Diego mi niño lindo,

Ayer recibí tu carta y quería escribirte luego, pero como tengo tantas cosas que contarte y llegué muy cansada de San Ángel, azoté como mayate, y esperé a escribirte hoy con más calma. Tu carta me dio muchísimo gusto pues es lo único bueno que me ha pasado desde hace días y días, recibir tus letras. Con nada podría explicarte la alegría que me da saber que estás bien, ya fuera de todo este barullo de mierda. En cuanto supieron que estabas ya del «otro lado» la cosa cambió de aspecto inmediatamente como te puedes figurar. Precisamente hoy me dijo el Ch. que el presidente había hablado personalmente con gente diciéndole que se abstuviera de andarse metiendo en el asunto de 1-d, porque le costaría caro y su actitud comprometía enormemente al país. Todo esto se lo dijo delante de G. Bueyes a raíz de unas declaraciones que Chente hizo, como siempre completamente estúpidas y miándose fuera de la bacinica. Te mandaré recortes de periódico de todas esas cosas. Los periódicos de hoy dicen que ya está esclarecido el asunto y dentro de tres días se sabrá cómo y quiénes hicieron el borlote, habiendo embarrado a dos altos personajes. El Ch. quiere que sepas que habló largo y tendido y con todas clase de detalles con el chaparro, y que su conversación y el resultado fueron de lo más favorable. Él te escribirá más tarde.

Mi lindo, el tresor del Montezuma ya está asegurado en mi poder. Yo misma en persona empaqué uno por uno de los personajes, contándolos y separándolos según su procedencia. Fueron 57 cajas grandes de madera solamente para lo de barro, lo de piedra lo acarreamos separado. Dejé fuera lo más precioso y frágil, y dentro de unos días te mandaré la lista exacta de la cantidad que tienes. Creo que lo mejor será dejarlos empacados tal como están hasta nuevas órdenes tuyas, pues es mucho más seguro y más transportable en dado caso. Dejé en tu casa solamente los de piedra que estaban en el jardín, contados, y a cargo de Mary Eaton. Me traje tus dibujos, fotografías, toda clase de papiros, etc., todo está en mi cantón. Dejé en San Ángel solamente muebles pelones, la casa barrida y limpiada, el jardín arreglado, etc. Así es que creo que por ese lado debes estar completamente tranquilo. Ya me pueden matar que no dejaré que te roben tus cosas. Cada cosa tuya me hace pensar en ti y sufro horrorosamente, sobre todo las cosas que tú más quieres, el tresor, la máscara de trompuda, y muchas otras, pero ahora no hay más que hacerme fuerte. Estoy contenta de haber podido ayudarte hasta donde me alcanzaron las fuerzas, aunque no tuve el honor de haber hecho *tanto* por ti como la señorita Irene Bohus y la señora Goddard! Según tus declaraciones a la prensa ellas fueron las heroínas y las únicas merecedoras de todo tu agradecimiento. No pienses que te digo esto por celos personales ni de gloria, pero solamente quiero recordarte que hay alguien más que merece también tu agradecimiento, sobre todo por no esperar ninguna recompensación ni periodística ni de otras índoles…, ése es Arturo Arámburo. Aunque no es marido de ninguna «estrella» mundial, ni posee «genios artísticos», pero sí tiene los huevos puestos en su lugar y ha hecho lo indecible por ayudarte, a ti especialmente, y a Cristina y a mí que estábamos absolutamente solas; creo que merece todas las consideraciones. Esa gente como él siempre quedan obscuras, pero al menos yo sé que valen más que todo el estrellato mundial de arribistas asquerosos, y que todas las jóvenes pintoras de talento sobrenatural, ese talento siempre está en razón directa de la temperatura de sus bajos. Tú ya me entiendes. Y ahora mejor que antes entiendo yo tus declaraciones y la «insistencia» de la señorita (?) Bohus en conocerme. Nada me da más gusto que haberla mandado a la mierda. Según una carta tuya amabilísima a Goodyear la invitas para que sea tu ayudante en San Francisco. Creo que ya estará arreglado, ojalá y aprenda fresco en sus ratos de ocio, después de montar a caballo por las mañanas, y dedicarse al «deporte» de amaestrar babosos. A la señora Goddard dale mis más repetidas gracias por su cooperación tan oportuna y magnífica, y sobre todo por su puntualidad y «coincidencia» en las horas de tomar el avión. Debe ser clarividente, porque a mí me asegura el Ch. que no se fue contigo y que no sabía nada de tu salida. Si a mí se me tuvo *desconfianza* hasta el último momento para decirme ciertas cosas, ella gozó del privilegio de la confianza absoluta, sus razones debe haber habido. Yo desgraciadamente desconocía por completo mi catalogación entre la gente *rajona* y *sospechosa*. Ahora, ya demasiado tarde, me doy cuenta de algunas cosas. Así pasa en esta vida!

De todas maneras, en lo que se me confió, he tratado de cumplir al pie de la letra.

Del dinero:
De los primeros *dos mil* lócodos que me enviaste con el Ch.

Acarreo, material, empaque, etc. del tresor	400.00
A la secretaria Leah Brenner	300.00
A «Pulques» con recibo	500.00
A Manuel el inquieto, por ahuecar, con recibo	210.00
A Liborio	210.00
A Cruz Salazar	174.00
A Sixto Navarro (mes de mayo)	180.00
A Raúl, última semana en el bote	45.00
A la mujer de Sixto, durante el relajo	25.00
A Manuel, en el bote	17.50
A la mujer y madre de Manuel	25.00
Según Cruz, le quedaste debiendo atrasados	50.00
Última semana de periódicos en San Ángel	14.50
Gasolina de dos semanas	59.00

Luz - Teléfonos - contribuciones 130.00

Total 2350.00

Nota. (Los $350.00 que sobran se tomaron de Misrachi)
En la casa de Misrachi tenías un saldo de $6998.00

Primer vale para mudanzas del tresor	150.00
Segundo vale para " " "	200.00
Tercer vale, para un telegrama que te mandé	15.00
Cuarto vale, que cobró el Sr. Zaragoza	1000.00
Quinto vale, sueldo de cuatro meses de Raúl	
que entregué en sus manos al Ch	720.00
Se cobraron las acuarelas que dejaste pendientes	2085.00
Total	2500.00

Quedan entonces como saldo $2413.00 macanas. Debiéndose todavía el sueldo de cuatro meses de Sixto, y los quinientos pesos del señor Ramos Idolero, que no se ha presentado aún.

El Sr. Zaragoza trajo otra remesa que acepté que dejara hasta preguntarte qué decidías. Te mandaré fotografías de las cosas para que te des cuenta de lo que se trata. En mi concepto todas las piezas que trajo valen la pena. Son en total 33 piezas, la mayoría de Nayarit, dos muy grandes y magníficas, el resto medianas pero muy suaves. Y lo más importante es un hacha como de medio metro, completa, de obsidiana pinta de café y negro, maravillosa. Pide por el hachón 500 del águila, y por lo demás alrededor de 800 lócodos. Piénsalo bien y me dices lo que debo hacer. El Sr. Zaragoza regresará por la razón en dos meses.

Para no hacerte muy largas las explicaciones de por qué tuve que separar a Liborio, Cruz y Manuel, te diré que los dos primeros habían estado metiendo la pata todo el tiempo en lo que tú ya te imaginas; cuando llegué yo a tu casa a dar órdenes, se pusieron de un pesado subido, y le dijeron a Arámburo que con qué derecho mandaba yo en esa casa, que tú eras su jefe y que yo valía pura cagada para ti y para ellos. Manuel con una mano en cada huevo, no quiso trabajar ni cuidar nada la casa, después de liquidado. La Mary Eaton y su madre, que son un par de pendejas de mierda y convenencieras como ellas solas, no querían quedarse sin el Manuel, así es que tuve que volver a decirle que si aceptaba trabajar para ellas con el mismo sueldo. Ayer me resultó la Mary que ya no lo aguantan porque nunca se presenta y hace lo que se le da la gana y que lo despidiera de nuevo; las mandé al carajo porque ahora ellas son las que se tienen que joder quitándose de encima a ese huevón. Mientras Arámburo me ha conseguido a un don Rafaelito, compañero de confianza para que se esté allí con ellas mientras despiden al Manuel y buscan a otra persona que les acomode. Esas gringas de mierda se cagaron conmigo porque quité los ídolos y en esos momentos de tantas complicaciones y penas quería la Mary ponerse a retratarlos!! Son unas vacas echadas que no dan leche, como todas las que te cargabas allí en tu casa que dejaron nada más que montones de mugre y mierda y a la hora de la hora ahuecaron con las palmas de la gloria en las manos. ¡Me relleva la recién casada! ¡Qué gente! Yo ya cumplí con dejarles la casa completamente limpia, el jardín en orden, el patio arreglado sin trabajos ni porquerías, en fin, hice todo lo que pude hasta caer en cama con el lomo hinchado; ahora que se rasquen con sus uñas, y si no les conviene que se larguen; Arámburo y yo veremos a quién dejamos allí. Pues en total no hay ya nada más que los muebles pelones.

Sólo me falta arreglar la cuestión de Sixto. Yo pienso que lo mejor será que también ahueque el ala, pues después de ajustar los cuatro meses que tú ordenaste que se quedara se le van a tener que dar tres más de puro violín, y más vale dárselos ahora, porque yo no lo voy a poder sostener. Mandaré cortar el teléfono de la casa grande, y dime si el arreglo con la Mary fue de que ella pagara la luz, teléfono y agua de la chica, y si yo debo pagar las contribuciones. Hasta ahora están completamente al corriente de todos los pagos.

El cuadro de la Maja está ya con todo y caja en casa de Alberto chico; ojalá y se mueva ese huevón y lo mande pronto pues no te imaginas qué clase de hijo de su re... es el Alberto. Nos trata a Cristina y a mí como si fuéramos sus pinches limosneras. Ya estoy tentada a sacar el resto de la mosca con tal de no andarle pidiendo frías a ese cabrón, pues se cree la divina garza montada en un avión.

El Sahagún se te mandará lo más pronto que se pueda lo mismo que las fotografías de Detroit, fábricas y frescos; nada más déjame un día para buscarlas, pues apenas hoy me levanté de la cama pues azoté con un dolor de espinazo que ya no veía y Federico me tuvo un día entero en cama. Ya estoy mejor y haré cuanto pueda para que te lleguen las cosas a tiempo.

Tus animalitos están bien. La perrita chicuitítita, el lorito y el mapache están conmigo, los chorizos y el burro los tiene Arámburo en su casa, la mona la había yo dejado en San Ángel pero Mary no la quiere si no se queda Manuel, así es que la voy a mandar traer para acá.

De no ser Arámburo y el Ch., todas las demás gentes me tratan como su basura desde que no tengo el honor de pertenecer a la élite de los artistas famosos y sobre todo desde que no soy tu mujer. Pero como dice Lupe Rivas Cacho, todo va cambeando, unos suben y otros bajan y así es la regolución... Los putos del Carlos Orozco Romero y su pandilla, todos los «decentes» de México, y todas las damas que cooperan con la Cruz Roja, puteando de la manera más descarada por las calles, sin tarjetas de buena salud, me encuentran por la calle y no se dignan hablarme, de lo cual estoy muy agradecida y satisfecha. No veo a nadie y sobre todo no veré más a esa gente puerca y snob lambenalgas y jija de la chifosca. La situación va cambiando rápidamente, ahora los dos elegidos por «el pueblo» para gobernar... son anti-fascistas y anti-stalinistas consumados. Algún día tendrán que reconocer que el único que se atrevió a hablar la pura y pelada, en las jetas de todos, fuiste tú. De todas maneras hartas congratulaciones por la chinguiza que se les dará a las susodichas debido a tu trabajo firme y limpio.

Quería decirte también en qué forma dejaste o piensas dejar arreglado el asunto de pagos a la Guadalupe Marín. Como tú sabes es capaz de venir y embargarte tus casas o algo para que se le pague a huevo. De una vez por todas haz tus arreglos en forma de que ya no trate de fregarte, pues si no se le hizo su negocito puerco en Nueva York va a venir con harto veneno en la lanceta. Aunque no me sorprendería nada que te vaya a hacer una visita al West para arreglar verbalmente varias cosas que le interesan, y tú naturalmente, abrumado de temor, aceptes sus proposiciones, amagos, etc. Ahora es la época de las traicioncitas y de las traicionzotas. Tú mejor que nadie sabes que Guadalupe es rastrera y cabrona como si el mismísimo Mussolini la hubiera parido. Así es que yo te lo advierto con tiempo, a ver si en esta ocasión me haces un poco de caso.

Ahora te hablaré de mí como me pides en tu carta. Ya no creo necesario decirte mucho, porque tú lo sabes bien. He sufrido lo indecible y mucho más ahora que tú te fuiste. En estos últimos días, es decir, semanas naturalmente, no he pintado, y creo que pasarán otras tantas hasta que me sienta mejor y comience de nuevo. Como los meses se van pasando rápidamente, no creo poder hacer la exposición en Nueva York para enero. Le escribí a Levy pero no me ha contestado, ni siquiera sé lo que habrá pasado con mi pintura de *La mesa herida* que se llevó Miguel para entregársela a Levy. De la exposición no tengo la menor noticia. Lo que me dices en tu carta sé que es muy amable de tu parte pero bastante dudoso, pues desgraciadamente no creo que a nadie le haya interesado lo mío. No hay ninguna razón para que se interesen y mucho menos que yo lo crea.

Tenía la esperanza de que se me arreglara lo de la Guggenheim para este mes, pero ni quinto de respuesta, ni quinto de más esperanzas. Cuando supe que tú tenías en tu poder el primer autorretrato que pinté este año, o el pasado, no recuerdo, y que ingenuamente llevé a la casa de Misrachi para que se lo mandaran a la compradora... habiéndome engañado Misrachi y tú, con un engaño dulce y caritativo, y cuando vi que ni siquiera estaba desenvuelto, cosa que hubiera disculpado en parte el engaño, pues según tus palabras lo cambiaste por una pintura tuya para no quedarte sin mi retrato, me di cuenta de muchas cosas. El retrato de los pelos, el de las mariposas y ése, y tu cuadro maravilloso de la niña dormida que yo quería tanto, y se lo vendiste a Kaufmann para que me diera el dinero, ha sido todo lo que me ha mantenido el año pasado y éste. Es decir, tu dinero. He seguido viviendo de ti, haciéndome las ilusiones de otras cosas. En conclusión he sacado que no he hecho nada más que fracasar. De escuincla pensaba ser médico y me apachurró un camión. Viví contigo diez años no haciendo en resumidas cuentas más que darte la lata y fastidiarte, me puse a pintar y no sopla mi pintura más que para mí misma y para que me la compres tú sabiendo que nadie más me la compra. Ahora que hubiera dado la vida por ayudarte, resulta que son otras las verdaderas «salvadoras». Quizás todo esto lo piense ahora que me encuentro jodida y sola, y sobre todo agotada de cansancio interior. Creo que ningún sol, tragazón apropiada o medicinas me curen; pero esperaré más tiempo hasta ver de qué depende este estado de ánimo; lo malo es que yo creo que ya lo sé y que no hay ningún remedio. Ya no me interesa New York, mucho menos ahora con las Irenes, etc. allí. No tengo las menores ganas de trabajar con la ambición que quisiera tener. Seguiré pintando nada más para que tú veas mis cosas. No quiero ni exposiciones ni nada. Pagaré lo que debo con pintura, y después aunque trague yo caca, haré exactamente lo que me dé la gana y a la hora que quiera. Ya lo único que me queda es tener tus cosas cerca de mí, y la esperanza de volver a verte, es suficiente para seguir viviendo.

Lo único que te pido es que no me engañes en nada, ya no hay razón, escríbeme cada vez que puedas, procura no trabajar demasiado ahora que comiences el fresco, cuídate muchísimo tus ojitos, no vivas solito para que haya alguien que te cuide, y hagas lo que hagas, pase lo que pase, siempre te adorará tu

Frida

Dime todo lo que se te ofrezca de acá para que te lo mande.

Los niños y Cristi te saludan.

Te mandaré los otros recibos y recortes.

Te suplico no dejes rodar esta carta pues todas las otras mías andaban entre muchas acompañadas de recados de Irene y demás putas.

Salúdame mucho a Ralph y a Ginette y al Dr. Eloesser y a todos los buenos amigos de San Francisco.

Notas

Frida y Diego se habían divorciado el 6 de noviembre de 1939. El 24 mayo de 1940 David Alfaro Siqueiros y un grupo asaltaron la casa de Trotsky sin lograr eliminarlo. El 3 de junio de 1940 Rivera le envía a la Sra. Frida Kahlo una carta formal en la que decía: «Adjunto Carta Poder debidamente firmada y timbrada por la cual queda autorizada para sacar de mi casa los objetos que juzgue usted necesario y para depositarlos en donde le parezca más conveniente».

Chente es Vicente Lombardo Toledano; el presidente, Lázaro Cárdenas; 1-d, Lev Davidovich Bronstein «Trotsky».

Mary (Marjorie) Eaton era una artista a quien Frida y Diego habían conocido en Nueva York en 1933 cuando vivía con Louise Nevelson; volvieron a verse en México en 1934, su casa de San Ángel Inn fue ocupada por Mary Eaton.

Irene Bohus, pintora húngara que primero fue ayudante de Diego en México y en San Francisco y después amiga cercana de Frida.

A la actriz de cine Paulette Goddard la retrató Rivera primero en México en 1939 y al año siguiente en un mural en San Francisco, donde también representó a Frida.

El coleccionista Conger Goodyear había adquirido un cuadro de Frida en la exposición de 1938 en Nueva York.

Federico es el doctor Federico Marín, hermano de Lupe.

El escultor Ralph Stackpole y su esposa Ginette eran amigos de Frida y Diego desde 1930.

CARTA A EMMY LOU PACKARD

Miss Emmy Lou Packard
C/O Stendahl Galeries
3006 Wilshire Boulevard
Los Ángeles, Ca.,
U.S.A
Registered

Nueva York, 24 de octubre de 1940

Emmy Lou my darling,

Please forgive for writing you in pencil, I can't find any fountain pen or ink in this house. I am terribly worried about Diego's eyes. Please tell me the exact truth about it. If he is not feeling better I will scram from here at once. Some doctor here told me that the sulphanilamid sometimes is dangerous. Please darling ask Dr. Eloesser about it. Tell him all the simptoms Diego has after taking those pills. He will know because he knows about Diego's condition in general. I am so happy he is near you. I can't tell you how much I love you for being so good to him and being so kind to me. I am not happy at all when I am away from him and if you were not there I wouldn't leave San Francisco. I am just waiting to finish one or two paintings and I'll be back. Please darling, make any effort you can to make him work less.

That affair with Guadalupe is something that makes me vomit. She is absolutely a son of a bitch. She is furious because I will marry Diego again, but everything she does is so low and dirty that sometimes I feel like going back to Mexico and kill her. I don't care if I pass my last days in prison. It is disgusting to feel that a woman can sell every bit of her convictions or feelings just for the desire of money and scandal. I can't stand her anymore. She divorced me from Diego just in the same dirty way she is trying to get some dough from Knoff and Wolfe. She really doesn't care what she does as long as she is in a front page of the papers. Sometimes I wonder why Diego should stand that type of wench for seven years. He says it was only because she cooked well. Perhaps it was true, but my god, what kind of an excuse is that? I don't know. Maybe I am getting cooko. But the fact is that I can't stand any more the funny life those people live. I would like to go to the end of the world and never come back to anything which means publicity or lousy gossip. That Guadalupe is the worst louse I ever met, and even the damn law helps her to get away with her rotten tricks. This world is «something» kid!

The letter Donald wrote is beautiful. I am sorry, didn't see the spitting bussines between Philip and him. Tell him I would of done the same thing in his case. His «charro» dress will be ready soon and Cristina will send it to you.

Darling, Julien Levy liked very much your drawings but he can't give you an exibition because he says he only shows surrealist paintings. I will talk to Pierre Matisse about it and I am sure I can arrange something, here for you next year. I still like the first one you made of me better than the others.

Give my love to Donald and to your mother and father. Kiss Diego for me and tell him I love him more than my own life.

Here is a kiss to you and one for Diego and one for Donald.

Please write to me when ever you have time about Diego's eyes.

Mi cariño.

Frida

Notas

La pintora Emmy Lou Packard fue ayudante de Rivera tanto en su taller de México como en murales pintados en Estados Unidos.

Se refiere a Guadalupe Marín, esposa de Rivera de 1922 a 1929.

CARTA A SIGMUND FIRESTONE

Nueva York, noviembre 1, 1940

Dear Sigy,

It is three weeks ago that I received your kind letter and your check of 150.00 dlls, when I was in the hospital in San Francisco. I should of answered you immediately but I was so ill that I really didn't have the strength to do anything. Please forgive me. I have no words to tell you how happy I was to hear from you and how glad to know that you liked the selfportrait. I am terribly sorry Diego didn't write to you explaining about the paintings. I am sure he will apologize to you as soon as he is able to finish the fresco he is painting at the fair in San Francisco. I beg you to forgive him. You don't have any idea of the way he is working in that fresco. Sometimes he hardly has time for sleep. He works twenty hours a day and sometimes more. Before he came to San Francisco he had a terrible time in Mexico and finally had to leave the country in very difficult circumstances (all due to political troubles there). So I really hope you will be so sweet to understand and try to forgive him.

I came to New York few days ago. I had to arrange my exhibition for next year. Everyday I wanted to write to you and for one reason or another I couldn't. I am staying here at a house of some friends of mine, Mr. and Mrs. Sklar, who very kindly invited me to be with them for a while, and I hope very much to have a chance to see Alberta, and if possible you and Mrs. Firestone. I heard that Natalie is in Hollywood. I think I will be here two weeks more.

Before I came to the States, a month and a half ago, I was very ill in Mexico. Three months I was lying in bed with a plaster corset and an awful apparatus on my chin which made me suffer like hell. All the doctors in Mexico thought I had to be operated on my spine. They all agreed that I had tuberculosis on the bones due to the old fracture I suffered years ago in an automobile accident. I spend all the money I could afford to see every specialist on bones there, and all told me the same story. I got so scared that I was sure I was going to die. Besides, I felt so worried for Diego, because before he left Mexico I didn't even know where he was for ten days, shortly after he could finally leave, Trotsky's first attempt of assassination took place, and after, killed him. So the whole situation for me, physically and morally was something I cannot describe to you. In three months I lost 15 pounds of weight and felt lousy all together.

Finally I decided to come to the States and not to pay any attention to Mexican doctors. So I came to San Francisco. There I was in the hospital for more than a month. They made every possible examination and found *no* tuberculosis, and *no* need for an operation. You can imagine how happy I was, and how relieved. Besides, I saw Diego, and that helped more than anything else. I wish you could see and understand that it is not really my fault if I didn't behave with you as I should. Writing you on time, and explaining you all about the painting. It was more than anything else my whole situation which prevented me to think and to act as I should of done it.

They found that I have an infection in the kidney which causes the tremendous irritation of the nerves which go through the right leg and a strong anemia. My explanation doesn't sound very scientific, but that is what I gathered from what the doctors told me. Anyhow I feel a little better and I am painting a little bit. I will go back to San Francisco and marry Diego again. (He wants me to do so because he says he loves me more than any other girl.) I am very happy.

Sigy, I would like to ask you a favor. I don't know if it is too much trouble for you. ¿Could you send me the one hundred dollars balance of my painting here because I need them badly, and I promise you that as soon as I go to San Francisco I will make Diego send to you his selfportrait. I am sure he will do it with great pleasure, it is only a question of time, as soon as he finishes the fresco he will have more time and paint for you that portrait. *We will be together again, and you will have us together in your home.* Please forgive him and forgive myself for being the way we are. We really don't mean to hurt anyone.

Will you be so kind to do so? Please tell me where can I reach Alberta. My address is *88 Central Park West.* c/o Mrs. Mary Sklar.

Thank you for all your kindness and for being so good to me. Give my love to the girls and to Mrs. Firestone. Besos* to all of you from your Mexican friend

Frida

*kisses.

NOTA

A principios de 1940 el ingeniero Sigmund Firestone, de la ciudad de Rochester, encargó a Rivera y a Frida sendos autorretratos, por los que se comprometió a pagar en total 500 dólares. Frida concluyó la pintura (óleo sobre masonite, 59.7 x 40 cm) ese mismo año, mientras que Diego lo entregó un año después. Ella la dedicó al ingeniero y a sus hijas Natalia y Alberta.

RECADO PARA DIEGO RIVERA

San Francisco, noviembre de 1940

Diego, mi amor,

No se te olvide que en cuanto acabes el fresco nos juntaremos ya *para siempre*, sin pleitos ni nada, solamente para querernos mucho.

No te portes mal y haz todo lo que Emmy Lou te diga.

Te adoro más que nunca. Tu niña

Frida

(Escríbeme)

CARTA A SIGMUND FIRESTONE

San Francisco, December 9, 1940

Dear Sigy,

Your letter and your telegram were the nicest wedding presents I had. You cannot imagine how grateful I am with all your
kindness, and so is Diego. He sends to you million thanks and his
best wishes. Having the right mesures of the painting he will
start very soon his self-portrait and we will be together on your
wall, as a symbol of our remarriage. I am very happy and proud
because you like my portrait, it is not beautiful, but I made it
with a great pleasure for you.

I am very glad, Sigy, that Alberta is with you. You will not
feel lonesome and I am sure she is very happy being home again.
If by any chance I go to Los Angeles I will see Natalie, send to
me her address if you [...] like a nightmare. I had to do many
things and rush all the time, but tell her that I will never forget
the day we had lunch together. Tell her she is a swell girl, besides
being very beautiful.

Our plans now are not very precise. Diego has to finish a
portrait of a lady here, and after, two more in Santa Barbara. I
probably will go back to Mexico because I want to be *sure* about
the situation there before risking to let Diego go back. He
would like to stay here as long as possible, but his permit expires
soon so we have to figure out what to do in case he couldn't
stay in this country longer. Perhaps it's only a question of cros-
sing the border and coming back again. But everything depends
on the work he has here and on the political circumstances.
Besides I left everything in Mexico in a kind of a mess, so I
must go and arrange definitely how Diego's things are going to

be placed, etc. Above all his collection of Mexican sculpture and his drawings.

How I wish you could of seen the fresco Diego just finished here. It is in my opinion the best painting he ever did. The opening was a great success. More than 20 000 people saw it and Diego was so happy! Just like a little boy, he was shy and very happy at the same time. If I can get a photograph of it I will send it to you.

Wherever I will be I will write to you from time to time. Where are you going to be for Christmas? I wish to arrive in Mexico before the «piñatas». (Do you remember last year in my house?) I am sure my sister's kids will enjoy again this month in my house in Coyoacan. Sometimes I miss them a lot. I miss also my father and my sisters (the two fat ones and the one you met). My heart is always divided between my family and Diego, but of course Diego takes the bigger part and now I hope to be in his heart.

Sigy dear, give my love to Alberta and to Mrs. Firestone.

To you all the *cariño* from this Mexican bride who likes you so much.

Frida

A kiss for you. One for Alberta.

CARTA A EMMY LOU PACKARD

Coyoacán, diciembre de 1940

Emilucha linda:

Recibí tus dos cartitas; muchas gracias, compañera. Estoy deseosa de que terminen todo el trabajo para que puedan venir a Mexicalpán de las Tunas. Cuánto daría por estar a la vuelta y poder ir a visitarlos hoy, pero no tiene caso, tendré que aguantar la espera, hermana.

Extraño mucho a los dos... No me olvides. Te confío al gran niño (Diego) con toda mi alma, y no sabes cuánto te agradezco que estés tan preocupada por él y que lo cuides por mí. Dile que no haga tantos berrinches y que se porte bien.

Sólo me la paso contando las horas y los días que faltan para tenerlos a los dos aquí... Asegúrate de que Diego vea a un oculista en Los Ángeles, y que no coma demasiado espagueti para que no engorde demasiado. Adiós, niña chula, te mando hartos besos.

Tu cuate, Frida. ¿Cómo está Pandy? Aquí la esperan sus dos esposos con grandes ansias.

NOTA

Después de haberse vuelto a casar con Rivera el 8 de diciembre de 1940 en San Francisco, California, Frida regresó a México para pasar las fiestas de fin de año con su familia, mientras Diego se quedaba para concluir, a la vista del público, diez tableros al fresco sobre la unidad de la cultura del continente americano, que le fue encargado por el arquitecto Timothy Pflueger para la Golden Gate International Exposition. Su más cercana colaboradora fue la pintora Emmy Lou Packard.

CARTAS AL DOCTOR LEO ELOESSER

[a]

Coyoacán, marzo 15 de 1941

Queridísimo doctorcito:

Tienes razón en pensar que soy una mula porque ni siquiera te escribí cuando llegamos a Mexicalpán de las Tunas, pero debes imaginarte que no ha sido pura flojera de mi parte sino que cuando llegué tuve una bola de cosas que arreglar en la casa de Diego que estaba puerquísima y desordenada, y en cuanto llegó Diego, ya puedes tener una idea de cómo hay que atenderlo y de cómo absorbe el tiempo, pues como siempre que llega a México los primeros días está de un mal humor de los demonios hasta que se aclimata otra vez al ritmo de este país de «lucas». Esta vez el mal humor le duró más de dos semanas, hasta que le trajeron unos ídolos maravillosos de Nayarit y viéndolos le empezó a gustar México otra vez. Además, otro día, comió un mole de pato rete suave, y eso ayudó más a que de nuevo le agarrara gusto a la vida. Se dio una atascada de mole de pato que yo creía que se iba a indigestar, pero ya sabes que tiene una resistencia a toda prueba. Después de esos dos acontecimientos, los ídolos de Nayarit y el mole de pato, se decidió a salir a pintar acuarelas a Xochimilco, y poco a poco se ha ido poniendo de mejor humor. En general yo entiendo bien por qué se desespera tanto en México, y le doy la razón, pues para vivir aquí siempre tiene que andar con las púas de punta para no dejarse fregar por los demás; el esfuerzo nervioso que hace para defenderse de todos los cabrones de aquí es mayor al que tiene uno que hacer en Gringolandia, por la sencilla razón de que allá la gente es más pendeja y más maleable, y aquí todos andan de la greña queriendo «madrugar» y chingar al prójimo. Además para el trabajo de Diego la gente responde siempre con chingaderas y tanteadas, y eso es lo que desespera más, pues no hace más que llegar y empiezan a fregarlo los periódicos; le tienen una envidia que quisieran desaparecerlo como por encanto. En cambio en Gringolandia ha sido diferente, aun en el caso de los Rockefeller se pudo luchar contra ellos sin puñaladas por la espalda. En California todo el mundo lo ha tratado muy bien, además respetan el trabajo de cualquiera; aquí no hace más que terminar un fresco y a la semana siguiente está ya raspado o gargajeado. Esto, como debes comprender, desilusiona a cualquiera. Sobre todo cuando se trabaja como Diego, poniendo todo el esfuerzo y la energía de que es capaz, sin tomar en consideración que el arte es «sagrado» y toda esa serie de pendejadas, sino al contrario, echando los bofes como cualquier albañil. Por otra parte, y ésa es opinión personal mía, a pesar de que comprendo las ventajas que para cualquier trabajo o actividad tienen los Estados Unidos, le voy más a México, los gringos me caen muy «gordos» con todas sus cualidades y sus defectos que también se los cargan grandes, me caen bastante «gacho» sus maneras de ser, su hipocresía y su puritanismo asqueroso, sus sermones protestantes, su pretensión sin límites, eso de que para todo tiene uno que ser «very decent» y «very proper»… Sé que éstos de aquí son ladrones jijos de la chingada, cabrones, etc., etc., pero no sé por qué aun las más grandes cochinadas las hacen con un poco de sentido del humor, en cambio los gringos son «sangrones» de nacimiento, aunque sean rete respetuosos y decentes (?). Además su sistema de vivir se me hace de lo más chocante, esos *parties* cabrones, en donde se resuelve todo después de ingerir hartos cocktelitos (ni siquiera se saben emborrachar de una manera «sazona») desde la venta de un cuadro hasta la declaración de guerra, siempre teniendo en cuenta que el vendedor del cuadro o el declarador de la guerra sea un personaje «importante», de otra manera ni quinto de caso que le hacen a uno, allí sólo *soplan* los «important people» no le hace que sean unos jijos de su mother, y así en inglés te puedo dar otras cuantas opinioncitas de esos tipos. Tú me podrás decir que también se puede vivir allí sin cocktelitos y sin *parties*, pero entonces nunca pasas de perico perro, y me late que lo más importante para todo el mundo en Gringolandia es tener ambición, llegar a ser «somebody», y francamente yo ya no tengo ni la más remota ambición de ser nadie, me vienen guango los «humos» y no me interesa en ningún sentido ser la «gran caca».

Ya te platiqué demasiado de otras cosas y nada de lo más importante en este momento. Se trata de Jean. Cuando llegamos a México y según tú y yo habíamos planeado, la cosa era buscarle un trabajo para que pudiera más tarde abrirse camino más fácilmente que en los Estados Unidos. Yo pensé al principio que sería algo más fácil encontrarle algo en la casa de Misrachi o en la Legación Americana, pero ahora la situación es completamente diferente y te voy a explicar por qué. Por una estupidez ha complicado su situación, en vez de callarse la boca para no meter la pata en cosas que no sabe, hizo desde un principio alarde de sus opiniones políticas, que según ella (que no hace más que repetir lo que le oyó decir a Clifford y a Cristina Hastings) son de *simpatía abierta al señor Stalin*. Ya por ahí te puedes ir dando cuenta del efecto que esto produjo en Diego, y como es muy natural, Diego en cuanto se dio cuenta de por dónde le apretaba el zapato, le dijo que no podía admitirla en la casa de San Ángel, que era lo que habíamos planeado primero, para que viviera con Emmy Lou y ayudara a recibir a la gente que compra cuadros, entonces se quedó a vivir conmigo en la casa de Coyoacán, y Emmy Lou en la de San Ángel. Todo hasta ayer iba más o menos bien, a pesar de que Diego no tenía la misma libertad de hablar delante de ella de ciertas cosas que puede hablar delante de Emmy Lou o de mí, y esto creó un ambiente en la mesa a la hora de comer, de reserva y de tirantez. Jean lo notó perfectamente, pero en lugar de ser sincera con Diego y aclarar su situación abiertamente, ya que no tiene, como dice, ningún interés activo dentro del stalinismo, se quedó callada la boca siempre que se trataba de ese tema, o decía cosas que la hundían más y más reforzando la certeza de que es de plano stalinista. Ayer hubo un incidente que acabó de fregar la cosa. Se hablaba en la mesa del rumor que hubo de que por tercera vez atacaron los stalinistas a Julián Gorkín (uno del POUM). Jean es amiga de un íntimo amigo de Gorkín que vive en la misma casa donde Julián vive, el rumor era de que lo habían ido a atacar a su propia casa, y recordando el caso del viejo Trotsky, Diego hizo el comentario de que «alguien» debió haberle abierto las puertas del cuarto de Gorkín a los stalinistas, y dirigiéndose a Jean le dijo: ¿no será tu amigo el que pueda saber algo de eso? Jean en vez de defender al amigo o de aclarar las cosas francamente, fue en la tarde misma y le chismoseó al dicho amigo de Gorkín que Diego decía que *él era el que había atacado a Gorkín*. Inmediatamente se armó un chismarajo de todos los diablos, y yo le dije a Jean que lo único que debería hacer antes de que Diego se enterara por un tercero de la estupidez que había hecho, sería hablarle a Diego y confesarle que ella misma había ido con el chisme a la casa de Julián. Después de mucho hablar, se decidió y le habló a Diego diciéndole la verdad. Tú puedes imaginarte lo furioso que Diego se puso, con toda razón, pues es mucho muy delicada la situación, para comprometerla más con estupideces y pendejadas de Jean. Entonces Diego le dijo muy francamente que, como tenía su boleto de regreso a California, le hiciera el favor de irse, puesto que no podría tenerle ya más confianza teniéndola en su casa, sabiendo que repetiría (mal interpretando) todo cuanto se platicara o comentara en la mesa o en cualquier parte de la casa. Como tú puedes comprender, Diego tiene perfecta razón, y a pesar de que a mí me da mucha pena que Jean tenga que irse en las condiciones en que está, no hay más remedio. Yo hablé con ella muy largo de cómo solucionar este problema de la mejor manera, le hablé a Misrachi para ver si le podría dar un trabajo, pero lo veo muy verde, pues no habla español y no es posible emplearla hablando solamente inglés, además tendría que conseguir la fórmula catorce que permite a los extranjeros trabajar en el país, cosa muy difícil antes de haber estado seis meses en México. Lo más razonable sería que regresara a California aceptando que Emily Joseph la recomiende con Magnit y se ponga a trabajar allá y gane su vida. Pero no se quiere ir inmediatamente porque los Joseph están aquí. Sidney vendrá también, y ella piensa que si llega a California sin trabajo se las va a ver negras, en cambio si se espera a que los Joseph regresen ya tendrá mayor garantía para conseguir algo en San Francisco. Así es, hermano, que no veo más solución que si tú puedes ayudarla con cien dólares, se los mandes, para que ella alquile un apartamento modesto, mientras se da tiempo para que se le pueda arreglar una cosa más definitiva. Tiene el enorme defecto de creer eternamente que está muy grave, no hace otra cosa más que hablar de enfermedades y de las vitaminas, pero no pone nada de su parte para estudiar algo o trabajar en lo que sea, como millones de gentes que a pesar de estar mucho más jodidas que ella tienen que trabajar a puro huevo. No tiene energía para trabajar, pero sí para pasear y otras cosas de las que no puedo hablarte aquí; yo estoy muy decepcionada de ella, porque al principio creí que pondría algo de su parte cuando menos para ayudarme en el trabajo de la casa, pero es floja de nacimiento, y convenenciera de marca mayor; no quiere hacer nada, lo que se llama nada. No es que yo presuma, pero si ella está enferma, yo estoy peor, y sin embargo, arrastrando la pata o como puedo, hago algo, o trato de cumplir en lo que puedo con atender a Diego, pintar mis monitos, o tener la casa cuando menos en orden, sabiendo que eso significa para Diego aminorarle muchas dificultades y hacerle la vida menos pesada ya que trabaja como burro para darle a uno de tragar. Esta Jean no tiene en la cabeza más que pendejadas, cómo hacerse nuevos vestidos, cómo pintarse la jeta, cómo peinarse para que se vea mejor, y habla todo el día de «modas» y de estupideces que no llevan a nada, y no solamente eso sino que lo hace con una pretensión que te deja fría. Yo creo que tú no podrás interpretar las cosas que te digo como chismes de lavandería, puesto que me conoces, y sabes que siempre digo las cosas tal como son, y no tengo el menor interés en fastidiar a Jean, pero es que pienso que tengo la obligación de decirte todo esto puesto que tú mejor que nadie conoces a Jean, y sobre todo porque es mi responsabilidad el que se haya venido para acá después de que tú juzgaste que era lo mejor. Como a ti te tengo la mayor confianza, creo que puedo hablarte con toda sinceridad de este asunto. Con la absoluta seguridad de que lo que te escribo no llegará a oídos de Jean para evitar chismarajos inútiles. Yo le dije a ella que te escribiría para que supieras que la situación política de Diego, que ya es delicada en sí misma, se complicaría mucho más admitiendo en su casa a alguien que abiertamente declarara ser stalinista. Y le prometí (lo cual no cumplo) no decirte nada de los detalles del incidente, pero no cumplo porque comprendo que es mi deber decirte en qué consiste exactamente la actitud de Diego, pues de otra manera ella podría decirte a ti otras cosas, haciéndose la víctima, y queriendo envolver una situación que es delicada por tratarse de política, en chismes sentimentales de amor o de cualquier otra pendejada de las que acostumbra hacer con el fin de hacer aparecer todo como debido a su mala suerte... de la que habla continuamente, sin ponerse a pensar que ella misma se crea esa serie de fregaderas por su manera de ser y por no darle la menor importancia a la única cosa que debía preocuparle, trabajar, para ganarse la vida como cualquier gente. Yo no sé realmente qué cree ella que pueda hacer cuando ya esté vieja y fea y no haya quien le haga caso sexualmente, que por ahora es su única arma. Y tú sabes bien que el atractivo sexual en las mujeres se acaba voladamente, y después no les queda más que lo que tengan en su cabezota para poderse defender en esta cochina vida del carajo. Ahora yo creo que si tú le escribes y le pones las peras a veinticinco, diciéndole *muy claro* que esos cien dólares que le mandes, son los últimos que le puedes mandar, no porque no los tengas, sino para hacerle comprender que *debe ponerse a trabajar* en la forma que sea, por su propio bien, ella verá que no todo lo que reluce es oro, y aquí o allá sabrá encontrar manera de conseguir un *job*, sea el que fuera, para que tenga sentido de responsabilidad, y se le olviden tantito las enfermedades imaginarias que la atormentan tanto. Tú como médico y como amigo debes decirle que no está tan enferma para verse incapacitada para trabajar, y sobre todo que tenga en cuenta que a pesar de que hubo entre ustedes algo más que amistad, eso no significa que eternamente serás tú el encargado de mantenerla. Yo en este caso hubiera sacado la cara por ella, si viera que realmente tenía algo de razón, pero al contrario veo que, si la primera vez que arma un lío semejante yo me hubiera puesto de su lado, es capaz de comprometer mucho más seriamente a Diego, y eso sí no lo permito de ninguna manera. Porque yo podré pelearme con Diego millones de veces por cosas que me pasen por los ovarios, pero siempre teniendo en cuenta que antes que nada soy su amiga, y no seré yo quien lo traicione en un terreno político aunque me maten. Haré cuanto esté de mi parte por hacerle ver cuando se equivoca, las cosas que a mí me parezcan más claras, pero de ninguna manera me quiero transformar en tapadera de alguien que sepa yo que es su enemigo, y mucho menos de una persona que como Jean no sabe ni dónde tiene las narices, y presume hasta con orgullo de pertenecer a un grupo de bandidos indecorosos como los stalinistas. Todo esto que te digo, quiero que se quede completamente entre tú y yo, que le escribas que recibiste una carta mía con una explicación concreta de que la situación de Diego no le permite tenerla en su casa por tratarse no ya de una diferencia de opinión en el terreno político, sino sencillamente de su seguridad personal que se veía muy comprometida ante la opinión pública el día que se supiera que permitía vivir en su casa a una stalinista. Lo cual es completamente cierto. Si quieres mandarle ese dinero, dile francamente que lo utilice para mientras consigue un trabajo, puesto que tú sabes que Emily Joseph está dispuesta de muy buena manera para conseguirle trabajo en San Francisco. No te imaginas cómo siento molestarte con esta lata, pero no veo otra solución, y yo desgraciadamente no tengo la «mosca» suficiente para decirle toma Jean quinientos pesos y busca tu casa. Diego está tan enojado con ella que no me atrevo ni a sugerirle la idea de que le preste dinero mientras consigue trabajo, pues él está seguro de que si quiere puede conseguirlo ella misma. Quiero pedirte que veas este asunto desde un punto de vista completamente frío, sin apasionamiento, ni tomando en cuenta las relaciones sentimentales que haya entre tú y Jean, porque eso en este caso viene en segundo lugar, y sobre todo le sería perjudicial a ella misma encontrar apoyo en ti de una manera muy amplia, porque precisamente ése es el pie de donde cojea. Tú ya me entiendes. Amantes puede encontrarse hartos mientras les haga la pantomima de que está muy grave, pero amigos como tú creo que es dificilísimo que los encuentre, así es que hazle ver la situación muy clara y muy sinceramente para que se vaya dando cuenta de que a ti ya no te envuelve con cuentos chinos. Creo que cien dólares le sobran para poder vivir dos o tres meses aquí mientras regresa a San Panchito y los Joseph le consiguen chamba, o quizá mientras tanto se encuentre a algún señor que se la lleve a vivir con él, creo que sería la mejor solución para ella, y de ese modo tú ya no tendrías ninguna responsabilidad. Piensa bien en qué forma le prestas esos fierros para que sean los últimos. Espero tu contestación para saber a qué atenerme. En otra carta te contaré de mi pata, espinazo, etc., por lo pronto estoy un poco mejor porque ya no bebo alcohol, y porque ya me hice el ánimo de que aunque coja, es preferible no hacer mucho caso de las enfermedades porque de todas maneras se la lleva a uno la chingada hasta de un tropezón con una cáscara de plátano. Cuéntame qué haces, procura no trabajar tantísimas horas, divertirte más, pues como se está poniendo el mundo muy pronto nos va a ir de la vil tostada, y no vale la pena irse de este mundo sin haberle dado tantito gusto a la vida. No sentí tanto la muerte de Albert Bender porque me caen muy gordo los Art Collectors, no sé por qué, pero ya el arte en general me da cada día menos de «alazo», y sobre todo esa gente que explota el hecho de ser «conocedores de arte» para presumir de «escogidos de Dios»; muchas veces me simpatizan más los carpinteros, zapateros, etc., que toda esa manada de estúpidos dizque civilizados, habladores, llamados «gente culta».

Adiós hermano, te prometo escribirte una carta largota contándote de mi pata, si es que te interesa, y otros chismerajitos relacionados a México y sus habitantes. Te mando hartos saludos cariñosos y espero que tú estés bien de salud y contento.

La Malinche. Frida

NOTAS

Se refiere a Jean Wight.

En 1939 Diego Rivera se distancia primero y rompe después con la Cuarta Internacional; entonces apoya la candidatura del general Almazán a la presidencia de la República, paso aventurero que seguramente trataba de disimular su todavía oculto acercamiento a los estalinistas.

Emmy Lou Packard había sido asistente de Rivera en los Estados Unidos y siguió siéndolo en México cuando el pintor regresó en 1941 de San Francisco,

Albert Bender, agente de seguros y mecenas, conoció a Rivera en México en los años veinte y le adquirió obra; en 1930 logró conseguir el permiso para que el mexicano entrara a los Estados Unidos.

Emily Joseph, esposa del pintor Sidney Joseph, era comentarista de arte del San *Francisco Chronicle* y había actuado como intérprete en las conferencias que en 1930 Rivera dictó en francés en California.

Coyoacán, julio 18, 1941

Queridísimo doctorcito:

Qué dirás de mí –que soy más música de saxofón que un jazz band. Ni las gracias por tus cartas, ni por el *niño* que me dio tanta alegría– ni una sola palabra en meses y meses. Tienes razón sobrada si me *recuerdas* a la... familia. Pero sabes que no por no escribirte me acuerdo menos de ti. Ya sabes que tengo el enorme defecto de ser floja como yo sola para aquello del escribir. Pero créeme que he pensado harto en ti y siempre con el mismo cariño.

A Jean la veo muy poco. La pobre no ha podido conseguir todavía una chamba fija y está haciendo unas copias de juguetes de yeso para moldes de una fabrica –se las pagan mal y sobre todo no creo que sea algo que pueda resolver su vida. Yo he tratado de hacerle ver que lo mejor es que pele gallo pa' las Californias pero no quiere ni a mentadas de «agüela». Está muy flacona y muy nerviosa porque no tiene vitaminas. Las que hay aquí le cuestan rete carísimas y ni modo, no puede comprarlas. Dice que a ti te cuesta trabajo mandarlas de allá por la aduana o no sé qué cosa difícil. Pero si hubiera alguien que viniera pronto y tú pudieras enviarle algunas le haría mucho bien, pues ya te digo, está muy desmejorada y dada a la trampa.

Yo sigo mejor de la pezuña, pata o pie. Pero el estado general bastante jo... ven. Creo que se debe a que no como suficiente y fumo mucho. Y cosa rara, ya no bebo *nada* de cocktelitos ni cocktelazos. Siento algo en la panza que me duele y continuas ganas de eructar (*Pardon me, burp!!*) La digestión de la vil tiznada. El humor pésimo, me voy volviendo cada día más corajuda (en el sentido de México), no valerosa (estilo español de la Academia de la Lengua), es decir, *muy cascarrabias*. Si hay algún remedio en la medicina que baje los humos a la gente como yo, procede a aconsejármelo para que inmediatamente me lo trague, pa' ver qué efecto tiene. De la pintura voy dándole. Pinto poco pero siento que voy aprendiendo algo y ya no estoy tan mage como antes. Quieren que pinte yo unos retratos en el comedor del Palacio Nacional (son 5): Las cinco mujeres mexicanas que se han distinguido más en la historia de este pueblo. Ahora me tienes buscando qué clase de cucarachas fueron las dichas heroínas, qué jeta se cargaban y qué clase de psicología las abrumaba, para que a la hora de pintarrajearlas sepan distinguirlas de las vulgares y comunes hembras de México, que te diré que pa' mis adentros hay entre ellas más interesantes y más «dientonas» que las damas en cuestión. Si entre tus curiosidades te encuentras algún libraco que hable de doña Josefa Ortiz de Domínguez, de doña Leona Vicario, de... de Sor Juana Inés de la Cruz, hazme el favorsísimo de mandarme algunos datos o fotografías, grabados, etc. de la época y de sus muy ponderadas efigies. Con ese trabajo me voy a ganar algunos «fierros» que dedicaré a mercar algunas «chivas» que me agraden a la vista −olfato u tacto− y a comprar unas macetas rete suavelongas que vide el otro día en el mercado.

El re-casamiento funciona bien. Poca cantidad de pleitos, mayor entendimiento mutuo, y de mi parte, menos investigaciones de tipo molón respecto a las otras damas que de repente ocupan un lugar preponderante en su corazón. Así es que tú poder comprender que por fin ya supe que la vida *es así* y lo demás es pan pintado. Si me sintiera ya mejor de salud se podría decir que estoy feliz, pero esto de sentirme tan fregada desde la cabeza hasta las patas a veces me trastorna el cerebro y me hace pasar ratos amargos. Oye ¿no vas a venir al Congreso Médico Internacional que se celebrará en esta hermosa ciudad −dizque− de los Palacios? Anímate y agarra un pájaro de acero y Zócalo, México. ¿Quihubo, sí o sí?

Tráeme hartos cigarros Lucky o Chesterfield porque aquí son

un lujo, compañero, y no puedo *affordear* una morlaca diaria en puro humo.

Cuéntame de tu vida. Algo que me demuestre que siempre piensas que en esta tierra de indios y de turistas gringos existe para ti una muchacha que es tu mera amiga de a deveritas.

Ricardo se enceló un poquito de ti porque dice que te hablo de tú. Pero ya le expliqué todo lo explicable. Lo quiero rete harto y ya le dije que tú lo sabes.

Ya me voy porque tengo que ir a México a comprar pinceles y colores para mañana y ya se me hizo rete tarde.

A ver cuándo escribes una carta largotota. Salúdame a Stack y a Ginette, y a las enfermeras del Saint Luke. Sobre todo a la que fue buena conmigo —ya sabes cuál es—, no me puedo acordar en este momento de su nombre. Empieza con M. Adiós doctorcito chulo. No me olvide.

Hartos saludos y besos de

Frida

La muerte de mi papá ha sido para mí algo horrible. Creo que a eso se deba que me desmejoré mucho y adelgacé otra vez bastante. ¿Te acuerdas qué lindo era y qué bueno?

NOTAS

Consideré favorable para la lectura corregir algunos errores de ortografía del original, que Teresa del Conde decidió conservar. No modifiqué modismos y neologismos que dan particular gracia a los escritos de Frida.

Por «conveniencia legal», según expresara Diego, se habían divorciado a fines de 1939 en el tribunal de Coyoacán. En el lapso de la separación las relaciones fueron muy estrechas.

Llama «niño» a un feto que le había regalado el doctor Eloesser.

Ricardo Arias Viñas, refugiado español, era entonces su amante.

VALE PARA LA CENTRAL DE PUBLICACIONES

Septiembre 23, 1941

Vale a la «Central de Publicaciones» por la cantidad de $1000.00 —mil pesos— correspondiente a gastos de casa del mes de *octubre* de 1941, que se cargarán a la cuenta del Sr. Diego Rivera.
Frida Kahlo

[87]

RECADOS PARA ALBERTO MISRACHI

[a]

17 de nov. 1941

Albertito.

Vuelta a fregarlo con el mismo favor de otros meses.

¿Quiere adelantarme de diciembre $500.00? No he podido mandar el retrato que me pidieron en New York y me volví a atrasar de fierros. *No se raje con Diego* y guarde este papelucho *cual recibo*. Pa' que el 1° de diciembre no más me toquen 500 del águila descalza.

Millones de gracias de su cuate

Frida

[b]

Coyoacán, dic. 10. 1941

Albertito.

Otra vez lo voy a molestar con el adelanto de $500.00 de lo que me toca en enero. Pues no me ajusta para acabar el mes. Porque del cuadro que me compró Paulette pagué puros «debos» que tenía.

Un millón de gracias.

Frida

Aquí va el recibo oficial.

Recibí del Sr. Alberto Misrachi la cantidad de $500.00 (quinientos pesos) como adelanto de la mesada que me corresponde en enero de 1942, restándome nada más $500.00 que recibiré en enero 1°.

Frida Kahlo

NOTA

Paulette Goddard le había comprado *La canasta de flores*, óleo sobre tela en superficie circular de 64.5 cm de diámetro.

DEDICATORIA PARA LAS HIJAS DEL EMBAJADOR DE VENEZUELA, SR. ZAWADSKY

Diciembre 1°, 1941

Para Clarita, Gloria y Mireya, tres niñas que quiero rete harto y que vinieron a darle más luz a México.

Su mera cuatezona, la de las «naguas» largas.

No me olviden.

Frida

NOTA

Simultáneamente Rivera les dedicaba un autorretrato dibujado, y en el mismo papel Paulette Goddard repetía «Para Clarita, Gloria y Mireya. Con cariño». Bajo la firma de la actriz, Frida volvía a estampar la suya.

CARTA Y TELEGRAMA A EMMY LOU PACKARD

[a]

Coyoacán, 15 de diciembre de 1941

Emmylucha linda,

Aquí me tienes todavía botada en cama con una gripa de la chingada que no me quiere decir adiós. He estado tan dada a la mier... coles de ceniza que por eso no te he escrito chula.

Me dio rete harto gusto que por fin lograras hacer tu exposición, y lo único que siento es no haber «echado ojo avisor» el mero día del *opening*. Nos hubiéramos puesto una «guarapeta» de aquellas que hacen época aun en tiempos de *war*. Desde que te fuiste estoy hecha una vil zorrilla, pues yo no sé exactamente qué diablos me pasa pero, francamente compañera, no me siento bien. Todo el día quiero dormir, y ya parezco un chicle mascado, aguado y jo... ven.

Imagínate que el periquito «Bonito» se murió. Le hice su entierrito y todo, y lo lloré harto pues acuérdate que era maravilloso. Diego también lo sintió rete hartísimo. A la changuita «El Caimito» le dio pulmonía y ya también andaba pelando gallo, pero el «sulphamidyl» la alivió. Tu periquito está muy bien, aquí lo tengo conmigo. ¿Cómo está la Pandy # 2?

Oye linda, cuéntame cómo te ha ido de vendimia de cuadros, y cómo encontraste al público de Los Ángeles, muy zorrillo o no?

Dime cómo viste a Donald, a tus papás y a tu hermana y chilpayates.

De lo que me dices de los Arensberg quiero que les digas que el cuadro del «nacimiento» lo tiene Kaufmann. Yo quisiera que me compraran el de «Yo mamando» pues me darían una armada padre. Sobre todo ahora que ando de un «bruja» subido. Si tú tienes oportunidad hazles la lucha, pero como si saliera de ti. Diles que es un cuadro que pinté en el mismo tiempo que «el nacimiento» y que a ti y a Diego les gusta harto. Ya sabes cuál es ¿verdad? Donde yo estoy con mi nana ¡mamando puritita leche! ¿Te acuerdas? Ojalá y los animes para que me lo merquen, pues no te imaginas en qué forma necesito fierros ahora. (Diles que vale 250 dólares.) Te mando la fotografía para que tú les cuentes hartos primores y me hagas la valona de que los intereses en esa «obra de arte», ¡eh joven! También cuéntales del de «la cama» que está en Nueva York, pueque se interesen por ése, es aquel de la calavera arriba, ¿te acuerdas? Ése vale 300 del águila. *A ver si me das un empujoncito chula, pues te digo que de veras me urgen los fierros.*

Diego está trabajando rete harto en el cuadro de Paulette. El jueves conocí a Paulette y me pareció mejor de lo que yo pensaba.

¿Cuándo regresas? Ya se te extraña gran cantidad por los Coyoacanes. Escríbeme de cuando en cuando.

Dale millones de besos a Donald y a tus papás de mi parte. Salúdame buten a los Homolkas y diles que mejor se vengan pa'acá. No me olvides linda y dime si no se te ofrece algo de aquí.

¿Qué tal de guapa se veía Ud en el opening? Cuénteme hartos chismes. No se te olvide lo de los Arensberg.

Diego te manda besos y yo todito mi corazón. Tuya

Frida

[b]

Coyoacán, 17 de diciembre de 1941

EMMY LUCHA LETTER LEFT THIS MORNING AFRAID ARRIVE LATE
WOULD LIKE ASK YOU ENORMOUS FAVOR TELL ARENSBERG PAIN-
TING BIRTH BELONGS KAUFMANN STOP WISH YOU COULD CON-
VINCE THEM TO BUY INSTEAD «I WITH MY NURSE» SAME SIZE
SAME PRICE 300 BECAUSE NEED BUCKS VERY URGENTLY BEFORE
FIRST JANUARY PLEASE MAKE ALL EFFORTS AS POSSIBLE STOP
SENDING PHOTO LET ME KNOW RESULTS MILLION THANKS LOVE.
FRIDA KAHLO

300 BUCKS

NOTAS

Walter G. Arensberg era un coleccionista de Los Ángeles y Edgar J.
Kaufmann un industrial y coleccionista de Pennsylvania.

Frida menciona, sucesivamente, los cuadros *Mi nacimiento* (1932),
Mi nana y yo (1937) y *El sueño* (1940).

CARTA AL INGENIERO MARTE R. GÓMEZ

Coyoacán, marzo 15 de 1943

Sr. Ing. Marte R. Gómez
Presente.

Estimado compañero,

Desde hace mucho tiempo he querido platicar con usted de algo que es muy importante para mí personalmente, pero que creo tiene también un interés general. Le escribo porque me es más fácil expresar concretamente lo que le quiero decir que si le explicara el asunto de palabra, y sobre todo porque en esta forma creo quitarle menos tiempo. Se trata de pedirle un consejo de amigo. Me atrevo a hablarle de esto a usted antes que a nadie, porque considero que en México es usted uno de los pocos amigos verdaderos que Diego tiene, y me parece que usted me dará su opinión franca y sincera.

Hace ya mucho tiempo que estoy verdaderamente preocupada por Diego, en primer lugar por su salud, constantemente tiene molestias con sus ojos y además su estado general no es ya el que era antes. Usted habrá observado que aun en el trabajo de fresco que está haciendo en el Palacio ha ido mucho más lento, porque a cada rato tiene la lata de la conjuntivitis que no lo deja trabajar y dar el rendimiento que hace unos años. Además las dificultades económicas que como consecuencia de la guerra tiene todo el mundo ahora, en la situación personal de Diego han sido mucho más duras de lo que yo me pude jamás imaginar. Me apena mucho más que esta crisis haya venido precisamente en el momento en que yo hubiera querido que él siguiera seguro y tranquilo para poder pintar sin preocupaciones mayores, puesto que un hombre que ha trabajado como Diego, bien merece tener unos años de seguridad para hacer lo que le diera la gana. No es tanto el problema inmediato de ir ganando el dinero suficiente para ir viviendo lo que me preocupa, pues trabajando los dos más o menos se resuelve. Mi mayor preocupación es mucho más importante para Diego y yo me siento completamente incapaz de resolverla.

Como usted sabe, después de la pintura lo que más le entusiasma en la vida son *sus ídolos*. Desde hace más de quince años, gastando la mayor parte de lo que ha ganado trabajando incesantemente, ha ido formando su colección magnífica de piezas arqueológicas. Creo que no hay en México otra más importante dentro de las colecciones particulares. Su idea siempre fue la de construir una «casa para los ídolos», y hasta hace un año encontró el lugar que realmente merecía esa casa de los ídolos en el Pedregal de Coyoacán, en un pueblito que se llama San Pablo Tepetlapa. Comenzó a construirla con la misma piedra del pedregal, ahorrando así una enorme cantidad de material; hizo él mismo los planos con un amor que es difícil que yo le describa, trabajando noches enteras después de llegar cansado de pintar el día entero. Créame que a nadie he visto tener tanta alegría y tanto entusiasmo para construir algo. No quiero describirle el plano porque me gustaría muchísimo más si él se lo enseña personalmente.

El caso es que, como le decía antes, con todas las circunstancias actuales no tiene ya dinero para seguir la construcción. No tengo palabras para decirle lo que esto significa para Diego, porque nada lo ha entristecido tanto desde que lo conozco. Yo quisiera ayudarle en la mejor forma para que ni se desanimara ni perdiera completamente las esperanzas de resolver este problema que es tan importante para él, y pensé, después de darle mil vueltas a todas las posibilidades, que quizá la única eficaz sería la de que el Gobierno de México se interesara en el asunto, no como una ayuda personal a Diego ni mucho menos, sino haciendo una especie *de trato para la formación de un Museo Arqueológico con la colección de Diego.* Es decir, *una especie de cambio: el Gobierno construiría el edificio*, siguiendo desde luego la idea de Diego, y *él donaría su colección entera al país después de su muerte*, resolviendo así dos cosas importantes: que Diego mientras viva goce de su colección, y que después no se desintegre ni se disperse una colección de *tal* importancia, pues usted sabe lo que significaría dejar en manos de la familia cosas de un valor incalculable que, como siempre sucede, van a parar a La Lagunilla.

No sé si mi idea es tonta y descabellada, ni siquiera sé qué opinaría Diego mismo de esto, porque no me he atrevido a decirle ni una palabra de esta sugestión mía, porque no quiero que piense que es solamente mi deseo de ayudarle de una manera sentimental lo que me mueve a hablar de esto; pero créame, Marte, que es algo que verdaderamente me preocupa, porque sé el valor que para él tiene en su vida este asunto. Yo quisiera pedirle nada más que me oriente, que me diga si lo que pienso puede o no tener una posibilidad seria, si usted cree conveniente que yo hable de esto con él. Si usted cree que mi idea sea buena, aprovechando su gentileza de venir a comer o a cenar uno de estos días con nosotros, podríamos entre usted y yo platicarle de esto como una sugestión para ver qué reacción tiene, si no, le ruego no le diga nunca que yo le hablé de esto, pues quizá pensará que yo me mezclo sin derecho en sus problemas.

Perdone que lo moleste con este asunto que después de todo no es sino un problema personal; pero sabiendo que usted aprecia a Diego y teniendo la seguridad de que usted comprenderá bien que es el inmenso cariño que yo le tengo a Diego, y el interés en todas sus cosas, la única razón que me mueve a atreverme a molestar a usted con esta carta; me siento más tranquila. Naturalmente todo esto que le digo no es sino una idea que me ha venido dando vueltas en la cabeza, no sé ni siquiera si la manera como yo, se la planteo esté bien, pues me imagino que en caso de que fuera posible hacerla sería mucho más complicada, pero eso ya sería cuestión de que Diego y usted hablaran de todo en detalle. Pero como cosa general, quiero que me diga con toda confianza qué opina. No quisiera ver a Diego sufrir por no tener una cosa que tanto merece, porque lo que pide es *nada* en realidad a lo que ha dado. Además creo que sería realmente maravilloso que México tuviera un museo de esa índole.

No sabe, Marte, cómo le agradeceré su opinión. En esta semana me pondré de acuerdo con Hilda para la comida de la que hablamos por teléfono; por eso quise que recibiera esta carta antes, para que cuando nos veamos usted me diga lo que piensa de eso que le platico.

Mil gracias por todas sus atenciones, salúdeme harto a Hilda y a los niños y a su mamacita, y usted reciba los saludos cariñosos de

Frida

NOTA

El ingeniero agrónomo Marte R. Gómez (1896-1973) fue quien invitó a Diego Rivera a pintar los murales de la Escuela Nacional de Agricultura en Chapingo, en 1923. Cuando Frida le escribió esta carta se desempeñaba como Secretario de Agricultura y Fomento del presidente Manuel Ávila Camacho (1940-1946). En 1944 Marte R. Gómez le encargó a Frida su retrato para la galería de directores de la escuela de Chapingo, del que ella hizo dos ejemplares idénticos al óleo sobre masonite (32.5 x 26.5 cm), uno para la Escuela y otro para la colección particular del ingeniero, este último a pedido del ingeniero Eduardo Morillo Safa.

RECADO PARA MIGUEL N. LIRA

Miguelito, Mike, Chong Lee,

Aquí te mando las invitaciones para la apertura de las pinturas que los muchachos de mi clase hicieron en la pulquería «La Rosita» en Coyoacán. Además de tres corridos que ellos mismos hicieron para ser cantados el día de la inauguración. Ojalá pudieras venir aunque fuera un ratito, mañana entre las once y la una. Pero como sé que estás lleno de trabajo, me imagino que no te será posible, pero aunque sea quiero que sepas que hubiera sido rete «suave» que vinieras.

Recibe un abrazo de tu hermana

Frida

NOTA

Cuando en 1942 se estableció la Escuela de Pintura y Escultura dependiente de la Secretaría de Educación Pública, Frida fue invitada a integrarse al grupo de maestros. Debido a sus dolencias no le fue posible asistir a dar sus clases en el local del callejón de La Esmeralda, situado en el centro de la ciudad. Hizo trámites y logró dar las clases en su casa. Para la práctica de pintura mural propuso a un grupo de alumnos cubrir las paredes exteriores de la pulquería La Rosita. Para la inauguración se imprimió un volante que decía: «Hoy, sábado 19 de junio de 1943, a las 11 de la mañana, grandioso estreno de las pinturas decorativas de la Gran Pulquería La Rosita».

CARTA A FLORENCE ARQUIN

Coyoacán, noviembre 30 de 1943

Florence darling,

Please forgive my laziness! You know what kind of «son of a gun» I am for writing. But *in my heart you are all the time*, and in spite my apparent forgetfulness, I am the same Frida as ever.

Darling, Diego was very happy with the beautiful color-photo you sent him. It is right in front of his bed and every morning I see you there. *We miss you a lot.*

My life is the same. Sometimes OK, sometimes damn boring. I can't say the same for Diego. He is never bored. He works like the devil, and he is always constructing something. His pyramid on the Pedregal is getting every day more magnificent and the painting he is doing at the Institute of Cardiology is gorgeous.

Since you left I finished *three* paintings (small ones). I sold one, and the other two are on Veriullaire's Gallery. But I think I will take them away from there because that damn gallery is every day lousier. About my painting of the 4 monkeys you took to the States, I haven't heard a word from Julien. I am a little bit afraid something happened to it. What do you think? Did you write to Julien about it? Shall I write to him? Or what can I do? I am sorry to bother you with that, but I am afraid he hasn't got it, and I don't have any papers here to arrange anything.

Listen baby, if you think it is only a question of the circumstances now, the cause of the delay we leave the thing as it is, but I imagine the people of the border had plenty of time already to have sent it to N. York. Don't you think so? Anyway tell me what to do. Maybe everything is under control.

How is your health now? I was so worried when you left.

How is your husband and your mother. Please give my love to both, and tell them *how much I love you.*

Forgive my English and handwriting. It is lousy!!!! But if I make the letter again I will never send it, so it's better you will forgive such awful letter.

Darling baby, I want you to tell me all kind of details about you. I will write you again soon. It's a cinch!!!

All my love and Diego's too for our kid Florence.

Frida

Happy Christmas to you all.
Come to Mexico very soon!

NOTAS

La pintora, fotógrafa, educadora y crítica estadunidense Florence Arquin (1900-1974) estuvo en México en 1943 y expuso su obra en la Biblioteca Franklin de la ciudad de México. Viajó por América Latina dando conferencias e investigando sobre arte.

Frida se preocupa por el óleo *Autorretrato con changos*, de 1943 (81.5 x 63 cm), adquirido después por Jacques y Natasha Gelman.

[93]

DEFINICIÓN DEL SURREALISMO

El surrealismo es la mágica sorpresa de encontrar un león dentro de un armario, donde se está seguro de encontrar camisas.

NOTA

Escrita en la cara posterior del dibujo *Fantasía I*, 1944, que adquirió el ingeniero Morillo Safa.

CARTA AL INGENIERO MARTE R. GÓMEZ

Coyoacán, marzo 7 de 1944

Compañero Marte,

Aquí le mando una invitación para que si tiene un «quinto de rato» venga a ver las pinturas que los muchachos de mi clase de la Escuela de Pintura y Escultura de la SEP han hecho en unos *lavaderos* en Coyoacán. El Ing. Morillo ya las vio, él le puede decir su impresión y estoy segura que se animará a venir. Si le cae gorda la fiesta *oficial* de las 10 de la mañana, puede llegar más tardecito o venir a la hora que usted pueda, pero le ruego que no lo eche al olvido.

Para llegar fácilmente se hace lo siguiente: llegando a la parada de tranvías «El Carmen» (frente a la Casa de Cuna) se da vuelta a la derecha siguiendo hasta encontrar la plaza de «La Concepción» donde hay una iglesita colonial maravillosa; en la última esquina de la placita se da vuelta a la izquierda siguiendo una cuadra y enfrente de una fábrica grandota que luego luego se ve, están los lavaderos.

Mil gracias por si viene y por aguantar la lata de esta carta.
Muchos saludos de

Frida

NOTA

La dirección de la ENPE apoyó las clases extramuros abonando los pasajes de los alumnos que viajaban hasta Coyoacán de lunes a viernes. El grupo que inició las peregrinaciones era bastante numeroso, pero pronto quedaron cuatro: Fanny Rabel, Arturo Estrada, Guillermo Monroy y Arturo García Bustos, a quienes Frida les consiguió, para otra práctica de pintura mural, las paredes de unos lavaderos públicos levantados con el esfuerzo de un grupo de humildísimas lavanderas. A éste lugar se le puso el nombre de «Casa de la mujer Josefa Ortiz de Domínguez».

CARTA A BERTRAM Y ELLA WOLFE

Coyoacán, 1944, México

Queridísimos Boitito y Ella,

Pensarán cuando reciban esta singular misiva que yo ya *resucité* a este mundo traidor, o que de plano no más me estaba yo haciendo la que la virgen me hablaba y ni siquiera un «lazo» les había yo echado desde que nos vicenteamos en los Nueva Yores hace tres años. Piensen lo que se les dé la gana; a pesar de que ni un quinto de escritura echo, siempre están presentes en mi pensamiento.

Y quiero desearles que el presente año de 1944 (aunque su numeración me cae gorda) sea para ambos dos el más feliz y placentero de todos los que habéis vivido e iráis a vivir. (Ya casi me salen frases de Cervantes con eso del *habéis* e *iráis*.)

Bueno niños, y ahora empieza la preguntadera: ¿Cómo os encontráis de salud? ¿Qué clase de vida lleváis? ¿A qué clase de «raza» veis y con quién platicáis de vez en cuando?

¿Todavía recordáis que en los Coyoacanes existe una dama bien nacida y de todos apreciada, que no se la ha llevado la Chin... y que siempre está esperanzada en volver a ver sus queridas faces, algún día, en esta tierra adorada llamada Tenochtitlán? Si este caso os acontece, *please* escriban aprisa, diciendo *all your* pormenores para que mi corazón proceda al alégrese falaz.

Después del rechazamiento, episodio segundo de mi vida que ustedes conocen ya, les contaré sin gran detallamiento sino «someramente» (esta última palabra es como de a 100 pesos) cómo me encuentro:

Salud: —Regular parche, todavía resiste mi espinazo unos cuantos trancazos más.

Amor: —Mejor que nunca porque hay entendimiento mutuo entre los cónyuges, sin detrimento de la libertad justa en los casos semejantes para cada uno de los casoriados; eliminación total de celos, discusiones violentas y malentendidos. Gran cantidad de *dialéctica* basada en la experiencia anterior. He dicho!

«Mosca»: —Exigua cantidad, casi cero, pero va alcanzando para los menesteres más urgentes: comedera, ropaje, contribuciones, cigarros, y una que otra botella de tequila añejo «Cuervo» cuyo costo es de $350 (de a litro).

Trabajo: —Demasiado para mis ímpetus porque ahora soy máistra en una escuela de pintura (elevación de categoría, pero descanso de juerzas). Entro a las 8 a.m. Salgo a las 11 a.m., dedico ½ hora para recorrer la distancia entre la escuela y mi cantón = a 12 a.m. Organizo en parte lo necesario para que se viva más o menos en forma «decente», que haya comida, toallas limpias, jabón, mesa puesta, etc. = a 2 p.m. Procedo al trague, luego al ablucionen de las manoplas y de las bisagras (sin z, con s, y significa dientes u boca).

Me queda la tarde para dedicarme a la bella pintura, siempre estoy haciendo cuadriches, pues apenas acabo uno lo tengo que vender para que me ajuste la mosca para todos los gastos del mes. (Cada cónyuge coopera para el sostenimiento de la mansión.) En la nocturna me largo a algún cinemato u pinche teatro, y regreso a dormir cual piedra. (A veces el insomnio me abruma y entonces me lleva la re... cién casada!!!!)

Licor: —He logrado que mi voluntad *férrea* me ayude a *aminorar* la cantidad de licor ingerible, reduciéndola a dos «copio... sas lágrimas» by day. Solamente en *raras* ocasiones la *ingerencia* aumenta de volumen, y se transforma por magia en una «mona» con su respectiva «cruda» matutina; pero estos casos no son de gran frecuencia ni eficacia.

De las demás

cosas que a toda

persona suelen sucederle... Después de 19 años, el amor paterno de don Diego ha renacido, trayendo como consecuencia que Lupita chica, *so called* Picos, viva con nosotros desde hace dos años, porque hubo de estallar la bomba permanente de su *mother, Lupe grande, against Lupe chica*, y tales hechos hicieron de mí una «mamy» adoptiva con su adoptive *child*. No puedo quejarme porque la chamaca es buena como Miguel Ángel, y más o menos se adapta al carácter de su papy, pero de todos modos la situación de mi vida no es muy halagüeña que digamos. Porque desde 1929 hasta el presente 1944, no recuerdo *ninguna temporada* en que el matrimonio Rivera no haya contado *por lo menos* con *una* acompañante dentro de su hogar. *¡Home, sweet home!* Lo que cambió fue la calidad de la compañía; antes eran más cercanas al amor mundano, ahora se acercan más al filial. Vos entendéis.

Bueno, camaradas, ya me voy, ya les conté más o menos mi actual vida; espero recibir ¡que ni de rayo! la contestación que merece esta carta tan insólita, abrupta, heterogénea y casi surrealistoide.

Su fiel y segura servidora

Doña *Frida*, la malhora

[96]

RECADO CON OBSEQUIO
PARA ALEJANDRO GÓMEZ ARIAS

24 de April, 1944

This is the present of the biggest lucas there is in the mundo. No procedas al risa y risa. Recíbelo with pleasure and regocijo en remembrance of all the years and years I have loved you for ever and ever.

F.

CARTA AL DOCTOR LEO ELOESSER

24 de junio de 1944

[...] Cada día estoy peor [...] al principio me costó mucho trabajo acostumbrarme, pues es de la chingada aguantar esa clase de aparatos, pero no puedes imaginarte cómo me sentía de mal antes de ponerme ese aparato. Ya no podía materialmente trabajar, pues me cansaba de todos los movimientos por insignificantes que fueran. Mejoré un poco con el corsé, pero ahora vuelvo a sentirme igual de mal y estoy ya muy desesperada, pues veo que nada mejora la condición de la espina. Me dicen los médicos que tengo inflamadas las meninges, pero yo no me acabo de explicar cómo está el asunto, pues si la causa es que la espina debe estar inmovilizada para evitar la irritación de los nervios, ¿cómo es que con todo y corsé vuelva a sentir los mismos dolores y las mismas friegas?

Oye, lindo, esta vez que vengas, por lo que más quieras en la vida, explícame qué clase de chingadera tengo y si tiene algún alivio o me va a *llevar la tostada* de cualquier manera. Algunos médicos han vuelto a insistir en operarme, pero no me dejaría operar si no fueras *tú* quien lo hiciera, en caso de que sea necesario.

NOTA

El doctor Alejandro Zimbrón le mandó entonces reposo absoluto e hizo que usara un corsé de acero.

RECADO Y TARJETA POSTAL PARA DIEGO RIVERA

[a]

Niño de mis ojos,

me invitó Cuquita a comer al campo, te esperé hasta las 12 pero ni siquiera me llamaste por teléfono.

Regreso como a las seis de la tarde más o menos.

Me dice el Güerito que invitaste a comer a Milagros. Dile por favor que siento mucho no verla pero que si no tiene qué hacer que nos vemos a la vuelta (a las seis).

Por favor déjame la «mosca» en el primer cajón de tu cómoda debajo de tus camisas o en un sobre con Manolo o con el Güerito, muchas gracias y espero que cuando regrese te vea. En la nochecita de cualquier modo te veo ¿no?

Te dejo como siempre, mi corazón y mi vida.

Tu chicuita

Frida

[b]

13 de noviembre, 1944, Coyoacán

Niño de mis ojos,

ya sabe usté cómo lo adoro y cómo quisiera que éste, y todos los días, fueran los mejores.

Bébase un vaso de vino a mi salud.

Su niña

Fisita

[99]

CARTA A RUTH RIVERA MARÍN

Junio 17, 1945

Ruth linda,

Ai le van en su día unos zarcillitos d'ioro para sus bellas ore-jitas. Cada vez que se los ponga acuérdese de que en los lejanos Coyoacanes hay alguien que la quiere mucho, por tres cosas: primera, por ser usted misma; segunda, por ser la niña de Don Pelelico, y tercera, por ser tan bonita. Usted no tiene la culpa de ninguna de las tres cosas, ni yo tampoco de quererla tanto.

Su

Frida

Nota

Ruth (1927-1969) era la hija menor de Guadalupe Marín y Diego Rivera (*Don Pelelico*), por quien Frida tuvo particular predilección. En la galería de Louis Newman se pusieron a la venta documentos muy personales de Frida, seguramente procedentes de la colección de Rafael Coronel y Juan Coronel Rivera, hijo de Ruth.

PRESENTACIÓN PARA FANNY RABEL

Fanny Rabinovich pinta como vive, con un enorme valor, inteligencia y sensibilidad agudas, con todo el amor y la alegría que le dan sus veinte años. Pero lo que yo juzgo más interesante en su pintura es la raíz profunda que la liga a la tradición y a la fuerza de su pueblo. No es pintura personalista sino social. Le preocupan fundamentalmente los problemas de clase, y ha observado, con una madurez excepcional, el carácter y el estilo de sus modelos, dándoles siempre una viva emoción. Todo esto, sin pretensiones, y llena de feminidad y finura que la hacen tan completa.

NOTA

Fanny Rabel (quien decidió cambiar su apellido paterno) nació el 27 de agosto de 1922 en Polonia. En 1929 inició su formación escolar en Francia. En 1938 llegó a México e ingresó en 1944 a la Escuela de Pintura y Escultura («La Esmeralda»). Entre sus maestros se contaron Frida Kahlo, José Chávez Morado y Feliciano Peña. Esa primera exposición de 24 óleos, 13 dibujos y ocho grabados, se presentó en la Liga Popular Israelita durante agosto de 1945.

HABLANDO DE UN CUADRO MÍO, DE CÓMO, PARTIENDO DE UNA SUGESTIÓN DEL ING. JOSÉ D. LAVÍN Y UNA LECTURA DE FREUD, HICE UN CUADRO DE MOISÉS

Por FRIDA KAHLO
Exclusivo para *ASÍ*

Con frecuencia el público explica y quiere saber lo que significan ciertas pinturas, particularmente las modernas. Reacio a dar explicaciones, Picasso respondió un día a cierta dama que afirmaba no comprender su obra:
—¿Le gustan a usted las ostras?
—¡Mucho! —replicó la señora.
—¿Y las comprende usted?
En otro lado, el mismo artista afirmó: «Todo el mundo quiere comprender el arte. ¿Por qué no tratan de comprender el canto de un pájaro?»
También Orozco dijo un día: «El público rehúsa ver pintura... quiere oír pintura».
Frida Kahlo, menos por actitud estética, que por otras razones, jamás ha explicado «en público» sus pinturas.
Pero hace días, solicitada por un grupo de amigos que se reunió en casa del conocido industrial José Domingo Lavín para admirar un cuadro que éste adquirió a la famosa pintora, Frida Kahlo se decidió a hablar sobre esta última obra.
Irónicamente, con el buen humor, la sencillez y la despretensión que le son peculiares, Frida Kahlo explicó el significado de los símbolos y de las figuras de que está constituido este cuadro que tiene por tema central a Moisés.
Por ser de bastante interés damos a nuestros lectores una reproducción fotográfica del cuadro y la síntesis aproximada, tomada por uno de nuestros redactores, de la referida explicación.

Frida Kahlo naturalmente no «explicó» que su cuadro es una obra de gran riqueza plástica y de alta concepción, que viene a confirmar el talento de esta artista extraordinaria que se conquistó ya un lugar definitivo entre los más grandes pintores de México.

Presentamos en seguida el tenor de la explicación dada por Frida Kahlo acerca del mencionado cuadro:

Como es la primera vez en mi vida que trato de «explicar» una de mis pinturas a un grupo mayor de tres personas, me van a perdonar que me haga un poco «bolas» y tenga bastante «cisco».

Hace más o menos dos años, José Domingo me dijo un día que le gustaría que leyera el *Moisés* de Freud, y pintara, como quisiera, mi interpretación del libro.

Este cuadro es el resultado de aquella pequeña conversación entre José Domingo Lavín y yo.

Leí el libro una sola vez y comencé a pintar el cuadro con la primera impresión que me dejó. Ayer lo releí y debo confesarles que encuentro el cuadro muy incompleto y bastante distinto a lo que debería ser la interpretación de lo que Freud analiza tan maravillosamente en su *Moisés*. Pero ahora, ya ni modo, ni de quitarle ni de ponerle, así es que diré lo que pinté tal cual está, y que ustedes pueden ver aquí en el cuadro.

Desde luego el tema en particular es sobre *Moisés* o *El nacimiento del héroe*. Pero generalicé a mi modo (un modo rete confuso) los hechos o imágenes que me dejaron mayor impresión al leer el libro. En lo que va «por mi cuenta» ustedes podrán decirme si metí la pata o no.

Lo que quise expresar más intensa y claramente, fue que la razón por la que las gentes necesitan inventar o imaginarse héroes y dioses es el puro *miedo*. Miedo a la vida y miedo a la muerte. Comencé pintando la figura de Moisés niño. (Moisés, en hebreo, quiere decir, aquel que fue sacado de las aguas, y en egipcio «mose» significa niño.) Lo pinté como lo describen muchas leyendas, abandonado dentro de una canasta y flotando sobre las aguas de un río. Plásticamente traté de hacer que la canasta, cubierta por una piel de animal, recordara lo más posible a una matriz, porque según Freud la cesta es la matriz expuesta y el agua significa la fuente materna al dar a luz a una criatura. Para centralizar ese hecho pinté al feto humano en su última etapa dentro de la placenta. Las trompas, que parecen manos se extienden hacia el mundo.

A los lados del niño ya creado, puse los elementos de su creación, el huevo fecundado y la división celular.

Freud analiza en una forma muy clara, pero muy complicada para mi carácter, el importante hecho de que Moisés no fue judío sino egipcio, pero yo, en el cuadro, no hallé la manera de pintarlo ni egipcio ni judío, y solamente pinté un chamaco que en general representara tanto a Moisés como a todos los que según la leyenda tuvieron ese principio, transformándose después en personajes importantes, guiadores de sus pueblos, es decir, *Héroes*. (Más abusados que los demás, por eso le puse el «ojo avizor».) En este caso se encuentran Sargón, Ciro, Rómulo, Paris, etcétera.

La otra conclusión interesantísima de Freud es que Moisés, no siendo judío, dio al pueblo escogido por él para ser guiado y salvado una religión, que tampoco era judía sino egipcia: nada menos que Amenhotep IV o Akhenatón revivió la de Atón, o sea la del Sol, tomando como raíces la antiquísima religión de On (Heliópolis).

Entonces pinté el Sol como centro de todas las religiones, como *primer dios* y como creador y reproductor de la *vida*.

Como Moisés, ha habido y habrá gran cantidad de «copetones», transformadores de religiones y de sociedades humanas. Se puede decir que ellos son una especie de mensajeros entre la gente que manejan y los «dioses» inventados por ellos para poder manejarla.

De estos «dioses» hay un «resto», como ustedes saben. Naturalmente, no me cupieron todos y acomodé, de un lado y otro del Sol, a aquellos que, les guste o no, tienen relación directa con el Sol. A la derecha los de Occidente y a la izquierda los de Oriente.

El toro alado asirio, Amón, Zeus, Osiris, Horus, Jehová, Apolo, la Luna, la Virgen María, la Divina Providencia, la Santísima Trinidad, Venus y... el diablo.

A la izquierda, el Relámpago, el Rayo y la huella del Relámpago, es decir, Huracán, Cuculcán y Gukumatz, Tláloc, la magnífica Coatlicue, madre de todos los dioses, Quetzalcóatl, Tezcatlipoca, la Centéotl, el dios chino Dragón y el hindú Brahma. Me faltó un dios africano, pero no pude localizarlo en ninguna parte, pero se le puede hacer un campito.

No les puedo decir algo sobre cada uno de ellos, porque la ignorancia sobre su origen, importancia, etcétera, me abruma.

Habiendo pintado a los dioses que me cupieron, en sus respectivos cielos, quise dividir al mundo celeste de la imaginación y de la poesía del mundo terreno del miedo a la muerte, y pinté los esqueletos, humano y animal, que ustedes ven aquí. La tierra ahueca sus manos para protegerlos. Entre la muerte y el grupo donde están los «héroes» no hay división ninguna, puesto que éstos también mueren y la tierra los acoge generosamente y sin distinciones.

Sobre la misma tierra, pero pintando sus cabezas más grandes para distinguirlas de las del «montón», están retratados los «héroes» (muy pocos de ellos, pero escogiditos), los transformadores de las religiones, los inventores o creadores de éstas, los conquistadores, los rebeldes... es decir, los meros «dientones».

A la derecha (y esta figura debí pintarla con mucho más importancia que ninguna otra) se ve a Amenhotep IV que más tarde se llamó Akhenatón, joven faraón de la 18ª dinastía egipcia (1370-1350 a. de J. C.), quien impuso a sus súbditos una religión contraria a la tradición, rebelde al politeísmo, estrictamente monoteísta, con ecos lejanos en el culto de On (Heliópolis), la religión de Atón, es decir, del Sol. Ellos no solamente adoraban al Sol como un culto material, sino como el creador y conservador de todos los seres vivos, dentro y fuera de Egipto, cuya energía se manifestaba en sus rayos, adelantándose así hasta los más modernos conocimientos científicos sobre el poder solar. Breasted llama a Amenhotep IV «el primer individuo en la historia humana».

Después Moisés, que según el análisis de Freud dio a su pueblo adoptado la misma religión de Akhenatón, transformada un poco según los intereses y circunstancias de su tiempo.

A esta conclusión llega Freud, después de un minuciosísimo estudio en el que descubre la relación íntima entre la religión de Atón y la mosaica, ambas monoteístas. (Toda esta parte tan importante del libro no supe cómo transportarla a la plástica.)

Sigue Cristo, Zoroastro, Alejandro el Grande, César, Mahoma, Tamerlán, Napoleón y «el infante extraviado»... Hitler. A la izquierda, la maravillosa Nefertiti, esposa de Akhenatón; me imagino que además de haber sido extraordinariamente bella, debe haber sido una «hacha perdida» y colaboradora inteligentísima de su marido. Buda, Marx, Freud, Paracelso, Epicuro, Gengis Kan, Gandhi, Lenin y Stalin. (El orden es gacho, pero los pinté según mis conocimientos históricos, que también lo son.)

Entre ellos y los «del montón», pinté un mar de sangre con el que significo la guerra, inevitable y fecunda.

Y por último, la poderosa y «nunca bien ponderada» masa humana, compuesta por toda clase de... bichos: los guerreros, los pacíficos, los científicos y los ignorantes, los hacedores de monumentos, los rebeldes, los portabanderas, los llevamedallas, los habladores, los locos y los cuerdos, los alegres y los tristes, los sanos y los enfermos, los poetas y los tontos, y toda la demás raza que ustedes gusten que exista en esta poderosa bola.

Nada más los de adelantito se ven un poco claros, los demás «con el ruido... no se supo».

Del lado izquierdo, en primer término está el Hombre, el constructor, de cuatro colores (las cuatro razas).

Del lado derecho, la Madre, la creadora, con el hijo en brazos. Detrás de ella el Mono.

Los dos árboles que forman un arco Noel del Triunfo, son la vida nueva que retoña siempre del tronco de la vejez. En el centro, abajo, lo más importante para Freud, y para muchos otros... el Amor, que está representado por la concha y el caracol, los dos sexos, a los que envuelven raíces siempre nuevas y vivas.

Esto es lo que les puedo decir de mi pintura. Pero se admiten toda clase de preguntas y de comentarios. No me enojo.

Muchas gracias.

CONGRATULACIÓN PARA DIEGO RIVERA

8 diciembre 1945

Diego, niño mío, mi amor,

Tú sabes qué regalos te daría, no solamente hoy sino toda la vida, pero este año tuve la mala suerte de no poder darte nada hecho por mis manos, ni poder comprarte nada que realmente te gustara. Te ofrezco todo lo que es mío y tengo desde siempre, mi cariño, que nace y vive todas las horas, solamente porque tú existes y lo recibes.

Tu niña

Fisita
(tu antigua ocultadora)

CARTA A ELLA Y BERTRAM D. WOLFE

14 de febrero de 1946

Ella linda y querido Boit,

¡Aquí vuelve a aparecer el cometa! ¡Doña Frida Kahlo aunque ustedes no lo crean!! Les escribo desde la cama, porque desde hace *cuatro* meses estoy bien fregada con el espinazo torcido, y después de haber visto a hartísimos médicos de este país, he tomado la decisión de irme para los Nueva Yores a ver a uno que dicen que es «padre» de más de cuatro... todos los de aquí, los «hueseros» u ortopédicos opinan por hacerme una operación que creo que es muy peligrosa, pues estoy muy flaca, agotada y dada enteramente a la chin... y en este estado no quiero dejarme operar sin consultar primero a algún doctor «copetón» de Gringolandia. Así es que quiero pedirles un grandísimo favor, que consiste en lo siguiente:

Aquí les adjunto una copia de mi historia clínica que les servirá para darse cuenta de todo lo que he padecido en esta jija vida, pero además quisiera que si fuera posible, se la enseñaran al *doctor Wilson*, que es al que quiero consultar allá. Se trata de un médico especializado en huesos, cuyo nombre completo es doctor Philip Wilson, 321 East 42nd Street, N.Y.C.

Lo interesante para mí es saber estos puntos:

1) Yo podría ir a los U.S.A. más o menos a principios de abril. ¿Estará el doctor Wilson en New York entonces? O si no ¿cuándo podría encontrarlo?

2) Después de que más o menos conozca mi caso por medio de la historia clínica que ustedes podrían mostrarle ¿estaría dispuesto a recibirme para hacer un estudio serio de mí y darme una opinión?

3) En caso de que aceptara ¿cree él necesario que yo llegue directamente a *un hospital* o puedo vivir en otra parte y solamente ir varias veces a su consultorio?

(Todo esto es importantísimo para mí de saber pues tengo que calcular la «fierrada» que por ahora anda exigua.) *You know what I mean kids?*

4) Pueden darle los siguientes datos para mayor claridad: He estado *cuatro* meses en cama y me encuentro muy débil y cansada. El viaje lo haría yo en avión para evitar mayores trastornos. Me pondrán un *corsé* para ayudarme a aguantar las molestias. (Corsé ortopédico o de yeso.) ¿En qué tiempo cree él poder hacer el diagnóstico, tomando en cuenta que llevo radiografías, análisis y toda clase de «chivas» de esa índole? 25 radiografías de 1945 de columna vertebral, y 25 radiografías de enero de 1946 de espina, pierna y pata. (Si se necesitan tomar nuevas allá, estoy a su disposición... para cualquier desaire!)

5) Traten de explicarle que no soy «millonaria» ni cosa que se le parezca, más bien la «mosca» está un poco «verde gris», tirando a color de ala de grillo amarillo.

6) MUY IMPORTANTE

Que me pongo en sus magníficas manos porque además de conocer su gran reputación a través de los médicos, me lo recomendó personalmente en México un señor que fue su cliente y se llama *Arcady Boytler*, quien lo admira y lo adora porque lo alivió de una cosa también de espina dorsal. Decirle que Boytler y su señora me hablaron primores de él y que yo voy encantada de la vida a verlo, pues sé que los Boytler lo adoran y que me estiman a mí bastante para mandarme con él.

7) Si a ustedes se les ocurren otras cosas prácticas (acordándose de la clase de mula que soy), se los he de agradecer con todo mi corazoncito, niños adorados.

8) Para consultar con el doctor Wilson, yo les mandaré la mosca que ustedes me indiquen.

9) Pueden explicarle más o menos qué clase de cucaracha

ranchera es su cuate Frida Kahlo pata de palo. Los dejo en entera libertad de darle toda clase de explicaciones y hasta de describirme (si es necesario, pídanle a Nick una foto, para que sepa qué clase de fachada me cargo).

10) Si quiere algún otro dato, procedan raudamente a escribirme, para que todo esté en orden de meter la pata (flaca o gorda).

11) Díganle que, como enferma, soy bastante aguantadora, pero que ahora ya me agarra un poco forzada, porque en esta ca... vida, se sufre, pero se aprende, y que además ya la bola... de años me ha hecho más pen... sadora.

Ahora van otros datos para ustedes, no para el doctorcito Wilsoncito:

1º Me van a encontrar algo cambiada. Ya la cana me abruma. La flacura también y estoy un tanto cuanto ensombrecida por la penalidad.

La vida matrimonial 2ª va muy bien. Todo cambea y ahora tomo todo con más calma y precautelancia.

Los sigo queriendo cantidad y espero que ustedes a mí lo mismo. ¿Me equivoco?

Mientras oigo de sus bocas un saludote. Por favor escríbanme rápido de este asunto que me urge. Les mando hartísimos besos y todo el agradecimiento de su cuatacha

Frida

Saludos a todos los amigos.

[104]

CORRIDO PARA A Y L

Mayo de 1946

Solito andaba el Venado
rete triste y muy herido
hasta que en Arcady y Lina
encontró calor y nido

Cuando el Venado regrese
fuerte, alegre y aliviado
las heridas que ahora lleva
todas se le habrán borrado

Gracias niños de mi vida,
gracias por tanto consuelo
en el bosque del Venado
ya se está aclarando el cielo

Coyoacán, viernes 3 de mayo de 1946

Ahí les dejo mi retrato,
pa' que me tengan presente,
todos los días y las noches,
que de ustedes yo me ausente.

La tristeza se retrata
en todita mi pintura,
pero así es mi condición,
ya no tengo compostura.

Sin embargo, la alegría
la llevo en mi corazón,
sabiendo que Arcady y Lina
me quieren tal como soy.

Acepten este cuadrito
pintado con mi ternura,
a cambio de su cariño
y de su inmensa dulzura.

Frida

NOTA

Durante abril de 1946 Frida pintó *El venado herido*, pequeño óleo sobre masonite (22.4 x 30 cm), y el 3 de mayo se lo entregó a los esposos Lina y Arcady Boytler, acompañado con las rimas aquí reproducidas. Copia de ellas me fueron entregadas en 1981 por la señora Ana María Montero de Sánchez, quien había trabajado con Lina Boytler.

TELEGRAMA PARA ELLA WOLFE

May 10, 1946

ELLA WOLFE 68 MONTAGUE ST BROOKLYN NY

DARLING DR WILSON WIRED ME HE CAN RECEIVE ME 23 MAY I
WILL ARRIVE NEW YORK 21 BY PLANE THANKS A LOT FOR ALL
YOUR WONDERFUL KINDNESS PROBABLY WILL STAY FIRST DAYS AT
399 PARK AVENUE MISS SONJA SEKULA
LOVE TO BOTH
      FRIDA

CARTA A CRISTINA KAHLO

Nueva York, mayo, 1946

[...] Estoy en una cama más dura que las piedras del Pedregal [...] En cuanto sepa yo el diagnóstico completo de Wilson y
me decida yo a la sacada del Lipidol te aviso para que en cuanto
me reponga pele gallo para Coyoacán, pues aquí no me voy a
aguantar mucho. Hay un calor de la trompada...

CARTA A DIEGO RIVERA

Nueva York, jueves 29 de mayo, 1946

[...] esto es todo lo nuevo que puedo contarte desde que me volví estúpida esperando [...]

¿Cómo te has estado sintiendo, amor mío? Por favor escríbeme tres palabras para saber de ti [...]

NOTA

El siguiente 26 de junio Cristina, ya en Nueva York, le reclama a Rivera: «Lo que me extraña es que no escribas, pues Frida está tan nerviosa que tus cartas le darán un gran alivio».

CARTA A ALEJANDRO GÓMEZ ARIAS

30 de junio de 1946. Nueva York

Alex *darling*,

No me dejan escribir mucho, pero es sólo para decirte que ya pasé *the big* trago operatorio. Hace tres *weeks* que procedieron al corte y corte de huesores. Y es tan maravilloso este medicamento y tan lleno de vitalidad mi *body*, que hoy ya procedieron al paren en mis *poor feet* por dos minutillos, pero yo misma no lo *belivo*. Las dos *first* semanas fueron de gran sufrimiento y lágrima, pues los dolores no se los deseo a *nobody*; son buten de estridentes y malignos, pero ya en esta semana aminoró el alarido y con ayuda de pastillámenes he sobrevivido más o menos bien. Tengo dos cicatrizotas en *the* espaldilla en *this* forma. De aquí procedieron al arranque del cacho de pelvis para injertarlo en la columnata, que es donde la cicatriz me quedó menos horripilante y más derechita. Cinco vertebrellas eran las dañadas y ahora van a quedar cual riflamen. Nada más que *the* latosidad es que tarda mucho el hueso para crecer y reajustarse y todavía me faltan seis semanas en cama hasta que me den *dialta* y pueda huir de esta horripilante *city* a mi amado Coyoacán. ¿Cómo estás tú? *Please* escríbeme y mándame *one* libraquito; *please don't forget me*. ¿Cómo está tu mamacita? Alex, no me abandones solita, solita en este maligno hospital y escríbeme. Cristi está rete aburridísima y ya nos asamos de calor. Hace gran cuantiosidad de calor y ya no sabemos qué hacer. ¿Qué hay en México? ¿Qué pasa con la raza por allá?

Cuéntame cosas de todos y sobre todo, de ti.

Tu F.

Te mando buten de cariño y hartos besos. ¡Recibí tu carta, que me animó tanto! No me olvides.

CARTA Y DEDICATORIAS A JOSÉ BARTOLÍ

[a]

Bartolí - anoche sentía como si muchas alas me acariciaran toda, como si en la yema de tus dedos hubiera bocas que me besaran la piel.

Los átomos de mi cuerpo son los tuyos y vibran juntos para querernos. Quiero vivir y ser fuerte para amarte con toda la ternura que tú mereces, para entregarte todo lo que de bueno haya en mí, y que sientas que no estás solo. Cerca o lejos, quiero que te sientas acompañado de mí, que vivas intensamente conmigo, pero sin que mi amor te estorbe para nada en tu trabajo ni en tus planes, que forme yo parte tan íntima en tu vida, que yo sea tú mismo, que si te cuido, nunca será exigiéndote nada, sino dejándote vivir libre, porque en todas tus acciones estará mi aprobación completa. Te quiero como eres, me enamora tu voz, todo lo que dices, lo que haces, lo que proyectas. Siento que te quise siempre, desde que naciste, y antes, cuando te concibieron. Y a veces siento que me naciste a mí. Quisiera que todas las cosas y las gentes te cuidaran y te amaran y estuvieran orgullosas, como yo, de tenerte. Eres tan fino y tan bueno que no mereces que te hiera la vida.

Te escribiría horas y horas, aprenderé historias para contarte, inventaré nuevas palabras para decirte en todas que te quiero como a nadie.

Mara

29 de agosto (1946)
Nuestra primera tarde solos.

NOTA

Frida se enmascara en esta carta y estas dedicatorias bajo el seudó-
nimo de Mara, que, en noviembre de 1947, volvería a utilizar en otra
subrepticia carta amorosa al poeta Carlos Pellicer. Fueron unas veinte
las cartas enviadas por Frida a José Bartolí (1910-1995), pintor, caricaturista y dibujante político catalán, quien había fundado y presidido
el Sindicato de Dibujantes de Cataluña (1936). Durante la guerra civil
peleó en el bando republicano, y al término del conflicto fue encerra-
do en campos de concentración de Francia y de Alemania. Llegó exi-
liado a México en 1942. En 1946 se fue a Estados Unidos; la perse-
cución macartista lo hizo regresar a México en los cincuenta. Vivió
algunos años en Francia y desde 1978 dividió su tiempo entre España y
Estados Unidos. Su viuda, la doctora Berenice Bromberg, ha sacado a
subasta algunos de los objetos con dedicatorias amorosas que le obse-
quiara Frida, pero se niega a revelar el resto.

[b]

Ganar un beso. Sí ir, no, sí, a ti. Vía Boca Caballito. Tu novia Mara. Mi amor. ¡Viva México! Dime Linda, Risa, Amo, Gracias,
Mara

NOTA

En las guardas de un ejemplar de *Canto a mí mismo*, de Walt Whitman. Reproducción en *Frida Kahlo. Das Gesamtwerk*.

[c]

Mis labios (*Una talla en madera, 9 x 11.2 cm*). La hizo Mara cuando tenía 14 años (1924). Ahora es tuya. 23 sept. 1946. México-Europa.

NOTA

En 1924 Frida tenía 17 años de edad. La dedicatoria está escrita por detrás de la pequeña y bien lograda talla.

CARTA A ELLA WOLFE

Coyoacán, octubre 23 de 1946

Ella linda de mi corazón

Te sorprenderá que esta muchacha floja y sinvergüenza te escriba, pero ya sabes que de todos modos con o sin cartas, te quiero rete hartísimo. Por aquí no hay novedades importantes. Yo sigo mejor, ya estoy pintando (un pinchísimo cuadro), pero algo es algo, «pior» es nada. Diego trabajando como siempre —doble cantidad—. Después de la discusión con Boitito no ha vuelto a haber en esta casa ninguna plática acalorada, y ya se le pasó el enojo, y creo que a los dos les sirvió para decirse lo que se cargaban en su ronco pecho.

¿Cómo está Boit? ¿Y Sylvia? (Había yo escrito las íes cuatrapeadas). Dale hartos besos de mi parte a Boit, a Jimmy, a Sylvia, a Rosita y a todos los cuates que de Mi... guel Ángel se acuerden.

Quiero pedirte un favorsote del tamaño de la pirámide de Teotihuacan. ¿Me lo haces? Voy a escribirle a *Bartolí* a tu casa, para que tú hagas seguir las cartas a donde se encuentre, o se las guardes para entregárselas en su propia mano cuando él pase por Nueva York. Por lo que tú más quieras en esta vida, que no pasen de tus manos, sino *directamente a las de él.* —You know what I mean Kid!— No quisiera yo que ni Boitito supiera nada si puedes evitarlo, pues es mejor que solamente tú guardes el secreto, ¿comprendes? Aquí *nadie* sabe nada; únicamente Cristi, Enrique... *tú* y yo y el muchacho en cuestión sabemos de qué se trata. Si me quieres preguntar algo de él en tus cartas, pregúntame con el nombre de SONJA, ¿entendido? Te ruego me cuentes cómo lo ves, qué hace, si está contento, si se cuida, etc.

Ni Sylvia sabe ningún detalle, así es que no «rajes leña» con *nadie* de este asunto, por favor.

A ti sí puedo decirte que lo quiero de verdad y que es la *única* razón que me hace sentir de nuevo con ganas de vivir. Háblale bien de mí, para que se vaya contento, y que sepa que soy una gente si no muy buena, cuando menos regularcita...

Te ruego *rompas* esta misiva en cuanto te enteres de todo lo que creas me puedes decir de ese maravilloso muchacho.

Te mando millones de besos y todo mi cariño.

Frida

No se te olvide romper esta carta, por futuros mal entendidos. ¿Prometido?

CARTA AL INGENIERO EDUARDO MORILLO SAFA

Coyoacán, octubre 1, 1946

Ingeniero querido,

Hoy recibí su carta. Gracias porque es tan amable conmigo, como siempre, y por la felicitación del dicho premio (que todavía no recibo). Quien quite que se haga «rosca», hermano, ya sabe cómo son estos ca... miones de re... trasados! Junto con su carta, es decir, en el mismo momento recibí una del Dr. Wilson, que fue el que me operó y me dejó cual «rifle» de repetición! Dice que ya puedo pintar *dos horas* diarias. Antes de recibir sus órdenes ya había comenzado a pintar y aguanto hasta *tres* horas dedicada al pinte y pinte. Ya casi le termino su primer cuadro que, desde luego, no es sino el resultado de la jija operación! Estoy yo –sentada al borde de un precipicio– con el corsé de acero en una mano. Atrás estoy en un carro de hospital acostada –con la cara hacia un paisaje–, un cacho de espalda descubierta donde se ve la cicatriz de las cuchilladas que me metieron los cirujanos, «jijos de su... recién casada mamá». El paisaje es el día y la noche, y hay un «esqueletor» (o muerte) que huye despavorido ante la voluntad *mía de vivir*. Ya se lo imagina, más o menos, pues la descripción es «gachísima». Ya ve que ni poseo la lengua de Cervantes, ni la aptitud o genio poético o descriptivo, pero usted es un «hacha» para entender mi lenguaje un tanto cuanto «relajiento».

Me encantó su carta, pero sigo sintiendo que se encuentra bastante *solo* y desligado entre esas gentes que viven en un medio tan antiguo y jo... ven! Sin embargo le servirá para echar un «ojo avisor» a Sudamérica en general y más tarde escribir las puras verdades pelonas, echando comparación con lo que México ha logrado a pesar de los pesares.

Me interesa mucho conocer algo de los pintores de allá. ¿Puede mandarme fotos o revistas con reproducciones? ¿Hay pintores indios? ¿O solamente mestizos?

Oiga joven, con todo cariño le pintaré la miniatura de Doña Rosita. Mandaré sacar fotos de los cuadros, y de una fotografía del retrato grande puedo pintar el chiquito, ¿le parece? También pintaré el altar con la virgen de los dolores, y las cazuelitas de trigo verde, cebada, etc., pues mi mamá ponía ese altar cada año y era maravilloso. Ya sembré la chía y lo demás, y en cuanto termine este primer cuadrito que le digo que está casi listo, comenzaré el suyo. También me parece «suave» la idea de pintar al «pelado» con la enrebozada. Haré lo que pueda para que me salgan algo «piochas» los susodichos cuadriches. Los iré entregando, como me dice, a la casa de usted, con su tía Julia, mandándole foto de cada uno que vaya terminando. El color ahí se lo imagina, compañero, pues no es difícil de adivinar para usted que ya tiene rete hartos Fridas.

Sabe que siempre me canso algo de la pintarrajeada, sobre todo cuando me pico y le sigo más de tres horas, pero yo espero que dentro de dos meses ya estaré menos fregada. En esta fregada vida se sufre harto, hermano, y aunque se aprende, lo resiente uno rete macizo a la larga, y por más que le hago para hacerme fuerte, hay veces que quisiera aventar el arpa, ¡a lo machín!

Oiga, no me gusta sentirlo triste, ya ve que hay por este mundo gentes, como yo, que están «pior que asté», y le siguen jalando parejo, así es que, ningún desavalorinarse. En cuanto pueda se regresa a Mexicalpán de los tlachiques, y ya sabe que acá la vida es dura, pero sabrosa, y usted merece hartas cosas buenas, porque la mera verdad es usted «doble ancho», compañero. Ya sabe que se lo dice de corazón su mera cuate del alma.

Ahora sí que no puedo contarle chismes de por acantos, pues me paso la vida enclaustrada en esta pinche mansión del olvido, dedicada dizque a recuperar la salud y a pintar en mis ratos de ocio. No veo a ninguna clase de raza, ni copetona ni proletaria, ni ando en reuniones «literario-musicales». Cuando más oigo el odioso radio, que es un castigo peor que estar purgado. Leo los *diarios* (a cual más pen... sadores). Estoy leyendo un libro gordote de Tolstoi que se llama *La guerra y la paz*, que se me hace «padre». Ya las novelas de «amor y contra ellas» no me dan de alazo, y sólo de cuando en cuando caen en mis manos algunas de *detectives*. Me gustan cada día más los poemas de Carlos Pellicer, y de uno que otro poeta de verdad como Walt Whitman, de ahí en fuera no le entro a la literatura. Quiero que me diga qué le gusta leer para mandárselo.

Ya habrá sabido naturalmente la muerte de doña Estercita Gómez, la mamá de Marte. Yo no lo vi a él personalmente, pero le mandé una carta con Diego. Me dice Diego que le pudo mucho y está muy triste. Escríbale.

Gracias, chulo, por lo que me ofrece mandarme de allá. Cualquier cosa que me dé será un recuerdo que guardaré con harto cariño.

Recibí carta de Marianita y me dio muchísimo gusto. Ya le contesto. Salúdeme mucho a Licha y a todos los chamacos.

A usted, ya sabe, le mando un beso y el sincero cariño de su cuate

    Frida

Gracias porque me va a mandar la mosca, ya me hace algo de falta. La chaparrita lo saluda, así Diego y los chamacos.

NOTAS

El ingeniero, diplomático y coleccionista Eduardo Morillo Safa, entonces embajador en Venezuela, había acordado con Frida una determinada producción de obras, que él auspició económicamente; llegó a adquirirle unas 35 piezas.

El cuadro que describe es *Árbol de la esperanza mantente firme*, 1946, óleo sobre masonite, 55.9 x 40.6 cm.

No se conoce la miniatura que pensó pintar basada en el retrato de la señora Rosita Safa de Morillo, 1944, óleo sobre tela, 76 x 60.5 cm.

Doña Estercita era la madre del ingeniero Marte R. Gómez; Licha (Alicia), la esposa del ingeniero; la chaparrita y los chamacos son su hermana Cristina y los hijos de ella: Isolda y Antonio.

El premio al que se refiere fue el otorgado por la Secretaría de Educación Pública al haber quedado como finalista en la convocatoria abierta por la SEP para otorgar el Premio Nacional de Artes, que entonces fue obtenido por José Clemente Orozco. Habían acudido a la convocatoria diez arquitectos, 23 grabadores, 192 pintores (49 de ellos fuera de concurso) y 18 escultores. En total se reunieron 500 obras de 245 artistas. La exposición se inauguró en el Palacio de Bellas Artes el 22 de julio de 1946. Frida presentó *Moisés* o *Núcleo solar*, óleo sobre masonite, 1945, 61 x 75.6 cm.

CARTA Y CORRIDO A LA NIÑA MARIANA MORILLO SAFA

[a]

Coyoacán, octubre 23, 1946

Cachita, changa maranga,

Hoy le mando unos versitos para que no diga que me olvido de asté. Cuénteme cómo va por allá por Caracas. ¿A qué colegio va? ¿Adónde se ha paseado?

Yo aquí, medio fregada con la operación que me hicieron en el espinazo.

¿Qué hacen Lupita y Yito? ¿Y tu mamacita y tu Jefe? Salúdame a todos y no me dejes de escribir.

¿Nos valemos de *matanga*?

Le mando cantidad de besos y el cariño grandote de su cuatezona

Frida

NOTA

Lupita y Yito (Eduardo) eran hermanos de Mariana. De Lupita hizo un retrato en 1944 (óleo sobre masonite, 58.7 x 53.3 cm). A Eduardo lo retrató junto a su mamá, Alicia de Morillo Safa (óleo sobre tela, 56 x 88.5 cm), seguramente en el mismo 1944, año del ciclo de retratos de la familia Morillo Safa.

[b]

Desde Coyoacán, muy triste,
ay, Cachita de mi vida,
te manda estos versos «gachos»
tu mera cuate, la Frida.

No pienses que me hago «rosca»
y no te escribo cantando,
pues con todo mi cariño
este corrido te mando.

Te fuiste para Caracas
en un poderoso avión,
y yo desde aquí te extraño
con todo mi corazón.

Venezuela me robó
a mi Cachita la hermosa,
y Frida aquí se quedó
rete triste y pesarosa.

Venezolanos malvados,
jijos del siete de espadas,
regrésenme a mi Cachita
o se las quito a... trompadas!

Que no me tiren de a «lucas»
los chamacos Lupe y Yito,
pues ya ni la tronchan verde,
¡¡no me echan ya ni un lacito!!

A tus papás les das besos
que les mando de a montón!
Diles que me manden uno
pa' que me dé yo un quemón!

A pesar de la distancia
los llevo en mi corazón
y espero su regresada
pa' echar harto vacilón.

Un pájaro de ojos negros
dijo que estás re bonita,
ese pájaro chismoso
conoce bien a Cachita!

Otro pájaro me dijo
que en la escuela eres un «hacha»,
yo le contesté orgullosa:
¡es muy lista mi muchacha!

Cachita Morillo Safa,
dueña de la simpatía,
no me olvides, niña linda,
ya nos veremos un día.

El día en que tú regreses
te haré una fiesta re «piocha»
con piñatas y hartos cohetes
que salgan «hechos la mocha».

Hasta el cielo subirán
a bajarte las estrellas
y mientras estés ausente
¡que guarden sus luces bellas!

No te olvides de tu México
que es la raíz de tu vida
y ten presente que «acantos»
te espera tu cuate Frida.

FIN

NOTAS

Enviado junto con la carta anterior.

Mariana Morillo Safa, de quien Frida hizo un retrato en 1944 (óleo sobre tela, 36 x 26 cm), viajó a Venezuela con su familia, pues su padre, el ingeniero Eduardo Morillo, había sido nombrado embajador de México en ese país.

DECLARACIÓN SOLICITADA POR EL INBA

Comencé a pintar... por puro aburrimiento de estar encamada durante un año, después de sufrir un accidente en el que me fracturé la espina dorsal, un pie y otros huesos. Tenía entonces dieciséis años y mucho entusiasmo por estudiar la carrera de medicina. Pero todo lo frustró el choque entre un camión de Coyoacán y un tranvía de Tlalpan... Como era joven, esta desgracia no tomó entonces rasgos trágicos: sentía energía suficiente para hacer cualquier cosa en lugar de estudiar para médico. Y sin darme mucha cuenta comencé a pintar.

Realmente no sé si mis pinturas son o no surrealistas, pero sí sé que son la más franca expresión de mí misma, sin tomar jamás en consideración ni juicios ni prejuicios de nadie. He pintado poco, sin el menor deseo de gloria ni ambición, con la convicción de, antes que todo, darme gusto, y después poder ganarme la vida con mi oficio. De los viajes que hice, viendo y observando todo lo que pude, magnífica pintura y muy mala también, saqué dos cosas positivas: tratar hasta donde pueda de ser siempre yo misma, y el amargo conocimiento de que muchas vidas no serían suficientes para pintar como yo quisiera y todo lo que quisiera.

NOTA

En 1947 el Instituto Nacional de Bellas Artes presentó una exposición de 45 autorretratos de pintores mexicanos desde el siglo XVIII al XX. Al lado de cada autorretrato (de Frida se exhibió *Diego en mi pensamiento*, 1943) se colocó en las salas del Palacio de Bellas Artes una declaración escrita, redactada por los artistas a solicitud de Fernando Gamboa, jefe del Departamento de Artes Plásticas y organizador de la muestra. En la ficha biográfica se daba como año de nacimiento 1910, error propiciado desde mucho antes por la propia Frida. La fecha verdadera –6 de julio de 1907– se divulgó en 1981 gracias a una casualidad: habían llegado a México dos profesionales de la televisión alemana: la libretista Gislind Nabakowsky y el camarógrafo Peter Nicolay, quienes estaban realizando un documental de media hora sobre la pintora mexicana. Con el deseo de que en esa película aparecieran algunas novedades, le rogué al escritor Marco Antonio Campos que acompañara a los cineastas alemanes con su madrina Isabel Campos. En el curso de la entrevista Isabel Campos le comentó a los alemanes que Frida no había nacido en 1910, pues era un año menor que ella, nacida en 1906. Bastó consultar su acta de nacimiento para dar la razón a Isabel. Pero la corrección de tres años habrá que seguirla haciendo siempre pues no es poca la literatura que consigna la fecha alterada.

CARTA A CARLOS CHÁVEZ

Coyoacán, febrero 18 de 1947

Querido Carlitos:

En mi lugar, va esta cartita, con la que te llevan mis saludos cariñosos tres muchachos pintores, [Arturo García] Bustos, [Guillermo] Monroy y [Arturo] Estrada, que estuvieron en mi clase de la Escuela de [la] Esmeralda. Yo querría acompañarlos a verte, pero desgraciadamente me «agarró» la «agriposidad» y estoy tumbada en la cama.

Diego y yo te hablamos de ellos en una ocasión, y en nuestra opinión son los mejores pintores, entre los más jóvenes que hay ahora en México. Tienen además de talento unas enormes ganas de trabajar, pero como siempre, en estos casos, no tienen «fierrada». Su mayor ilusión es hacer un viaje de trabajo a Yucatán, para hacer una exposición después aquí. Todo lo que necesitarían en realidad, sería un viaje pagado y algo de «mosca» para vivir *muy modestamente* el tiempo que estuvieran trabajando allá (ellos te dirán cuánto tiempo tienen en proyecto). Si te fuera posible *comisionarlos oficialmente*, aun si les proporcionaras lo estrictamente indispensable, les darías una ayuda inmensa dándoles ocasión de trabajar a gusto, teniendo asegurada aunque fuera por corto tiempo, su casa y comida. Si te es posible arreglarles algo, a mí me daría una alegría muy grande, pues sé que los muchachos *valen* y estoy segura de que cumplirían con toda formalidad su trabajo, porque los conozco hace más de cuatro años, durante los que han trabajado constantemente con un ahínco enorme logrando un adelanto continuo sin la menor pedantería ni pretensiones. Ojalá, Carlitos, que puedas hacer algo por ellos. Te lo agradezco por anticipado, pues estoy segura de que harás cuanto esté de tu parte… Al mismo tiempo te ruego que los tengas en cuenta para cuando empieces a adquirir obras de pintores destinadas a formar el museo que tienes en proyecto. Perdona las molestias que mi súplica te cause, y recibe mis mejores saludos, como siempre

Frida

NOTA

Carlos Chávez se desempeñaba entonces como el primer director del Instituto Nacional de Bellas Artes, establecido por decreto del presidente Miguel Alemán, quien había asumido el cargo el 1 de diciembre de 1946.

CARTA A ANTONIO RUIZ, «EL CORCITO»

Coyoacán, febrero 20 de 1947

Queridísimo Corcito, cuate de mi corazón,

En primer lugar te saludo profundamente, y luego te quiero participar varias chivas: primera, que ya no moro donde moraba, es decir, procedí al cambien falaz de mansión, pues pienso alquilar la poderosa casa de Allende 59 Coyoacán, porque ya ves que la situación anda de la chi... lindrina, para todo ser que habite la altiplanicie mexicana, y héteme ahora viviendo en la casa de la chaparrita Cristi, en Aguayo número 22 de la muy noble y antigua villa de Coyoacán, casa que posee un «telefunken» so called ericsson cuyo número es «the following»: 19-58-19. Mi estancia en esta mansión es desde luego temporal, pues en el primer patio de la casa que dejé, pienso construir en «the future», «avec» las rentitas, una vivienda pequeñuela que no me sea tan difícil sostener, y que sea limpiable raudamente. «You know what I mean, don't you Kid?» Bueno, pues aquí te pongo al tanto de mi existencia en la calle y número antes dichos para que: cuando se te dé la real ganísima, y poseas un «time» regularzón u dobleancho, procedas al llegues de visita, lo cual me llenará de gozo y alegría, como tú puedes imaginarte. La segunda parte de la misiva consiste en preguntarte qué hago respecto a la Escuela. Tú has sido re riata conmigo y te lo agradezco con todo «my heart», pero ya me arde la faz de puritita vergüenza de estar «mermando» el erario público sin hacer «nothing», y francamente, manis, no puedo dar las clases como antes, porque de plano no podría ir allá todos los «days» con todo y aparejo, es decir «corset» u arpa, y la principal razón es que solamente en «the mornings» me siento con energía «atómica» suficiente, y las «afternoons» decaigo cual globo desinflado y me urge proceder a entregarme en los brazos de Morfeo por unas horitas, como me fue indicado por el H. Doktor y salvador de mi existencia leve, Mr. Wilson, en los Nuevayores. Por estas razones y las ganas de pintar no tan anchísimo, y menos tratándose de ti que has sido tan jalador a lo machín con ésta tu cuatezona que tanto te lo agradece y aprecia. El otro día vi a Carlos Chávez y le dije que te habías portado conmigo re suave y armonioso, pero que este año pensaba renunciar a la clase por todas las razones que te doy en este papiro, y me dijo *que no quiere que renuncie de ningún modo*. ¿Qué hago mano? Sigo «ratiándome» la «moscota» a lo vil, haciendo la pen... sadora mexicana, y disfrutando de los trescientos «lócodos» que no podrá llevarse Miguel... ¿o me pongo *¡digna digna!* y te mando el escritito u «papiro» llamado «renuncia»? Please joven, dime lo que de tu corazón nazca, pues estoy muy intranquila, piensa que te piensa en lo que debo hacer para no aparecer como una jija de la chi... fosca ante tus bellos ojazos. Porque acuérdate que nuestras mamás nos educaron muy decentemente y nos dijeron que no debemos «llevarnos» a nuestras casas «lo ajeno» ni para enseñarlo a chiflar, así es que estoy verdaderamente intranquila de «conciencia». Ayúdame a salir de este trance tan «difícil» ¿quieres? Porque te diré que no quiero que los muchachos mismos se den cuenta de que su «maistra» es one «rupa» vulgar. ¡Espero con ansias locas tu solución al crucigrama! No tires en saco ahujereado u rompido, mis palabras, y échame una llamada al susodicho número 19-58-19, o si eres muy buen niño, ven a mi encuentro cuando lo juzgues conveniente. Mientras y en el ínter, te mando un costalote de besos y abrazos y buenos deseos para que la vida te sea leve y llevadera. He dicho. Tu cuate y camarada

Frida

P. D. Cuéntame qué pintas, qué haces, a qué actividades subrepticias te dedicas y cómo te ha ido en esta singular y joven vida. ¿Se ha apoderado de ti la tristeza? ¿La melancolía no ha hecho de ti su presa?

NOTAS

Antonio Ruiz, «el Corcito» (1895-1964), fue director fundador en 1942 de la Escuela de Pintura y Escultura de la Secretaría de Educación Pública, y quien invitó a Frida a integrarse al cuerpo de profesores.
Miguel es el presidente Miguel Alemán.

CARTA A CARLOS CHÁVEZ

Coyoacán, marzo 25 de 1947

Carlitos lindo:

Es difícil localizarte por teléfono en tu oficina, y no quiero fregarte en tu casa las únicas horas que tienes para descansar. (Por eso te mando esta misiva falaz.) Ayer vi a Diego y me dijo que lo visitaste hace unos días, le dio harto gusto.

Oye hermano, me dijo también que tú le habías asegurado que comprarías para el museo mi cuadro *Las dos Fridas* y que querías también el cuadro de *Los rábanos* que está ahora en la galería de Gabriel Orendáin.

Yo personalmente no hubiera querido ni mencionarle el asunto que se refiere a mi cuadro, pero ayer que vi a Diego me dijo que no tiene ni un fierro, y apenas le ajusta para pagar el hospital, y que ya no tiene dinero para pagar la raya de los trabajadores del Pedregal (para este próximo sábado).

Tú te puedes imaginar lo que yo siento, sabiendo esta situación de la chi... lindrina en que está Diego. Quiero pedirte que si te fuera posible *aprontar* en lo más que te sea posible la compra de *Las dos Fridas* me solucionarías un problema enorme.

Si se te hace muy difícil la maniobra *con toda sinceridad dímelo* en cuanto leas este papelucho, porque en ese caso, terminaré como pueda dos cuadros que tengo empezados para sacar la mosca. (Yo no sé si podré acabarlos para el sábado pero si no a ver qué otra forma encuentro de sacar la fierrada para Diego.) Ojalá y tú puedas arreglar algo pues estoy que me lleva el tren y todos los de a caballo.

Mil gracias lindo y ya sabes cómo te quiere

Frida

NOTA

En el informe *Dos años y medio del INBA*, presentado en 1950 por la Dirección General, la Subdirección y el Departamento Administrativo del Instituto Nacional de Bellas Artes, *Las dos Fridas* figuraba entre las adquisiciones de 1947. Por él se habían pagado cuatro mil pesos más treinta y seis por el marco.

DEDICATORIA, CARTA Y RECADOS A DIEGO RIVERA,

[a]

[EN EL DIBUJO A LÁPIZ *RUINA*]

RUINA
Para Diego. Frida.
Avenida Engaño número 1
Ruina!
Casa para aves
Nido para amor
Todo para nada
Te ama
Ruina
Febrero 1947
F. Kahlo

[b]

Lunes 21 de abril de 1947. Coyoacán

Niño de mis ojos, mi amor:

Me habló Emmita por teléfono y estoy tranquila porque dice que estás mucho mejor, que tienes un cuarto rete «suave» donde pintas todo el día, y que te ve de ánimo mucho más tranquilo y, en general, contento. Yo te extraño tanto que no te lo puedo ni explicar, pero lo único que quiero es que te alivies para que pronto vuelvas a vivir conmigo y con el señor Xólotl y la señora Xolotzin. Hasta que ya te tenga cerca de mí volveré a ser yo.

Me he sentido regular pero no peor; me canso como siempre, pero ya vendrán los días en que tú y yo volvamos a estar enteramente bien; tú no te preocupes *por nada* sino por *tu salud* que es lo único que vale la pena.

En mi carta anterior no te mandé en detalle todo lo relativo a la obra y gastos, porque quise esperarme hasta este sábado para que pudieras darte cuenta más exacta. Te voy a contar en grandes rasgos lo que han hecho y lo que falta todavía; el cuarto de baño nuevo ya está terminado, en lo que se trata de albañilería; está ya la cimbra para el piso, lo mismo que para la terraza, y Arámburu dice que dentro de *dos días* cuelan la loza; la colocación de los muebles de baño la van a hacer hoy mismo para poder dejar los registros donde van las conexiones. En realidad lo que falta de ese cuarto es aplanar las paredes por fuera y por dentro y pulir el piso. Los otros dos cuartos, es decir, la recámara y estudio, ya están listos, solamente falta pintar las puertas. Los cuartitos de abajo de la casita de atrás del jardín grande, donde van a vivir Liborio y Cruz, están ya completamente *listos*, con baño y todo, lo mismo que la bodega. Creo que esta semana terminarán en realidad *lo principal* y sólo quedarán por hacer detalles chicos, como es pintura de puertas, pulida de pisos y cambio de muebles ya a su lugar definitivo. Toda la instalación eléctrica ya está arreglada desde los patios hasta todas las piezas de la casa grande y chica. En San Ángel ya terminaron la pared y el cuarto de criados, solamente falta la pintura y resane de donde están ahora los tableros de la casa chica, los que se traerán a Coyoacán para colocarlos en las piezas vacías cuando yo me mude a mi lado. La recámara donde ahora están provisionalmente los muebles de mi estudio, te la voy a arreglar para *tu recámara*, y yo creo que quedarás muy bien pues tienes salida directa a la terraza y estás cerca de tus ídolos, ¿no crees? Todavía falta que hagan el zaguán chico en lo que ahora es la bodega, pero eso se hará hasta lo último para que coloquen la puerta el mismo día que abran el claro. Como no hay *nadie* que me ayude a supervisar *técnicamente* todo lo que han hecho, pues Juan O'Gorman sólo viene de cuando en cuando, no sé si el trabajo quede enteramente a tu gusto; pero Arámburu ha hecho todo lo que ha podido, y ya ves que el maestro José es muy bueno, lo mismo que el maestro Isabel. Ojalá que te guste todo cuando llegues.

Emma y yo discutimos la cuestión de dónde vas a regresar, si a Coyoacán, San Ángel, o donde estabas antes, y decidimos, a pesar de que yo no te tendré cerca por más tiempo, que lo más práctico sería que volvieras al apartamento en México, pues como tienes que ponerte la penicilina y acabar de arreglarte la boquita, sería muy difícil hacerlo en Coyoacán o en tu estudio; pero naturalmente tú serás el que decidas lo que te parezca mejor, teniendo en cuenta *nada más* que tu salud y tu conveniencia respecto a la enfermera y dentista y las visitas de David; y yo te iré a ver cada vez que tú quieras, *donde estés*.

Ortega saldrá el domingo para San José a las ocho de la mañana, para que llegue allá a las doce, según me dio instrucciones Emma de tu parte, y tú regresarás el mismo domingo o el lunes en la mañana, ¿verdad? Ya tengo ilusión *enorme* de verte.

Ahora te explicaré lo de los gastos. Antes quiero decirte que cobré lo de El Colegio Nacional, pero nada más pagaron *dos meses*, pues el Sr. Cisneros me dijo que tú ya habías cobrado *enero* y que se te debían *dos meses* atrasados, es decir, febrero y marzo, y el que va corriendo se lo pagarán hasta el primero de mayo. Así es que me entregó un cheque por $1579.34, que incluí en las *entradas* como más tarde te especifico con todo detalle. Creo que para la raya de esta semana me ajustará el dinero, pero ya para la que entra, es decir, para el sábado 3 de mayo, que por desgracia toca el día de la Cruz, ya no hay «mosca» y es cuando se les [...]

Notas

La relación con Emma Hurtado («casa chica», «segundo frente» como se denomina popularmente a este tipo de uniones) quedó establecida en 1946, año en el que Diego Rivera firma con ella un convenio para la comercialización de su obra. Ya muerta Frida, contrajeron matrimonio en 1955.

El señor Xólotl y la señorita Xolotzin eran una pareja de perros itzcuintlis.

[c]

Niño mío,

Por favor dile al Sr. Benjamín que si no pueden publicar la carta *íntegra* que mejor no la publiquen, pues puede dar margen a muchas interpretaciones falsas si se mutila. ¿No crees?

Millones de besos de tu niña

Frida

[d]

Niño mío,

Dirás que soy una verdadera mula, pero no se te olvide la semana de Amelia (125.00). Si no los tienes yo se los doy y después me los reemplazas, porque me da pena que crea que porque está mala no le damos nada.

Dice Riquelme que está bastante delicada.

Ni siquiera le preguntaste cómo se sentía.

CARTA A CARLOS PELLICER

12 julio 47

Carlitos lindo,

Aquí te mando el librito que te regalé el otro día. Te ruego que si tienes la copia del poema que me ofreciste, me la mandes. ¡Quiero tanto tenerlo conmigo!

Dale mi cariño a tu mamacita y a ti, todo lo que creas puedo mandarte

Frida

NOTA

La amistad de Carlos Pellicer Cámara (1897-1977) con Diego Rivera se inició en los tempranos veinte, cuando el poeta oriundo de Tabasco era secretario de José Vasconcelos. Diego le pintó un retrato en 1946, último año de su desempeño como director del Departamento de Bellas Artes de la Secretaría de Educación Pública. Por ese tiempo se desarrolla su amistad con Frida, a quien le dedicará en agosto y octubre de 1953 tres hondos sonetos. En 1958, por encargo de Rivera, poco antes de su muerte, realizó la conversión de la casa de Coyoacán en Museo Frida Kahlo.

CARTA A ARCADY BOYTLER

31 de agosto de 1947

Arcasha precioso,

Quise hacer un dibujo de tu bella efigie y me salió un poco «horrendo»; pero si las buenas intenciones sirven para algo, va lleno de ellas, además de todo mi cariño.

Si te extraña el símbolo-ojo que te puse en la frente, es solamente mi deseo de expresar en plástica lo que creo que tú guardas dentro de ti y pocas veces dices: una prodigiosa imaginación, inteligencia y profunda observación de toda la vida. ¿No es cierto?

Hoy, en tu día de cumpleaños, y en toda tu vida te desea que seas muy feliz

Tu Venadito

Frida

Aquí se me cayó la tinta.

NOTA

El realizador cinematográfico Arcady Boytler (1895-1965), nacido en Rusia, fue para Frida un amigo desinteresado y benévolo.

RECADO PARA ANTONI SLONIMSKI

31 oct 1947

Antoni Slonimski

Poeta
Pen Club
[Dibuja un ojo con flecha]

Que no se te olvide la *lista* que le prometiste a la Ministra.

CARTA A CARLOS PELLICER

Noviembre de 1947

No sé cómo me atrevo a escribirte, pero *ayer* dijimos que me hará bien.

Perdona la pobreza de mis palabras, yo sé que tú sentirás que te hablo con mi verdad, que ha sido tuya siempre, y eso es lo que cuenta.

¿Se pueden inventar verbos? Quiero decirte uno:

Yo te *cielo*, así mis alas se extienden enormes para amarte sin medida.

Siento que desde nuestro lugar de origen hemos estado juntos, que somos de la misma materia, de las mismas ondas, que llevamos dentro el mismo sentido. Tu ser entero, tu genio y tu humildad prodigiosos son incomparables y enriqueces la vida; dentro de tu mundo extraordinario, lo que yo te ofrezco es solamente una verdad más que tú recibes y que acariciará siempre lo más hondo de ti mismo. Gracias por recibirlo, gracias porque vives, porque ayer me dejaste tocar tu luz más íntima, y porque dijiste con tu voz y tus ojos lo que yo esperaba toda mi vida.

Para escribirte mi nombre será *Mara* ¿de acuerdo?

Si tú necesitas alguna vez darme tus palabras, que serían para mí la razón más fuerte de seguir viviéndote, escríbeme sin temor a... «Lista de Correos», Coyoacán, ¿Quieres?

Carlos maravilloso,

Llámame cuando puedas por favor.

Mara

NOTA

Las últimas palabras iban escritas en la envoltura que contenía dos flores naturales y la carta. Iguala su tendencia lésbica con la homosexualidad del poeta.

CARTA AL DOCTOR SAMUEL FASTLICHT

Coyoacán, 13 de noviembre de 1947

Estimado compañero,

Ya sé que me va a «recordar» a todos mis antepasados, porque he dejado de ir a verlo ya tres semanas, pero le ruego comprenda que no es por decidia ni flojera; he estado trabajando (los ratos que el «espinazo» me deja), y ya le tengo el retrato muy adelantado. Quiero terminarlo entre esta semana y la otra, pues la pasada me tuve que quedar en cama algunos días, pues siempre me siento de un cansado «subido», es decir: *fregadísima*. Por eso no voy *hoy*, como había prometido, pero al *final de la semana que entra* le *aseguro* que le terminaré el retrato y se lo llevaré. Me he sentido muy bien de «los molares» gracias a Ud.

Frida Kahlo

Perdóneme, y le mando hartos saludos.

Frida

No se enoje conmigo, ¿de acuerdo?
Ahí le mando la macetita que le prometí

NOTA

Frida había hecho un arreglo con el dentista Samuel Fastlicht para pagarle con obra sus servicios profesionales. Cumplió el trato entregándole dos naturalezas muertas, una de 1951 (óleo sobre tela, 28.2 x 36 cm), con la siguiente inscripción en una banderola: «Soy de Samuel Fastlicht. Me pintó con todo cariño Frida Kahlo en 1951. Coyoacán», y otra de 1952 (óleo sobre tela, 25.8 x 44 cm), en cuya banderola se lee: «Para Samuel Fastlicht pintó con todo amor, Frida Kahlo. En la ciudad de Puebla, 1952». Antes, en el año de esta carta, el dentista le encargó un autorretrato. Frida se esmeró en representarse como tehuana con atuendo de gala (1948, óleo sobre tela, 50 x 39.5 cm).

[123]

TARJETA PARA DIEGO RIVERA EN SU CUMPLEAÑOS

Diciembre 8 de 1947. Coyoacán

Niño de mis ojos,
   tú sabes lo que yo quisiera darte hoy, y toda la vida. Si estuviera en mis manos ya lo tendrías.
   Al menos puedo ofrecerte para estar contigo en todo... mi corazón
   Tu niña
            Fisita

CARTA AL DOCTOR SAMUEL FASTLICHT

Enero 9 de 1948, Coyoacán

Sr. Dr. Samuel Fastlicht
Presente.

Estimado compañero,

Aquí tiene usted finalmente la pintura. Me tardé mucho más tiempo del convenido porque últimamente he tenido una temporada de «friegas» doble anchas que no tengo palabras cómo describirlas. Todo ese estado de ánimo se refleja naturalmente en mi autorretrato. Quizá a usted no le guste nada, y tiene todo el derecho a decírmelo sinceramente. A mí sí me gusta puesto que es la expresión exacta de mi emoción y es lo que a todo pintor sincero le interesa. Pero como usted es el que compra, la cosa cambia. Me dijo Anita Brenner que el precio le pareció alto. Oiga, compañero, le ruego que no crea que me encajo, sino al contrario, yo vendo mis cuadros en 3000 del águila y a usted, por haber sido tan gentil conmigo, se lo dejo en $2500.00 de los que usted se cobrará 500 que le debo por los molares y a mí nada más me quedan *2000* cerraditos, que en estos tiempos se vuelven «puritito humo». Pero tampoco quiero forzarlo a nada. Si no le parece bien el trato, más tarde le puedo hacer otro más chico y de menos trabajo y éste lo vendemos, por otro lado. Nada más que ahorita estoy de un «bruja» que me lleva... el tren de Laredo, y necesito tener centavos. Por eso hasta me atrevo a mandárselo todavía *fresco*. En una semana voy y se lo barnizo. Ya sabe compañero que entre usted y yo hay franqueza y me puede decir todo lo que se le antoje. Si me manda los centavos déselos por favor a mi hermana Cristina que es la chaparrita que le lleva el cuadro. No voy yo personalmente porque me siento como gato remojado.

Millones de gracias y espero que comprenda claramente que no es encaje de mi parte ni nada que se le parezca.

Le mando hartos saludos y no me mande regañar porque no he ido. Si estuviera usted en mi lugar ya se habría echado de la catedral para abajo.

Que la vida en 1948 y siempre le sea leve es lo que le desea su compañera y amiga sincera.

Frida Kahlo

CARTAS A DIEGO RIVERA

[a]

31 enero 1948

[...] Como siempre, cuando me alejo de ti, me llevo en las entrañas tu mundo y tu vida, y de eso es de lo que no puedo recuperarme.

No estés triste –pinta y vive–
Te adoro con toda mi vida...

[b]

23 febrero 1948

[...] Desafortunadamente ya no soy buena para nada, y todo el mundo ha usurpado mi lugar en esta pinche vida [...]

Te quiero más de lo que puedo expresar...

CARTA AL PRESIDENTE MIGUEL ALEMÁN VALDÉS

Estrictamente personal y confidencial

Coyoacán, octubre 29 de 1948

Al C. Presidente de México
Sr. Lic. Miguel Alemán Valdés
Presente

Miguel Alemán:

Esta carta es una protesta de justa indignación que quiero hacer llegar hasta sus manos en contra de un atentado cobarde y denigrante que se está cometiendo en el país.

Me refiero al hecho intolerable y sin precedente que los arrendatarios del Hotel del Prado están llevando a cabo, cubriendo con tablas la pintura mural de Diego Rivera en el salón comedor de dicho hotel, pintura que por reproducir *la discutida, pero histórica frase* de Ignacio Ramírez «El Nigromante», causó hace unos cuantos meses el ataque más vergonzoso e injusto en la historia de México contra un artista mexicano.

Después de ese ataque publicitario, sucio y solapado, los señores hoteleros cierran con «broche de oro» *su hazaña*, tapando con tablones el mural y... allí no ha pasado nada! Nadie en México protesta! Como se dice vulgarmente: «le echaron tierra al asunto».

Yo sí protesto, y quiero decirle la tremenda responsabilidad histórica que su gobierno asume, permitiendo que la obra de un pintor mexicano, reconocido mundialmente como uno de los más altos exponentes de la Cultura de México, sea cubierta, escondida a los ojos del pueblo de este país y a los del público internacional por razones *sectarias, demagógicas y mercenarias*.

Esa clase de crímenes contra la cultura de un país, contra el derecho que cada hombre tiene de expresar su pensamiento; esos atentados asesinos de la libertad solamente se han cometido en regímenes como el de Hitler y se siguen cometiendo en el gobierno de Francisco Franco, y en el pasado, en la época oscurantista y negativa de la «Santa» Inquisición.

No es posible que usted, que representa en este momento la voluntad del pueblo de México, con libertades democráticas ganadas con el esfuerzo incomparable de un Morelos o de un Juárez, y con el derramamiento de sangre del pueblo mismo, permita que unos cuantos accionistas, en connivencia con algunos mexicanos de mala fe, cubran las palabras de la *Historia de México* y la obra de arte de un ciudadano mexicano a quien el mundo civilizado reconoce como uno de los más insignes pintores de la época.

Da vergüenza sólo pensar en semejante atropello.

Me dirigí amistosamente al director del Instituto Nacional de Bellas Artes, nuestro común amigo Carlos Chávez; él con todo empeño se dirigió oficialmente, llamando la atención sobre el hecho, a Bienes Nacionales, entidad que parece ser la indicada para proteger las obras de arte en conflictos como el presente.

Todas esas gestiones burocráticas, generalmente llevan al silencio, a pesar de la buena voluntad de los amigos y funcionarios.

También sé que las leyes, desgraciadamente, no garantizan debidamente la propiedad artística de nadie, pero usted, como abogado, sabe bien que las leyes son y han sido siempre elásticas.

Hay algo que no está escrito en ningún código, que es la conciencia cultural de los pueblos que no permite que hagan de la Capilla Sixtina de Miguel Ángel una casa de apartamentos.

Por esta razón me dirijo a usted, sencilla y llanamente, no como la esposa del pintor Diego Rivera, sino como artista y ciudadana de México, y con el derecho que me da tal ciudadanía le pregunto:

¿Va usted a permitir que el *Derecho Presidencial que usted mismo dio* protegiendo las obras de arte ejecutadas en edificios pertenecientes a la nación (tal es el caso del Hotel del Prado, que pertenece a Pensiones, es decir, a los empleados públicos del país, aunque «legalmente» una sociedad simulada aparezca como dueña) sea pisoteado por unos mercaderes sectaristas clericales?

¿Usted como ciudadano mexicano y sobre todo como Presidente de su pueblo, va a permitir que se calle la Historia, la palabra, la acción cultural, el mensaje de genio de un artista mexicano?

¿Permitirá usted que se destruya la libertad de expresión, la opinión pública, vanguardia de todo pueblo libre?

Todo esto a nombre de la estupidez, el oscurantismo, «el trinquete» y *la traición de la democracia.*

Le ruego que se conteste a sí mismo honradamente y piense en el papel histórico que como mandatario de México tiene ante un hecho de tal trascendencia.

Planteo el problema ante su conciencia de ciudadano de un país demócrata.

Debe ayudar a esta causa, común a todos los que no vivimos bajo regímenes de opresión vergonzosa y destructora.

Defendiendo la cultura, usted demuestra ante los pueblos del mundo que México *es un país libre.* Que México no es el pueblo inculto y salvaje de los Pancho Villa. Que siendo México demócrata, *lo mismo se respetan las bendiciones del Sr. Arzobispo Martínez que las palabras históricas del «Nigromante». Lo mismo se pintan santos y vírgenes de Guadalupe que pinturas con contenido revolucionario en las escaleras monumentales del Palacio Nacional.*

¡Que vengan del mundo entero a aprender cómo en México se respeta la libertad de expresión!

Usted tiene la obligación de demostrarle a los pueblos civilizados que usted no se vende, que en México se ha luchado con sangre y se sigue luchando para libertar al país de colonizadores, no importa que éstos tengan muchos dólares.

Es el momento de no andarse por las ramas, y de hacer valer su personalidad de mexicano, de Presidente de su pueblo, y de hombre libre.

Una palabra de usted a esos señores arrendatarios de hoteles será un ejemplo fuerte en la historia de la libertad ganada para México.

No debe usted permitir que hagan demagogia «gangsteril» con la dignidad de un decreto suyo y con el acervo cultural del país entero.

Si usted, en este momento decisivo, no obra como auténtico mexicano y defiende sus propios decretos y derechos, entonces ¡¡que vengan las quemas de libros de ciencia, de historia, que se destruyan a pedradas o con fuego las obras de arte, que se expulse del país a los hombres libres, que vengan las torturas, las cárceles y los campos de concentración!! Y le aseguro que muy pronto y sin el menor esfuerzo, tendremos un flamante fascismo ¡*made in México*!

Usted me llamó por teléfono una vez, precisamente desde el estudio de Diego Rivera, para saludarme y recordarme que fuimos compañeros de escuela en la Preparatoria.

Ahora yo le escribo para saludarlo y recordarle que antes que nada somos mexicanos y que no permitiremos que nadie, y mucho menos unos hoteleros, tipo yankee, se monten en el cuello de la cultura de México, *raíz esencial de la vida del país*, denigrando y menospreciando los valores nacionales de importancia mundial, haciendo de una pintura mural, de trascendencia universal, una pulga vestida (Mexican curious).

Frida Kahlo

NOTA

En su contestación del 2 de noviembre siguiente Miguel Alemán le expresaba que no era el Presidente de la República quien debía conocer del asunto por ella planteado, sino la Secretaría de Bienes Nacionales y la Dirección de Bellas Artes: «Aprecio –le decía– el vigor de los conceptos expresados en su carta que contesto y reconozco que si en ella hay pasión, esa pasión se inspira en un fin noble.»

CARTA A DIEGO RIVERA

Diciembre 4 de 1948

Niño de mis ojos,

Estoy en casa de Cuquita, pues no creí que llegarías anoche. El cheque lo cambié ayer pues tuve necesidad de comprar las medicinas de d'Harnoncourt y ya no tenía yo ni un quinto. (Tú me debías $50.00 y le di a Ruth 40.00), así es que me perdonas que me haya atrevido a cambiarlo, pero no me quedaba otro remedio.

Aquí te mando $685.00 (seiscientos ochenta y cinco del águila).

Yo de aquí me voy con el chofer de Cuca a la casa. ¿Vas a comer conmigo? Ya tengo ilusión de verte pues sin ti toda la vida vale bolillo.

La camioneta ya está de la tiznada y apenas arranca. Ojalá y llegue a buena hora. Nos vemos al medio día en la casa. ¿Llegaste bien? ¿No te cansó demasiado el camino?

Ojalá y te encuentre muy contento y mejorado.

Yo estoy igual de flaca y de achacosa y de pen... sadora.

Tu niña

    Fisita

NOTA

René d'Harnoncourt, de origen austriaco, se había ligado a México cuando su jefe Fred Davis abrió una tienda de arte popular en la capital mexicana a mediados de los años veinte. Siendo ayudante de Alfred Barr en el Museo de Arte Moderno de Nueva York, colaboró con Miguel Covarrubias en la exposición *Twenty Centuries of Mexican Art*, presentada en el MOMA en 1940. Amigo de artistas y arqueólogos mexicanos, solía pasar largas temporadas en México.

RETRATO DE DIEGO

Advierto que este retrato de Diego lo pintaré con colores que no conozco: las palabras, y por esto, será pobre; además, quiero en tal forma a Diego que no puedo ser «espectadora» de su vida, sino parte, por lo que –quizá– exageraré lo positivo de su personalidad única tratando de desvanecer lo que, aun remotamente, puede herirlo. No será esto un relato biográfico: considero más sincero escribir solamente sobre el Diego que yo creo haber conocido un poco en estos veinte años que he vivido cerca de él. No hablaré de Diego como de «mi esposo», porque sería ridículo; Diego no ha sido jamás ni será «esposo» de nadie. Tampoco como de un amante, porque él abarca mucho más allá de las limitaciones sexuales, y si hablara de él como de un hijo, no haría sino describir o pintar mi propia emoción, casi mi autorretrato, no el de Diego. Con esta advertencia, y con toda limpieza, trataré de decir la única verdad: la mía, que esboce, dentro de mi capacidad, su imagen.

SU FORMA: con cabeza asiática sobre la que nace un pelo oscuro, tan delgado y fino que parece flotar en el aire, Diego es un niño grandote, inmenso, de cara amable y mirada un poco triste. Sus ojos saltones, oscuros, inteligentísimos y grandes, están difícilmente detenidos –casi fuera de las órbitas– por párpados hinchados y protuberantes como de batracio, muy separados uno del otro, más que otros ojos. Sirven para que su mirada abarque un campo visual mucho más amplio, como si estuvieran construidos especialmente para un pintor de los espacios y las multitudes. Entre esos ojos, tan distantes uno de otro, se adivina lo invisible de la sabiduría oriental, y muy pocas veces desaparece de su boca búdica, de labios carnosos, una sonrisa irónica y tierna, flor de su imagen.

Viéndolo desnudo, se piensa inmediatamente en un niño rana, parado sobre las patas de atrás. Su piel es blanco-verdosa, como de animal acuático. Solamente sus manos y su cara son más oscuras, porque el sol las quemó.

Sus hombros infantiles, angostos y redondos, se continúan sin ángulos en brazos femeninos, terminando en unas manos maravillosas, pequeñas y de fino dibujo, sensibles y sutiles como antenas que comunican con el universo entero. Es asombroso que esas manos hayan servido para pintar tanto y trabajen todavía infatigablemente.

De su pecho hay que decir que: si hubiera desembarcado en la isla que gobernaba Safo, no hubiera sido ejecutado por sus guerreras. La sensibilidad de sus maravillosos senos lo hubieran hecho admisible. Aunque su virilidad, específica y extraña, lo hace deseable también en dominios de emperatrices ávidas de amor masculino.

Su vientre, enorme, terso y tierno como una esfera, descansa sobre sus fuertes piernas, bellas como columnas, que rematan en grandes pies, los cuales se abren hacia fuera, en ángulo obtuso, como para abarcar toda la tierra y sostenerse sobre ella incontrastablemente, como un ser antediluviano, en el que emergiera, de la cintura para arriba, un ejemplar de humanidad futura, lejana de nosotros dos o tres mil años.

Duerme en posición fetal y durante su vigilia, se mueve con lentitud elegante, como si viviera dentro de un medio líquido. Para su sensibilidad, expresada en su movimiento, parece que el aire fuera más denso que el agua.

La forma de Diego es la de un monstruo entrañable, al cual la abuela, Antigua Ocultadora, la materia necesaria y eterna, la madre de los hombres, y todos los dioses que éstos inventaron en su delirio, originados por el miedo y el hambre, LA MUJER, entre todas ellas —YO— quisiera siempre tenerlo en brazos como a un niño recién nacido.

SU CONTENIDO: Diego está al margen de toda relación personal, limitada y precisa. Contradictoria como todo lo que mueve a la vida es, a la vez, caricia inmensa y descarga violenta de fuerzas poderosas y únicas. Se le vive dentro, como a la semilla que la tierra atesora, y fuera, como a los paisajes. Probablemente algunos esperan de mí un retrato de Diego muy personal, «femenino», anecdótico, divertido, lleno de quejas y hasta de cierta cantidad de chismes, de esos chismes «decentes», interpretables y aprovechables según la morbosidad de los lectores. Quizá esperen oír de mí lamentos de «lo mucho que se sufre» viviendo con un hombre como Diego. Pero yo no creo que las márgenes de un río sufran por dejarlo correr, ni la tierra sufra porque llueva, ni el átomo sufra descargando su energía... para mí, todo tiene una compensación natural. Dentro de mi papel, difícil y oscuro, de aliada de un ser extraordinario, tengo la recompensa que tiene un punto verde dentro de una cantidad de rojo: recompensa de *equilibrio*. Las penas o alegrías que norman la vida en esta sociedad, podrida de mentiras, en la que vivo, no son las mías. Si tengo prejuicios y me hieren las acciones de los demás, aun las de Diego Rivera, me hago responsable de mi incapacidad para ver con claridad, y si no los tengo, debo admitir que es natural que los glóbulos rojos luchen contra los blancos sin el menor prejuicio y que ese fenómeno solamente signifique salud.

No seré yo quien desvalorice la fantástica personalidad de Diego, al que respeto profundamente, diciendo sobre su vida estupideces. Quisiera, por el contrario, expresar como se merece, con la poesía que no poseo, lo que Diego es en realidad.

De su pintura habla ya –prodigiosamente– su pintura misma.

De su función como organismo humano se encargarán los hombres de ciencia. De su valiosa cooperación social revolucionaria, su obra objetiva y personal, todos aquellos que sepan medir su trascendencia incalculable en el tiempo; pero yo, que le he visto vivir veinte años, no tengo medios para organizar y describir las imágenes vivas que, aunque fuera débilmente, pero con hondura, dibujaran siquiera lo más elemental de su figura. Desde mi torpeza, saldrán solamente unas cuantas opiniones y serán el único material que pueda ofrecer.

Las raíces profundas, las influencias externas y las verdaderas causas que condicionan la personalidad inigualable de Diego, son tan vastas y complejas que mis observaciones serán pequeños brotes en las múltiples ramas del árbol gigantesco que es Diego.

Son tres las direcciones o líneas principales que yo considero básicas en su retrato: la primera, la de ser un luchador revolucionario constante, dinámico, extraordinariamente sensible y vital; trabajador infatigable en su oficio, que conoce como pocos pintores en el mundo; entusiasta fantástico de la vida y, a la vez, descontento siempre de no haber logrado saber más, construir más y pintar más. La segunda: la de ser un curioso eterno, investigador incansable de todo, y la tercera: su carencia absoluta de prejuicios y, por tanto, de fe, porque Diego acepta —como Montaigne— que «allí donde termina la duda comienza la estupidez» y, aquel que tiene fe en algo admite la sumisión incondicional, sin libertad de analizar o de variar el curso de los hechos. Por este clarísimo concepto de la realidad, Diego es rebelde y, conociendo maravillosamente la dialéctica materialista de la vida, Diego es revolucionario. De este triángulo, sobre el que se elaboran las demás modalidades de Diego, se desprende una especie de atmósfera que envuelve el total. Esta atmósfera móvil es el amor, pero el amor como estructura general, como movimiento constructor de belleza. Yo me imagino que el mundo que él quisiera vivir, sería una gran fiesta en la que todos y cada uno de los seres tomara parte, desde los hombres hasta las piedras, los soles y las sombras: todos cooperando con su propia belleza y su poder creador. Una fiesta de la forma, del color, del movimiento, del sonido, de la inteligencia, del conocimiento, de la emoción. Una fiesta esférica, inteligente y amorosa, que cubriera la superficie entera de la tierra. Para hacer esa fiesta, lucha continuamente y ofrece todo cuanto tiene: su genio, su imaginación, sus palabras y sus acciones. Lucha, cada instante, por borrar en el hombre el miedo y la estupidez.

Por su deseo profundo de ayudar a transformar la sociedad en que vive en una más bella, más sana, menos dolorosa y más inteligente, y por poner al servicio de esa Revolución Social, ineludible y positiva, toda su fuerza creadora, su genio constructor, su sensibilidad penetrante y su trabajo constante, a Diego se le ataca continuamente. Durante estos veinte años lo he visto luchar contra el complicadísimo engranaje de las fuerzas negativas contrarias a su empuje de libertad y transformación. Vive en un mundo hostil porque el enemigo es mayoría, pero esto no lo acobarda, y mientras viva, saldrán siempre de sus manos, de sus labios y de todo su ser, alientos nuevos, vivos, valientes y profundos de combate.

Como Diego, han luchado ya todos los que trajeron a la tierra una luz; como ellos, Diego no tiene «amigos», sino aliados. Los que emergen de sí mismos son magníficos; su inteligencia brillante, su conocimiento profundo y claro del material humano dentro del que trabaja, su experiencia sólida, su gran cultura no de libros, sino inductiva y deductiva; su genio y su deseo de construir, con cimientos de realidad, un mundo limpio de cobardía y de mentira. En la sociedad en que vive, somos sus aliados todos los que, como él, nos damos cuenta de la necesidad imperativa de destruir las bases falsas del mundo actual.

Contra los ataques cobardes que se le hacen, Diego reacciona siempre con firmeza y con un gran sentido del humor. Nunca transige ni cede: se enfrenta abiertamente a sus enemigos, solapados la mayoría y valerosos algunos, contando siempre con la realidad, nunca con elementos de «ilusión» o de «ideal». Esta intransigencia y rebeldía son fundamentales en Diego; complementan su retrato.

Entre las muchas cosas que se dicen de Diego éstas son las más comunes: le llaman mitómano, buscador de publicidad y, la más ridícula, millonario. Su pretendida mitomanía está en relación directa con su tremenda imaginación, es decir, es tan mentiroso como los poetas o como los niños a los que todavía no han idiotizado la escuela o sus mamás. Yo le he oído decir toda clase de mentiras: desde las más inocentes, hasta las historias más complicadas de personajes a quienes su imaginación combina en situaciones y procederes fantásticos, siempre con gran sentido de humor y crítica maravillosa; pero nunca le he oído decir una sola mentira estúpida o banal. Mintiendo, o jugando a mentir, desenmascara a muchos, aprende el mecanismo interior de otros, mucho más ingenuamente mentirosos que él, y lo más curioso de las supuestas mentiras de Diego es que, a la larga o a la corta, los involucrados en la combinación imaginaria se enojan, no por la mentira, sino por la verdad contenida en la mentira, que siempre sale a flote. Es entonces cuando se «alborota el gallinero», pues se ven descubiertos en el terreno en que precisamente se creían protegidos. Lo que en realidad sucede es que Diego es de los muy pocos que se atreven a atacar por la base, de frente y sin miedo, a la estructura llamada MORAL de la hipócrita sociedad en que vivimos, y como la verdad no peca pero incomoda, aquellos que se ven descubiertos en sus más recónditos móviles secretos, no pueden sino llamar a Diego mentiroso, o cuando menos, exagerado.

Dicen que busca publicidad. Yo he observado que más bien tratan de hacerla los otros con él, para sus propios intereses, sólo que lo hacen con métodos jesuitas mal aplicados, porque generalmente les sale «el tiro por la culata». Diego no necesita publicidad, y mucho menos la que en su propio país se le obsequia. Su trabajo habla por sí mismo. No solamente por lo que ha hecho en la tierra de México, donde desvergonzadamente se le insulta más que en ninguna otra parte, sino en todos los países civilizados del mundo, en los que se le reconoce como uno de los hombres más importantes y geniales en el campo de la cultura. Es increíble, por cierto, que los insultos más bajos, más cobardes y más estúpidos en contra de Diego hayan sido vomitados en su propia casa: México. Por medio de la prensa, por medio de actos bárbaros y vandálicos con los que han tratado de destruir su obra, usando desde las inocentes sombrillas de las señoras «decentes», que rayan sus pinturas hipócritamente, y como de pasada, hasta ácidos y cuchillos de comedor, no olvidando el salivazo común y corriente, digno de los poseedores de tanta saliva como poco seso; por medio de letreros en las paredes de las calles en las que se escriben palabras nada adecuadas para un pueblo tan católico; por medio de grupos de jóvenes «bien educados» que apedrean su casa y su estudio destruyendo insustituibles obras de arte mexicano precortesiano —que forman parte de las colecciones de Diego—, los que después de hacer su «gracia» echan a correr; por medio de cartas anónimas (es inútil hablar del valor de sus remitentes) o por medio del silencio, neutral y pilatesco, de personas en el poder, encargadas de cuidar o impartir cultura para el buen nombre del país, no dándole «ninguna importancia» a tales ataques contra la obra de un hombre que con todo su genio, su esfuerzo creador, único, trata de defender, no sólo para él, sino para todos, la libertad de expresión.

Todas estas maniobras a la sombra y a la luz se hacen en nombre de la democracia, de la moralidad y de ¡Viva México! —también se usa, a veces, ¡Viva Cristo Rey!—. Toda esta publicidad que Diego no busca, ni necesita, prueba dos cosas: que el trabajo, la obra entera, la indiscutible personalidad de Diego son de tal importancia que tienen que tomarse en cuenta por aquellos a quienes él echa en cara su hipocresía y sus planes arribistas y desvergonzados; y el estado deplorable y débil de un país —semicolonial— que permite que sucedan en 1949 cosas que solamente podrían acontecer en plena Edad Media, en la época de la Santa Inquisición o mientras imperó Hitler en el mundo.

Para reconocer al hombre, al maravilloso pintor, al luchador valiente y al revolucionario íntegro, esperan su muerte. Mientras viva habrá muchos «machos», de ésos que han recibido su educación en el «paquín», que seguirán apedreando su casa, insultándolo anónimamente o por medio de la prensa de su propio país y otros, todavía más «machos», *pico de cera*, que se lavarán las manos y pasarán a la historia envueltos en la bandera de la prudencia.

Y le llaman millonario... La única verdad en esto de los millones de Diego es ésta: siendo artesano, y no proletario, posee sus útiles de producción —es decir, de trabajo—, una casa en la que vive, trapos que echarse encima y una camioneta desvencijada que le sirve como a los sastres las tijeras. Su tesoro es una colección de obras escultóricas maravillosas, joyas del arte indígena, corazón vivo del México verdadero, que con indecibles sacrificios económicos ha logrado reunir en más de treinta años para colocarla en un museo que está construyendo desde hace siete. Esta obra la ha levantado con su propio esfuerzo creador y con su propio esfuerzo económico, es decir, con su talento maravilloso y con lo que le pagan por sus pinturas; la donará a su país, legando a México la fuente más prodigiosa de belleza que haya existido, regalo para los ojos de los mexicanos que los tengan y admiración incalculable para los de afuera. Excepto esto, económicamente no tiene nada; no posee otra cosa que su fuerza de trabajo. El año pasado no tenía dinero suficiente para salir del hospital, después de sufrir una pulmonía. Todavía convaleciente, se puso a pintar para sacar los gastos de la vida diaria y los salarios de los obreros que, como en los gremios del Renacimiento, cooperan con él para construir la obra maravillosa del Pedregal.

Pero a Diego los insultos y los ataques no lo cambian. Forman parte de los fenómenos sociales de un mundo en decadencia y nada más. La vida entera le sigue interesando y maravillando, por cambiante, y todo le sorprende por bello, pero nada le *decepciona* ni le acobarda porque conoce el mecanismo dialéctico de los fenómenos y de los hechos.

Observador agudísimo, ha logrado una experiencia que, unida a su conocimiento —podría yo decir, interno, de las cosas— y a su intensa cultura, le permite desentrañar las causas. Como los cirujanos, abre para ver, para descubrir lo más hondo y escondido y lograr algo cierto, positivo, que mejore las circunstancias y el funcionamiento de los organismos. Por eso Diego no es ni derrotista ni triste. Es, fundamentalmente, constructor, y sobre todo, arquitecto. Es arquitecto en su pintura, en su proceso de pensar y en el deseo apasionado de estructurar una sociedad anónima, funcional y sólida. Compone siempre con elementos precisos, matemáticos. No importa si su composición es un cuadro, una casa o un argumento. Sus cimientos son siempre la realidad. La poesía que sus obras contienen es la de los números, la de las fuentes vivas de la historia. Sus leyes, las leyes físicas y firmes que rigen la vida entera de los átomos a los soles. Prueba magnífica de su genio de arquitecto son sus murales que se ligan, viven, con la construcción misma del edificio que los contiene, con la función material y organizada de ellos.

La obra estupenda que está construyendo en el pueblo de San Pablo Tepetlapa, a la que él llama *el anahuacalli* (casa de Anáhuac), destinada a guardar su inigualable colección de escultura antigua mexicana, es un enlace de formas antiguas y nuevas, creación magnífica que hará perdurar y revivir la arquitectura incomparable de la tierra de México. Crece en el paisaje increíblemente bello del Pedregal como una enorme cactácea que mira al Ajusco, sobria y elegante, fuerte y fina, antigua y perenne; grita, con voces de siglos y de días, desde sus entrañas de piedra volcánica: ¡México está vivo! Como la Coatlicue, contiene la vida y la muerte; como el terreno magnífico en que está erigida, se abraza a la tierra con la firmeza de una planta viva y permanente.

Trabajando siempre, Diego no vive una vida que pudiera llamarse normal. Su capacidad de energía rompe los relojes y los calendarios. Materialmente, le falta tiempo para luchar, sin descanso, proyectando y realizando constantemente su obra. Genera y recoge ondas difíciles de comparar a otras, y el resultado de su mecanismo receptor y creador, siendo tan vasto y tan inmenso, jamás lo satisface. Las imágenes y las ideas fluyen en su cerebro con un ritmo diferente a lo común y por esto su intensidad de fijación y su deseo de hacer siempre más son incontenibles. Este mecanismo lo hace indeciso. Su indecisión es superficial porque, finalmente, logra hacer lo que le da la gana con una voluntad segura y planeada. Nada pinta mejor esta modalidad de su carácter que aquello que una vez me contó su tía Cesarita, hermana de su madre. Recordaba que, siendo Diego muy niño, entró en una tienda, de esos tendajones mixtos llenos de magia y de sorpresa que todos recordamos con cariño, y parado frente al mostrador, con unos centavos en la mano miraba y repasaba todo el universo contenido dentro de la tienda, mientras gritaba desesperado y furioso: ¡Qué quiero! La tienda se llamaba «El Porvenir», y esta indecisión de Diego ha durado toda la vida. Pero aunque pocas veces se decide a escoger, lleva dentro una línea-*vector* que va directamente al centro de su voluntad y su deseo.

Siendo el eterno curioso, es, a la vez, el eterno conversador. Puede pintar horas y días sin descanso, charlando mientras trabaja. Habla y discute de todo, absolutamente de todo, gozando, como Walt Whitman, con todos los que quieran oírlo. Su conversación siempre interesa. Tiene frases que asombran, que a veces hieren; otras conmueven pero jamás deja al que oye con la impresión de inutilidad o de vacío. Sus palabras inquietan tremendamente por vivas y ciertas. La crudeza de sus conceptos enerva o descontrola al que lo escucha porque ninguno de éstos comulga con las normas de conducta ya establecidas; rompen siempre la corteza para dejar nacer brotes; hieren para dejar crecer nuevas células. A algunos, a los más fuertes, la conversación y el contenido de verdad de Diego les parece monstruoso, sádico, cruel; a otros, los más débiles, los anula y los anonada y la defensa de éstos consiste en llamarlo mentiroso y fantástico. Pero todos tratan de defenderse de una manera muy semejante a como se defienden contra la vacuna, los que por primera vez en su vida van a ser vacunados. Invocan a la esperanza o a algo que los libre del peligro de la verdad. Pero Diego está desprovisto de fe, de esperanza y caridad. Es por naturaleza extraordinariamente inteligente y no admite fantasmas. Tenaz en sus opiniones, nunca cede, y defrauda a todos los que se escudan en la creencia o en la falsa bondad. De aquí que le llamen amoral y –realmente– no tiene nada que ver con los que admiten las leyes o normas de la moral.

En medio del tormento que para él son el reloj y el calendario, trata de hacer y dejar hacer lo que él considera justo en la vida: trabajar y crear. Le da beligerancia a todas las otras direcciones, es decir, nunca menosprecia el valor de los demás, pero defiende el propio, porque sabe que éste significa ritmo y relación de proporciones con el mundo de la realidad. A cambio de placer, da placer; a cambio de esfuerzo, da esfuerzo. Estando más capacitado que los otros, da mucha mayor cantidad y calidad de sensibilidad pidiendo solamente entendimiento. Muchas veces ni esto consigue, pero no por esto se somete ni se rinde. Muchos de los conflictos que su personalidad superior causa en la vida diaria provienen de ese descontrol natural que provocan sus conceptos revolucionarios en relación a los ya sometidos a un rigor y a una norma. Los problemas que se pudieran llamar de hogar, que varias mujeres hemos tenido cerca de Diego, consisten en lo mismo. Diego tiene una profunda conciencia de clase y del papel que las otras clases sociales tienen en el funcionamiento general del mundo. De las personas que hemos vivido cerca de él, unas queremos ser aliadas de la causa por la que él trabaja y pelea, y otras no. De aquí se origina una serie de conflictos en los que él se ve mezclado, pero de los que no es responsable, puesto que su posición es clara y transparente. Su unidad humana, sin prejuicios, ya sea por genio, por educación o por transformación, no es responsable de la incapacidad de los demás, ni de las consecuencias que ésta aporte a la vida social. Él trabaja para que todas las fuerzas se aprovechen y se organicen con una mayor armonía.

¿Con qué armas se puede luchar a favor o en contra de un ser que está más cerca de la realidad, más dentro de la verdad, si estas armas son morales, es decir, normadas según las conveniencias de determinada persona o sector humano? Naturalmente tienen que ser amorales, rebeldes a lo ya establecido o admitido como bueno o malo. Yo –con la plenitud de mi responsabilidad– estimo que no puedo estar en contra de Diego, y si no soy una de sus mejores aliadas, quisiera serlo. De mi actitud en este ensayo de retrato pueden deducirse muchas cosas, depende de quienes las deduzcan; pero mi verdad, la única que puedo dar acerca de Diego está aquí. Limpia, inmedible en sincerómetros, que no existen, sino con la convicción de lo que respecta a mí misma, mi propia experiencia.

Ningunas palabras describirán la inmensa ternura de Diego por las cosas que tienen belleza; su cariño por los seres que no tienen que ver en la presente sociedad de clases; o su respeto por los que están oprimidos por la misma. Tiene especial adoración por los indios a quienes lo liga su sangre; los quiere entrañablemente por su elegancia, por su belleza y por ser la flor viva de la tradición cultural de América. Quiere a los niños, a todos los animales, con predilección a los perros pelones mexicanos y a los pájaros, a las plantas y a las piedras. Ama a todos los seres sin ser dócil ni neutral. Es muy cariñoso pero nunca se entrega; por esto, y porque apenas tiene tiempo para dedicarse a las relaciones personales, le llaman ingrato. Es respetuoso y fino y nada le violenta más que la falta de respeto de los demás y el abuso. No soporta el truco o el engaño solapado; lo que en México se llama «tomadura de pelo». Prefiere tener enemigos inteligentes que aliados estúpidos. De temperamento es más bien alegre, pero le irrita enormemente que le quiten el tiempo en el trabajo. Su diversión es el trabajo mismo; odia las reuniones sociales y le maravillan las fiestas verdaderamente populares. A veces es tímido, y así como le fascina conversar y discutir con todos, le encanta a veces estar absolutamente solo. Nunca se aburre porque todo le interesa; estudiando, analizando y profundizando en todas las manifestaciones de la vida. No es sentimental pero sí intensamente emotivo y apasionado. Le desespera la inercia porque él es una corriente continua, viva y potente. De buen gusto extraordinario, admira y aprecia todo lo que contiene belleza, lo mismo si vibra en una mujer o en una montaña. Perfectamente equilibrado en todas sus emociones, sus sensaciones y sus hechos, a los que mueve la dialéctica materialista, precisa y real, nunca se entrega. Como los cactus de su tierra, crece fuerte y asombroso, lo mismo en la arena que en la piedra; florece con el rojo más vivo, el blanco más transparente y el amarillo solar; revestido de espinas, resguarda dentro su ternura; vive con su savia fuerte dentro de un medio feroz; ilumina solitario como sol vengador del gris de la piedra; sus raíces viven a pesar de que lo arranquen de la tierra, sobrepasando la angustia de la soledad y de la tristeza y de todas las debilidades que a otros seres doblegan. Se levanta con sorprendente fuerza y, como ninguna otra planta, florece y da frutos.

CARTA AL DOCTOR SAMUEL FASTLICHT

Hospital Inglés, enero 12, 1950

Querido Dr. Fastlicht,

Perdone la lata que le voy a dar. Todavía estoy en el hospital pues «para variar» me volvieron a operar del «espinazo» y hasta mañana sábado me podré ir a mi cantón de Coyoacán. Todavía encorsetada y bastante jo... ven de edad! Pero no estoy desanimada y procuraré empezar a pintar lo más pronto que pueda.

Bueno, doctor, la lata que le voy a dar consiste en esto: el puente de arriba se me rompió. No se lo puedo mandar porque me quedo cual calavera! ¿Qué hago? Y el de abajo se lo mando porque no puedo usarlo hace ya tiempo porque me lastima mucho donde los ganchitos agarran los dientes. Y también quiero preguntarle ¿qué hago? No puedo comer bien y estoy muy fregadísima.

No puedo ir a verlo, y me parece demasiado pedirle que Ud. me haga una visita pues sé lo ocupado que está siempre.

Así es que lo dejo a su buena voluntad y gentileza.

Desde el domingo estaré ya en Coyoacán. Allende 59 (su casa). ¿Quiere mandarme un recado o hablarme al 105221?

Mil gracias y un saludo muy cariñoso de su amiga

Frida

CARTA AL DOCTOR LEO ELOESSER

Coyoacán, 11 de febrero de 1950

Mi doctorcito queridísimo:

Recibí tu carta y el libro; mil gracias por toda tu ternura maravillosa y tu inmensa generosidad conmigo.

¿Cómo estás tú? ¿Qué proyectos tienes? Yo como me dejaste la noche última que te vi, sigo en las mismas.

El doctor Glusker trajo a verme a un doctor Puig, cirujano osteólogo catalán, educado en Estados Unidos. Su opinión es como la tuya de amputar los dedos, pero cree que sea mejor amputar hasta los metatarsos, para obtener una cicatrización menos lenta y menos peligrosa.

Hasta ahora, las cinco opiniones que he tenido son las mismas: *amputación*. Solamente varía el lugar de la amputación. Yo no conozco bien al doctor Puig y no sé a qué decidirme, pues es tan fundamental para mí esta operación que tengo miedo de hacer una pendejada. Yo quiero rogarte que me des tu sincera opinión de lo que debo hacer en este caso. Es imposible ir a Estados Unidos por los motivos que tú conoces y además porque significa una gran cantidad de dinero que no tengo y odio pedirle a Diego, pues sé que en este momento representa un esfuerzo mucho mayor para él, pues el peso vale *mierda*. Si la operación en sí no es una cosa del otro mundo ¿crees tú que esta gente pueda hacérmela? ¿O debo esperar a que tú pudieras venir, o debo conseguir la «mosca» y hacerla allá contigo? Ya estoy desesperada, pues si realmente hay que hacerla lo mejor será enfrentarse al problema lo más pronto posible ¿no te parece?

Aquí montada en la cama, me siento que estoy vegetando como una col y, al mismo tiempo, creo que hay que estudiar para lograr un resultado positivo desde el punto de vista puramente mecánico. Es decir: poder andar, para poder trabajar. Pero me dicen que como la pierna está tan fregada, la cicatrización será lenta, pasaré unos meses invalidada para caminar.

Un médico joven, el doctor Julio Zimbrón, me propone un tratamiento extraño que quiero consultarte, pues no sé hasta qué punto sea positivo. Dice que él me garantiza que la gangrena *desaparece*. Se trata de unas inyecciones *subcutáneas* de *gases ligeros,* helio, hidrógeno y oxígeno... Tú, así a la ligera ¿qué crees que pueda haber de cierto en todo esto? ¿No podrán formarse embolias? Yo le tengo bastante miedo... Dice que él cree que con su tratamiento no necesito yo de la amputación. ¿Tú crees que sea verdad?

Me traen loca y desesperada. ¿Qué debo hacer? Estoy como idiotizada y muy cansada ya de esta chingadera de pata, y ya quisiera estar pintando y no preocuparme de tantos problemas. Pero ni modo, me tengo que fregar hasta que se me resuelva la situación...

Por favor, lindo mío, sé tan bueno de aconsejarme lo que creas que debo yo hacer.

El libro de Stilwell parece fantástico, ojalá y me consigas más sobre Tao, y los libros de Agnes Smedley sobre China.

¿Cuándo volveré a verte? Me hace tanto bien saber que tú realmente me quieres y que no importa dónde andes tú me cielas (de cielo). Siento que esta vez solamente te vi unas horas. Si estuviera yo sana me iría contigo a ayudarte, para hacer que la «gente» se transforme en verdaderos seres útiles a los demás y a sí mismos. Pero así como estoy, no sirvo ni para tapón de caño.

Te adora

tu Frida

CARTA A DIEGO RIVERA

Para el Sr. Diego de parte de Frida

Coyoacán, feb. 17, 1950

Diego, niño de mis ojos; aquí está el recibo que mandó Coqui (en el sobre mismo que tú mandaste).

Las radiografías están muy bien hechas. Ya las verás a la noche.

Te hice copia del reporte para que lo leas, no lo pierdas por favor.

Come bien amor y vente temprano.

Tu antigua ocultadora dada al catre.

Tu
Frida

CARTA AL DOCTOR SAMUEL FASTLICHT

Coyoacán, 1° febrero 1951

Querido camarada,

Aquí van las muelas. Lo que le pinté de rojo es lo que más me lastima. La encía ya está casi ulcerada, y usted se puede imaginar cómo está su compañera!, ¡echando chispas! Pero estoy tan agradecida con su gentileza que no tengo palabras con que expresarle mis sentimientos.

Oiga compañero, ¿qué no sería mucha lata para usted darme dos recetas para comprar dos ampolletas de *demerol* para poder dormir a gusto hoy y mañana? Solamente me las venden con receta para narcóticos.

No sabe usted cómo se lo agradecería si fuera tan buena gente de dármelas. Ya está bueno de molederas, ¿verdad?

Mil gracias y hartos saludos cariñosos con un beso de

Frida

NOTA

Según recuerda su hija Graciela, el doctor Samuel Fastlicht prefirió destruir su recetario para evitar que su simpatía por Frida lo inclinara a realizar algo indebido.

RETRATO DE WILHELM KAHLO

Pinté a mi padre Wilhelm Kahlo, de origen húngaro-alemán, artista fotógrafo de profesión, de carácter generoso, inteligente y fino, valiente porque padeció durante sesenta años epilepsia, pero jamás dejó de trabajar y luchó contra Hitler.

Con adoración, su hija

Frida Kahlo

NOTA

Escrito en la parte inferior de la pintura de 1951, óleo sobre masonite, 60.5 x 46.5 cm.

RECADOS PARA DIEGO RIVERA

[a]

Dieguito mío, amor de todos los corazones:

Habló Miguel el chofer que mañana miércoles le es imposible venir porque está muy enfermo. Asegúrate al General Trastorno por mientras o si no a Ruthy para que te lleve y te cuide.

Tu Fisita, Frida

[b]

Niño mío:

Gracias por tus maravillosas flores, es decir, nuestras flores. Cielo, con tal de verte no importa que me despiertes, pero lo que me preocupa es que tú descanses bien.

Duerme donde sea más fácil para ti. Yo espero hasta que tú puedas venir con más calma. No trabajes demasiado, cuídate mucho tus ojitos.

Te mando, como siempre, todo mi corazón

tu niña

antigua Ocultadora

Fisita

CARTA A ANTONIO RODRÍGUEZ

[...] Algunos críticos han tratado de clasificarme como surrealista, pero no me considero como tal [...] En realidad no sé si mis cuadros son surrealistas o no, pero sí sé que representan la expresión más franca de mí misma [...] Odio el surrealismo. Me parece una manifestación decadente del arte burgués. Una desviación del verdadero arte que la gente espera recibir del artista [...] Quisiera ser merecedora, junto con mi pintura, de la gente a la que pertenezco y de las ideas que me dan fuerza [...] Quisiera que mi obra contribuyera a la lucha de la gente por la paz y la libertad...

NOTA

Antonio Rodríguez (Portugal, 1908-México, 1993), crítico de arte, periodista, promotor cultural, fotógrafo, entrevistó y fotografió a Frida, quien le dedicó en 1944 un autorretrato muy surrealista: «Con amor para Toño».

NOTA PARA ELENA VÁZQUEZ GÓMEZ
Y TERESA PROENZA

Sábado 21 de junio, 1952

Elenita y Tere, las más queridas de mi corazón.

Perdonen que haya salido raudamente, procediendo al falaz alejen de Coyoacán, *sin verlas*. Pero las llevo conmigo dentro, *siempre*. Es solamente por dos días, aunque Clemente Robles quería que fueran ocho, pero le voy a pintar un poderoso «estradivarius». Y aquí me tendrán el lunes o martes.

En la ausencia quizá Dieguito se case con alguna princesa altiva o con quien pesque en ruin barca. Está perdonado *for ever*.

Por lo más maravilloso que quieran en este mundanal ruido, les suplico que estén *cerca* de él, de nuestro niño grandote y magnífico, así solamente estaré tranquila.

Les dejo mi amor. Se portan bien, y que la vida les sea leve. Su hermana que las adora.

Frida

NOTA

De la estrecha amistad con Elena y Teresa dejó Frida testimonio al mandar escribir sus nombres en las paredes de su recámara.

PRESENTACIÓN PARA ANTONIO PELÁEZ

Antonio Peláez, pintor que ha captado la esencia de lo mexicano y cuya obra me parece prodigiosa como contenido, calidad humana y social.

El pueblo puede enorgullecerse de tener a un pintor tan admirable, conocedor de su oficio, de su papel dentro de la sociedad, consciente de la belleza que ofrece a los ojos de México y del mundo con la humildad más honrada y limpia.

Frida Kahlo

NOTA

En la galería dirigida por Lola Álvarez Bravo mostró Antonio Peláez (1921-1994) primordialmente retratos en pintura y dibujo, entre ellos los de Frida Kahlo, Ruth Rivera, Lupe Marín y Guadalupe Amor.

RECADO PARA CARLOS CHÁVEZ

Coyoacán. Diciembre de 1952

Carlitos,

Me llamó Alma Reed en este momento y dice que estás en la mejor actitud de prestarme tu cuadro. No sabes cómo te lo agradezco, pues es la primera vez que hace Lola Álvarez Bravo una exposición completa de mis cosas. (Jamás, como tú lo sabes, se ha hecho en México.) Que esta carta te sirva de recibo, para recuperar tu cuadro. Cómo estás. Yo hace siglos que vivo aprisionada en la cama, salvo determinados días que me sacan a pasear algunos amigos.

Mis saludos cariñosos a todos los de tu casa. A ti, como siempre, mi cariño especial.

Frida Kahlo

Puedes entregar el cuadro al portador de ésta con toda confianza.

NOTAS

Frida solicitaba el cuadro para la única exposición individual de su obra presentada en México mientras ella vivió. Fue inaugurada el 13 de abril de 1953 en la galería de la fotógrafa y promotora cultural Lola Álvarez Bravo. El 15 de diciembre de 1952 Chávez contestó muy afectuosamente el recado: «Frida: Según te dije por teléfono, recibí tu carta de hace pocos días en la que me pedías prestara a la galería de Lola Álvarez Bravo la pintura tuya *Naturaleza muerta*, de mi propiedad, para una exposición completa de tu obra. Entregué el cuadro al muchacho que me trajo tus líneas [...] Estos renglones no tienen más objeto que confirmarte mi gran deseo de cooperar aunque sea en esta forma tan pequeña al éxito de tu Exposición».

La *Naturaleza muerta* de 1942 nunca le fue devuelta a Carlos Chávez, a pesar de habérsela reclamado a Frida en una breve carta del 9 de octubre de 1953 y otra más extensa del 6 de febrero de 1954. El incumplimiento fue consecuencia, seguramente, de la reyerta entre Diego Rivera y Chávez por el mural transportable *Pesadilla de guerra y sueño de paz*, pintado en el vestíbulo del Palacio de Bellas Artes, el cual fue retirado subrepticiamente del bastidor el 17 de marzo de 1952 para impedir que participara en la exposición Veinte Siglos de Arte Mexicano que se presentaría en París, Estocolmo, Londres y otras capitales europeas. La *Naturaleza muerta* se exhibe en el Museo Frida Kahlo. En una carta a Fernando Gamboa del 24 de febrero de 1978, refiriéndose a otro préstamo de obra, Chávez dice: «Diego Rivera me robó el cuadro de Frida».

TARJETA PARA DIEGO RIVERA EN SU CUMPLEAÑOS

Mis sinceras felicitaciones a mi niño Diego

Coyoacán, diciembre 8 de 52

Niño mío,

Aquí se queda tu compañera, alegre y fuerte cual debe ser; espera pronto ya tu regreso para ayudarte, amarte siempre en son de PAZ.

Tu antigua ocultadora

Frida

RECADO PARA RIVERA, PROENZA
Y VÁZQUEZ GÓMEZ

Niñas divinas Elenita gout of mi Teresita.

Dieguito, niño de mi vida.

Aquí le manda su niña de usted el cuadrito para Ehrenburg. Por favor le suplico lo fotografíe (amplificado) el Sr. Zamora, para por medio de Elenita y Teresita se pongan de acuerdo cómo hacerlo llegar a su destino.

Los extraño como al aire y tienen que cumplir su promesa de venir el sábado próximo aquí donde está su loqueta pintora.

Fisita Kahlito

A Judith Ferrero avisen en dónde [...] arreglar la forma como voy a enviar a Stalin. Su cuadrito que estará listo para exhibirlo...

NOTAS

Escrito en la cara posterior de un *collage* hecho por Frida con postales, calcomanías y toques de acuarela y plumón. Colección Jacques y Natasha Gelman.

Rivera se había encontrado en 1952 con su viejo amigo Ilia Ehrenburg en Viena, durante el Congreso de los Pueblos por la Paz (12-19 de diciembre). Ahí discutieron no muy amigablemente sobre tendencias artísticas. Ese choque de ideas tuvo repercusión en México, sobre todo después de que Frida lo comentó con Dionisio Encinas, secretario general del Partido Comunista Mexicano, al que ella se había incorporado. Es posible que para limar asperezas Rivera le hubiera pedido a Frida que realizara alguna miniatura para enviarla al escritor ruso. Por entonces Frida trabajó un retrato de Stalin que no salió de su estudio.

Guillermo Zamora era por entonces el fotógrafo de cabecera de Diego Rivera.

RECADO PARA GUADALUPE RIVERA MARÍN

Piquitos linda,

Qué mala suerte para mí que no pudiste venir, pero espero que prontito te veré. Mientras te mando millones de besos. Lo mismo a Pablito y un saludo cariñoso a Ernesto.

Oye chula, el artículo sobre mí me parece *muy gacho*, ¿no piensas igual?, pero si ya lo aceptaron en la revista que lo publiquen. Gracias por haberme avisado, pues Loló ni siquiera me lo había enseñado. A tu papá le parece bien.

Mil besos de tu

Fridu

NOTAS

Piquitos o Pico era el apodo de Guadalupe Rivera Marín, hija de Diego y Lupe Marín.

Loló de la Torriente, periodista y escritora cubana, es autora de *Memoria y razón de Diego Rivera*.

EN UNA HOJA CON DIBUJOS SURREALISTAS

Sentir en mi propio dolor
el dolor de todos los que
sufren y alentarme
en la necesidad de
vivir para luchar
por ellos
          Frida

SOBRE UNA PLACA DE RADIOGRAFÍA

[*Se dibuja, en tinta azul y roja, de torso completo y pies unidos a las costillas. Al centro una vagina. De los senos caen gotas. Las manos pegadas a muñones de brazos. A su izquierda un astro acuoso.*]

Diego mi amor
Pura farsa, ni a Freud le interesaría.
¿Por qué me puse a dibujar esto que me impulsa a destruir?
Yo quiero construir. Pero yo no soy sino una parte insignificante pero importante de un todo del que todavía no tengo conciencia. Nada hay nuevo dentro de mí. Solamente lo viejo y estúpido que me dejaron mis padres.
¿Qué es la alegría?
La creación al descubrir.
El conocer lo demás
Es una herencia vacía
Cuando no se tiene talento y se tiene inquietud más vale desaparecer y dejar a los demás «probar»
NADA
MIERDA
Todo puede tener belleza, aun lo más horrible.
Más vale callar.
¿Quién sabe de química?
¿   "   "   " biología?
¿   "   "   " vida?
¿   "   "   " construir cosas?
Qué maravillosa está la vida con Frida.

ESCRITO Y RECADO PARA DIEGO RIVERA

[a]

Materia micrada
martirio membrillo
metralla micrón

Ramas, mares, amargamente entraron en los ojos idos. Osas mayores, voz callada, luz.

Diego:

Verdad es muy grande que yo no quisiera ni hablar ni dormir, ni oír, ni querer. Sentirme encerrada sin miedo a la sangre, sin tiempo ni magia, dentro de tu mismo miedo y dentro de tu gran angustia y en el mismo ruido de tu corazón.

Toda esta locura, si te la pidiera, yo sé que sería, para tu silencio, sólo turbación.

Te pido violencia en la sinrazón, y tú me das gracia, nido, luz, calor.

Pintarte quisiera, pero no hay colores, por haberlos tantos! en mi confusión. La forma concreta de mi gran amor.

Cada momento él es mi niño. Mi niño nacido diario de mí misma.

[b]

Niño mío,

mil gracias por lo que mandaste con Sixto.

Me llamó la bella Lupe Prieto, de Cuernavaca. Que le urge a ella y a Manuel Reachi que te comuniques con él al número siguiente: 1240. Pero que es muy urgente, que tú ya sabes por qué.

Terminé ya el cuadro.

Vinieron David y Parrés, me encontraron mucho mejor, ¡qué bueno! Iban para Cuernavaca.

Hoy en la tarde le sigo a otro cuadro.

Toda mi vida para ti.

Tu antigua Ocultadora

Frida

NOTA

En la casa del productor de cine Santiago Reachi, en Cuernavaca, pintó Diego Rivera en 1953 algunos tableros murales.

CARTA A MACHILA ARMIDA

Febrero, sábado 14, 1953

María Cecilia, frutal y maravillosa:

Tú, tu obra, todo lo que te mueve a vivir, es en esfera, armonía, toda tú eres genial y la expresión de tu vida en tus cuadros extraordinarios tan íntimos y tan enormes, tan populares y tan bellos, revolucionarios desde la médula, que para mí son el universo. Ojalá amor mío que nunca te sientas *sola* porque antes que nadie está tu *vida* y la de tu niña.

Manda al carajo a toda la sociedad estúpida, podrida en mentiras, del capitalismo y el imperialismo norteamericano. Tú, Diego y yo esperamos la paz en el mundo entero. La revolución es ineludible.

Que tú vivas muchos años María Cecilia. Porque pocas personas tienen el genio que tú tienes.

Cuida mucho a mi Diego, niño de mis ojos, en mi corazón y en el tuyo.

Gracias por los dos cielos de tus ojos. Yo también *te cielo*, te guardo dentro de mi vida, te lluevo cuando tú te sientas con sed, te arrimo a tu corazón a mi Diego para que tú lo protejas. Siempre.

Diego ya no estoy sola porque Machila está cerca de mí y de ti.

NOTA

María Cecilia Armida Baz nació el 6 de marzo de 1921. El 19 de noviembre de 1945 se casó con el holandés Leender van Rhijn; de ese matrimonio nació Patricia en 1949 y dos años después sobrevino la separación. Entonces Machila comenzó a trabajar unas composiciones de sentido surrealista en cajas que convertía en pequeñas mesas o vitrinas, las cuales fueron expuestas en 1952, presentadas por Diego Rivera, con quien sostuvo una relación de íntima amistad, celebrada por el pintor en el retrato que le hizo justamente en 1952.

INVITACIÓN DE FRIDA KAHLO A
SU EXPOSICIÓN INDIVIDUAL EN LA GALERÍA
DE ARTE CONTEMPORÁNEO, INAUGURADA
EL 13 DE ABRIL DE 1953

Con amistad y cariño
nacido del corazón
tengo el gusto de invitarte
a mi humilde exposición.

A las ocho de la noche
—pues reloj tienes al cabo—
te espero en la Galería
d'esta Lola Álvarez Bravo.

Se encuentra en Amberes 12
y con puertas a la calle,
de suerte que no te pierdes
porque se acaba el detalle.

Sólo quiero que me digas
tu opinión buena y sincera.
Eres leido y escribido;
tu saber es de primera.

Estos cuadros de pintura
pinté con mis propias manos
y esperan en las paredes
que gusten a mis hermanos

Bueno, mi cuate querido:
con amistad verdadera
te lo agradece en el alma
Frida Kahlo de Rivera.

Coyoacán - 1953

DESPEDIDA Y NOTA A DIEGO RIVERA

[a]

Abril de 1953

Desde tu casa en Coyoacán te espero como te he esperado durante 23 años [...] Trata de volver cuanto antes porque sin ti México no es México.

[b]

1953

Para mi niño amoroso, tierno, nacido de mis entrañas [...] A mis niños Vidal y María... a Dolores... y a todos aquellos que me amaron...

NOTA

En el mes de mayo Rivera viajó a Chile para asistir al Congreso Continental de la Cultura que presidió Pablo Neruda.

CARTAS A DOLORES DEL RÍO

[a]

Coyoacán a 29 de octubre (1953?)

Dolores maravillosa,

Te ruego que aceptes mi pintura que tú me encargaste. Estoy pintando mucho. Antier llegué de Puebla y allí pinté sobre mi pecho en la cama tu cuadro.

Estoy mejor de salud, pero tengo una angustia tremenda. María, la hermanita de Vidalito, el pintor de 9 años de Oaxaca (¿tú lo recuerdas?) está gravísima, en estado de coma desde ayer en la tarde.

Diego no está, se fue a Pátzcuaro y no tengo más amparo que tú. Te suplico me des el importe de tu cuadro ($1,000) que tú me prometiste. No tengo yo ni para pagar médicos ni para las medicinas, ni para la niña ni para mí. Te va a entregar el cuadro Manolo Martínez, que es el ayudante principal de Diego. Si estás en la casa ten la bondad de enviarme el dinero con él, que es de toda mi confianza (ya sea en cheque o en efectivo).

Perdóname que te haya molestado.

Miles de besos.

Tu Frida

[b]

Coyoacán, 29 de octubre

Dolores:

Cuando llegó Diego se molestó muchísimo porque te había escrito yo en los términos que te escribí, pues todo lo que gana con su trabajo me lo da a mí y no me falta nada. Y quedó indignado.

Muchas gracias por tu gentileza.

Frida

[En la misma hoja Diego Rivera agregó:]

Lolita:

Quedé indignado porque Fridita recibió los mil pesos que mandaste para «la niña enferma» y que debió devolverte inmediatamente, lo que hago yo con el cheque adjunto No. 609912 del Banco Comercial de la Propiedad. Excusa a una enferma y recibe los saludos más atentos de tu afectuoso amigo.

Diego Rivera

NOTA

Por el enojo de Diego y el encomillado de «la niña enferma», se puede suponer que se trató de una argucia de Frida para hacerse de dinero urgente con el fin de adquirir droga.

[149]

CARTAS A LINA BOYTLER

[a]

Lina maravillosa,

Dentro del mundo negro de mi vida llegaron tus pinturas a
llamarme a la luz, a la ternura de tu mundo virgen lleno de mariposas, soles, mundos nuevos, imágenes todas de tu niñez limpia
de 10,000 años.

Te admira y te ama
Frida

[b]

Lina linda,

Aquí te dejo unos garabatos que dibujé para ver si te sirven.
Te mando con ellos millones de besos.
Frida

POEMA

en la saliva.
en el papel.
en el eclipse.
En todas las líneas
en todos los colores
en todos los jarros
en mi pecho
afuera. adentro—
en el tintero – en las dificultades de escribir
en la maravilla de mis ojos – en las últimas
líneas del sol (el sol no tiene líneas) en
todo. Decir en todo es imbécil y magnífico.
DIEGO en mis orines – Diego en mi boca – en mi
corazón, en mi locura, en mi sueño – en
el papel secante – en la punta de la pluma –
en los lápices – en los paisajes– en la
comida – en el metal – en la imaginación.
En las enfermedades – en las vitrinas –
en sus solapas – en sus ojos – en su boca.
en su mentira.

Frida Kahlo

NOTA

    Juan Coronel Rivera lo publicó en agosto de 1983 en la revista literaria *El Faro*, núm. 1, que él coordinaba. En una carta que me escribió el 9 de febrero de 1998 explicaba: «La letra de los versos es de

Teresa Proenza y la firma es de Kahlo». En el archivo del CENIDIAP, la copia va acompañada de un saludo para Rivera fechado el 13 de noviembre de 1957: «Dieguito adorado: Quisiera darle, este Día de San Diego, todo lo mejor del mundo, la salud, la alegría. Sólo puedo darle este poema de Fisita que es amor y belleza. Y un beso. Tere».

ESCRITO PARA ISABEL VILLASEÑOR
EN EL PRIMER ANIVERSARIO DE SU MUERTE

13 de marzo 1954

un año más

Chabela maravillosa

Siempre estarás sobre la tierra de México viva.

A todos los que te queremos nos dejaste tu belleza, tu voz, tu pintura, tu *Olinka* y tu propia imagen.

Mi memoria está llena de tu alegría, de tu extraordinario ser. Perdóname si no voy a ir a tu homenaje.

Frida

NOTAS

Isabel Villaseñor (Guadalajara, Jalisco, 18 de mayo de 1909-ciudad de México, 13 de marzo de 1953), grabadora, pintora, actriz, escritora y cantante de corridos, fue esposa de Gabriel Fernández Ledesma, pintor y promotor cultural; de ese matrimonio nació Olinca. Su amistad con Frida fue entrañable. El viernes 13 de marzo de 1953 Frida escribió en su *Diario*: «Te nos fuiste, Chabela Villaseñor». A continuación, en dos columnas paralelas agregó:

«Pero tu voz	Colorado
tu electricidad	Colorado
tu talento enorme	Colorado
tu poesía	Colorado
tu luz	Como la sangre que corre
tu misterio	Cuando matan a un venado.
tu Olinka	

toda tú te quedaste viva. Pintora poeta cantadora

ISABEL VILLASEÑOR

SIEMPRE VIVA!»

APÉNDICE

VERSIÓN AL CASTELLANO DE LAS CARTAS ESCRITAS EN OTROS IDIOMAS

[35]

CARTA A NICKOLAS MURAY

Coyoacán, 31 de mayo de 1931

Nick,

Te amo como a un ángel.
Eres un lirio de los valles amor mío.
Nunca te voy a olvidar, nunca, nunca.
Tú eres mi vida entera.
Espero que eso nunca lo vayas a olvidar.

Frida

¡Por favor ven a México como me lo prometiste! Iremos juntos a Tehuantepec, en *agosto*.

[*Después de estampar sus labios, agrega:*] Esto es especialmente para tu nuca.

[38]

CARTAS A ABBY A. ROCKEFELLER

[a]

Nueva York, enero 22, 1932

Mi querida Sra. Rockefeller:

Quiero darle las gracias por el hermoso libro que me envió la semana pasada. Espero que a pesar de mi terrible inglés pueda leerlo. Sus flores estuvieron maravillosas, no puede imaginarse lo bonitas que se ven en este cuarto. Este hotel está tan feo, que gracias a las flores pienso que estoy en México.

Estoy mucho mejor ahora y espero verla muy pronto.

Después de estos ocho días encerrada estoy muy fea y delgada, pero pronto, así espero, estaré mejor.

Por favor salúdeme mucho al Sr. Rockefeller y a sus hijos.

Diego le envía su cariño.

Muchos besos de

Frieda Rivera.

Por favor perdone mi terrible inglés.

[b]

Mi querida Sra. Rockefeller:

Diego está muy apenado, no pudo escribirle porque todavía está en cama. Quiere darle las gracias por sus maravillosas flores y por su amable carta.

Diego se aburre mucho cuando no está trabajando, pero usted sabe que es como un niño y no le gustan para nada los doctores; a pesar de ello llamé a uno y ahora está muy enojado conmigo porque el doctor le recomendó seguir en cama algunos días más. Echa mucho de menos al bebé de su hija, y me dice que lo quiere más que a mí.

Espero que muy pronto esté mejor y pueda escribirle él mismo, y especialmente que vuelva a trabajar. Está encantado de que a usted y al Sr. Rockefeller les hayan gustado sus dibujos del Sr. Milton, y se los agradece.

Por favor perdone mi inglés.

Nuestros mejores deseos.

Diego Rivera. Frieda Rivera

CARTA A CLIFFORD Y JEAN WIGHT

Nueva York, abril 12, 1932

Queridos Cliff y Jean:

Hace una semana recibí la carta de Jean; no la pude responder de inmediato porque me encontraba *nuevamente* en cama con gripe y me sentía muy mal. Espero que me perdonen. Este clima de Nueva York ¡dios mío! es tremendo para mí. Pero... ¿qué puedo hacer? Espero que Detroit esté mejor, de otra manera me suicidaré.

Es realmente muy agradable saber que Cristina y Jack ya llegaron y estoy segura que todos juntos pasaremos un tiempo magnífico. Sería estupendo que pudiéramos parar en el mismo hotel. ¿No les parece?

Diego quisiera que vieran algún departamento para nosotros lo más pronto posible porque dejaremos Nueva York la próxima semana. Él opina que el descrito en su carta es demasiado pequeño pues no hay un cuarto donde trabajar o pintar. Y eso es lo más importante. Para Diego es absolutamente indispensable y para mí también. (Tengo planeado pintar ahí pues estoy cansada de no hacer nada, pero forrando un *cautch*. No sé cómo escriben ustedes esta palabra.)

Por este importante motivo, y si no es demasiada molestia para ustedes, estaríamos encantados si pueden encontrar un departamento con una habitación con suficiente luz para poder pintar, una recámara con dos camas o *una* grande (esto sería por cierto más agradable), una pequeña cocina y un baño. Quizás lo puedan encontrar en el mismo Hotel Wardell en lo alto del edificio, aun cuando fuera un poquito más caro; pero si no es posible, entonces en otro lugar cerca del museo.

Quizás podrían encontrar un estudio no muy caro, en ese caso tomo el departamento del Wardell que me han descrito. Sé que no es fácil de encontrar, pero si pueden se los agradecería muchísimo. Ustedes saben cuán difícil es trabajar en la sala de un hotel, porque uno tiene que comer, ver gente, y todo en la misma habitación. Es por eso que yo preferiría un estudio, o un cuarto más grande en el mismo apartamento.

Diego ha terminado su última litografía, pero me pregunto si hará algo más, en ese caso no podríamos salir esta semana, aunque es seguro que en la próxima tomaremos el tren para Detroit. Les enviaré un telegrama comunicándoles la fecha exacta en que partiremos.

No hay noticias interesantes en Nueva York. Deben de saber ya que el hijo de Lindberg todavía no está en su casa. Los chinos y los japoneses aún combaten… etc., etc. Noticias universales. La única cosa es que fuimos al circo y nos divertimos muchísimo, es un circo enorme en Madison Garden. Tienen muchos animales, fenómenos, muchachas lindas y cien payasos.

¡Qué magnífico! Nunca antes había visto semejante maravilla.

Los Blanch estuvieron aquí. Arnold ha tenido una exposición muy interesante. Ellos estuvieron en un convivio que me ofreció Malú Cabrera con motivo de nuestra partida y porque fui «rebautizada». Ahora mi nombre ya no es «Frieda» sino «Carmen». Fue una reunión preciosa. Yo me vestí como niñita, Diego actuó como sacerdote, Malú fue la madrina y Harry el padrino. Diego estuvo maravilloso. Ustedes se hubieran muerto de risa.

Además de esto, Concha Michel de México (quizá Cliff la recuerde) dio un concierto de canciones mexicanas aquí en el Barbizon Plaza. Canta precioso y fue un gran éxito. Primero se vistió como una india, después de tehuana y finalmente como «china poblana». Todos enloquecieron por ella. Concha me dio la letra de las canciones y podremos cantarlas en Detroit si compro una guitarra.

Ella Wolfe y Bert le envían a Cliff su cariño, lo mismo los Block y las Bloch (Suzanne y Lucienne, ¡sí, Luci!).

Por favor dile a Cristina que deseo mucho que me escriba. Diego y yo les enviamos nuestro afecto, y saludos para Niendorff y para el Dr. Valentiner.

Cariños para ti de

Diego y la Chicuita.
Adiós.

Te enviaré un telegrama para comunicarte cuándo llegaremos a Detroit.

Hazme saber si pudieron encontrar el apartamento y muchas, muchas, muchas, muchas, muchas gracias.

Chicua

Cliff:

Encontré tu cinta métrica, tu cinta serpentina (¿cuál es el nombre en inglés?) ¡Oh mi inglés! Pero tú entiendes lo que digo. En español es *metro metálico*. O en todo caso cinta métrica.

Escríbeme inmediatamente, ¿quieres?

De la gripe me siento ahora mucho mejor, pero tengo dolor de estómago. ¡Pobre Chicua! Quiere regresar a México, eso es todo. Iremos directamente de Detroit a Coyoacán, D. F. ¿Lo haremos?... sí. Clifford y Jean.

42

CARTAS A ABBY A. ROCKEFELLER

[a]

Detroit, martes 24 de enero, 1933

Mi querida Sra. Rockefeller:

No tengo palabras para agradecerle las maravillosas fotografías de los niños que me envió. Realmente fue muy tierno de su parte, y deseo poder escribir suficientemente bien el inglés para poder decirle cuánto aprecio su fineza.

Los niños se ven simplemente divinos y me imagino qué orgullosa debe estar de tener estos nietos maravillosos. No puedo olvidar la carita dulce del bebé de Nelson, y la fotografía que usted me envió cuelga ahora en la pared de mi recámara. No puede imaginarse la felicidad de Diego cuando abrí el sobre y de repente vio la fotografía de los niños de la Sra. Milton. Realmente son los niños más lindos que conocemos.

Aquí en Detroit todas las cosas van saliendo bien. Diego como siempre trabajando día y noche. A veces me siento inquieta por él porque se ve muy cansado y no hay nada en este mundo que lo haga descansar. Él está feliz sólo cuando trabaja y no lo culpo, sólo espero que no se vaya a enfermar y todo estará perfecto. Este fresco en el Institute of Arts es realmente maravilloso, creo que es el mejor de los que ha realizado. Espero que alguna vez lo vea.

Yo también estoy pintando un poquito. No porque me considere a mí misma una artista o algo parecido, sino porque simplemente no tengo otra cosa que hacer aquí, y porque trabajando puedo olvidar un poco todos los problemas que tuve el último año. Estoy haciendo óleos en pequeñas placas de aluminio, y a veces voy a una escuela de artesanías donde hice dos litografías que son absolutamente malas. Si hago algunas más y resultan mejores se las mostraré en Nueva York.

Creo que muy pronto iremos a Nueva York. Diego está pintando ahora el último muro, que le tomará dos semanas terminarlo, entonces diremos adiós a Detroit por un rato.

El Dr. Valentiner llegará la próxima semana y seguramente usted lo verá en Nueva York, ¿no cree que sería muy agradable que él regresara?

¿Qué novedades hay en Nueva York? ¿La gente habla de tecnocracia todo el tiempo? Aquí todos la discuten, y creo que en cualquier parte, supongo, ¿qué habrá de ocurrir en este planeta?

Déjeme agradecerle una vez más su agradable obsequio y por favor dele mis saludos a la Sra. Milton, a Nelson y a su esposa. Muchos besos para todos los niños y para usted mis mejores deseos por un feliz Año Nuevo. Diego le envía calurosos saludos.

Sinceramente suya,

Frieda

[b]

Detroit, marzo 6, 1933

Querida Madame Rockefeller:

No se puede imaginar cuán encantada estuve con su carta, estuvimos muy afligidos al enterarnos de que usted estuvo enferma, pero su carta trajo buenas nuevas y nos da mucho gusto saber que se siente mejor.

Como usted debe saber, la magnífica exposición de pintura italiana de los siglos quince y dieciséis que el Dr. Valentiner prepara, se abrirá el 8 de marzo en el Detroit Institute of Arts, y sería maravilloso, si usted se siente lo suficientemente bien, que viniera a verla.

Diego ya terminó los frescos y si usted viene los podrá ver también.

La recepción por los frescos será después debido a los cambios que deberán hacerse en el patio, incluyendo la remoción de la fuente central.

Nosotros saldremos de Detroit a Nueva York el próximo lunes y esperamos que usted pueda venir antes de nuestra partida. Por favor dígales al Sr. y la Sra. Milton que estaríamos muy contentos si ellos pudieran venir también, al igual que Nelson y la señora de Nelson. ¿Cómo están todos los niños? Espero verlos cuando esté en Nueva York. Nunca olvidaré su fineza al enviarme su fotografía.

He estado tan perezosa en estos días que no me daban ganas de pintar ni de hacer nada, pero tan pronto llegue a Nueva York empezaré nuevamente. Le mostraré lo que hice aquí aunque está horrendo.

Perdóneme por no haber respondido más prontamente su carta, pero estaba en cama con gripe cuando la recibí, y esperé sentirme mejor.

Espero oír de usted muy pronto, y mientras tanto le envío muchos besos.

Diego le envía muchos saludos.

Frieda

43

CARTA A CLIFFORD WIGHT

[a]

Nueva York, abril 11 de 1933

—Barbizon Plaza—

Cliff:

Recibí tus dos cartas, pero como siempre encuentro tantos pretextos para andar de floja, hasta ahora puedo contestarlas. Espero me perdones. ¿Lo harás?

En primer lugar te diré que Nueva York está peor que el año pasado, y la gente anda triste y pesimista (¿cómo escribes *pesimistic?*), sin embargo la ciudad todavía es hermosa en muchos sentidos y yo me siento mejor aquí. Diego está trabajando como condenado y la mitad del muro grande ya está terminada. Es magnífico y él está feliz. (Yo también).

He visto las mismas cosas y a la misma gente, con excepción de *Lupe Marín* quien estuvo aquí dos semanas. Fue cariñosa y agradable como nunca lo hubiera pensado, y en este caso sí que es algo.

Fuimos juntas a teatros, cabarets, cines, tiendas de 5 y 10 centavos, farmacias, restaurantes baratos, China Town, Harlem, etc., y... ¡estaba tan emocionada! ¡Ay dios mío!

Lo primerito que hizo fue caerse en las escaleras eléctricas de Macy's y armar un escándalo porque decía que ella no era ¡un acróbata! A todos les hablaba en español, incluso a los policías, y por supuesto pensaron que estaba loca de remate. Fuimos de compras y regateaba en español con todos los vendedores como si estuviera en «La Merced». Bueno, no hay palabras para decir todo lo que hizo, pero fue verdaderamente un milagro que no se la llevaran a un asilo.

Vimos a Nelson R. y a su esposa y al Sr. y la Sra. R., los padres. Nelson te envía saludos.

Malú tendrá a su criatura en un mes y yo seré su madrina.

Ella y Bert te envían cariños, como siempre son muy lindos conmigo.

Ahora Hiedo Noda está trabajando con Diego, igual que Ben Shahn y Lou Block, el hermano de Harry.

Lucienne está enamorada de un muchacho y ha cambiado cantidad, es más humana ahora, y no tan «importante». También Suzanne está enamorada de un matemático, una fina persona.

Rosa y Miguel Covarrubias irán a México y de ahí a Bali nuevamente por un año. He visto a los Blanches, ellos irán a Europa este año con la beca Guggenheim. Todos se irán fuera y Nueva York quedará vacío (para mí), pero después de todo eso está bien.

Barbara Dunbar tuvo un bebé y estuvo enferma en cama cuatro meses. Pobrecita. O'Keeffe estuvo tres meses en el hospital y se fue a Bermuda para descansar. Ella no me hizo el amor en ese tiempo. Creo que el motivo fue su debilidad. Muy malo.

Bueno, esto es todo lo que te puedo contar hasta ahora.

Diego quiere contestar tus preguntas:

1. Él se asociará al sindicato tan pronto llegue a Chicago y para ello quiere pagar el dinero requerido.

2. Dice que si los hombres de la Unión quieren hacer los marcos no hay manera de discutir y tú debes dejar que los hagan.

3. Quiere saber si Ernest te es muy necesario, de otro modo es mejor hablar con él y pagarle su viaje a Boston. Dice que tú puedes pagarle porque el Sr. Kahn te dará 74 o 72 dólares a la semana. 42 para ti, 18 para Ernest y con el resto se podrán pagar los gastos de viaje de Ernest.

4. Hazme saber qué arregló el Sr. Kahn con los hombres del sindicato que querían restirar las telas.

5. Si ellos quieren 17 dólares al día por restirar, ¿cuántos días necesitan hasta terminar?

Diego opina que los trabajadores que te dijeron que la mayoría de los artistas y pintores en los museos por lo común son desechos, estaban absolutamente en lo cierto y él [...]

Bien Cliff, creo que es todo lo que Diego me dijo, y ahora cuéntame de ti y de Jean y Cristina y Jack y la «pucontoneadora» y Ernest.

¿Cómo te sientes? ¿A qué se parece Chicago? ¿Crees que me gustará?

El otro día vi una película titulada «M», es buena. Ve a verla si puedes. Es Alemana. También «Potemkin» y «Gabriel in the White House», ésta es vil propaganda, pero algunas partes son excelentes.

O.K. Cliff. Adiós y compórtate. ¡Permanece siempre en la sombra! El sol es peligroso.

Dale muchos besos a Jean y a Cristina (con el permiso de Jack) y *un abrazo a usted y a usted*★ y a Jack sin permiso por cierto.

Frieda

Diego les envía a todos ustedes sus mejores deseos, y te agradece los recortes que le has enviado. Dice que ahora todo en Detroit está OK. Burroughs le escribió una carta y le envió un artículo que había publicado, muy bueno.

Ahora vivimos en el piso 35. La vista es magnífica. Nueva York se está volviendo caluroso. Al infierno con el clima de este país.

Qué verano tendremos este año: dios mío. Yo me uniría al «nudismo», pero eso es peor... para el público.

★En español en el original en inglés.

[b]

Nueva York, octubre 29, 1933

Queridos Jean y Cliff,

¡Qué demonios! ¡Qué demonios! ¿Qué estaban haciendo en Arizona? Les apuesto mis botas a que se la pasaron entumidos, las fotos lo muestran. Pero... si van a MÉXICO se sentirán mil veces más felices, y antes que nada encontrarán a la gente más amorosa de la tierra, los Rivera y los Hastings. ¿Qué piensan de eso? Saldremos de Nueva York la primera semana de diciembre, y si cambian de parecer, y comienzan a manejar hacia esa tierra, nosotros estaremos... para qué les cuento ¡¡¡todos juntos!!! ¡¡¡felices!!!

Diego me pide que conteste aquí la carta que Clifford le mandó y lo hago, aunque ciertamente tendrás que perdonarme por no responder tal como él me lo dijo porque como tú sabes él [...] y no puedo recordar todo lo que dijo. En pocas palabras, quiere agradecerte tu carta, las fotos, las muñecas, todo lo que cariñosamente nos mandaste, y quiere recordarte que tienes un pedazo de tierra en México donde puedes construir una pequeña casa para ustedes y para Whachyoumaycallit [*dibuja un perrito*], siempre que les guste la idea. Diego estaría encantado si ustedes llegaran cuando nosotros estemos ahí. Además de esto dijo que lo hace muy feliz saber que Cliff está estudiando comunismo. Es una lástima que no hayan estado en Nueva York cuando sucedió. todo el asunto Rockefeller, y mientras Diego estaba pintando en la New Worker's School.

He aprendido tantas cosas aquí, y estoy más y más convencida de que el único camino para llegar a ser un hombre, quiero decir un ser humano y no un animal, es ser comunista. ¿Se están riendo de mí? Por favor no lo hagan. Porque es absolutamente cierto.

Diego casi está terminando los frescos de la New Worker's School, están maravillosos; aquí les envío unas fotos que tomó Lucienne. No son muy contundentes, pero de todas maneras se darán una idea. Lucienne trabajó como loca tomando fotografías, pero ella [...] porque ella misma está inconforme con las fotos. Pero en Radio City le fue de maravilla, sus fotos fueron de lo más importante para hacer público todo el asunto.

Sánchez se casó hace algunas semanas con una muchacha de Texas, que pesa 76 libras y es muy bajita. Linda chica, de cualquier modo son muy felices... Sánchez se ve pálido... No sé por qué????????

Lucienne y Dimitroff, como siempre, muy muy felices, ambos son ahora miembros del Partido, van a las huelgas para hablar con los obreros, pronunciar discursos en los mítines y pasar un tiempo maravilloso.

Sánchez y Dimitroff son los únicos que están trabajando con Diego actualmente, también Lucienne ayuda un poco.

Estuve pintando algo, leyendo y de aquí para allá, como siempre. Ahora ya empaqué todo, y sólo estoy esperando regresar.

¿Cómo están muchachitos? Cuéntenme todo lo que hacen, sus planes para el futuro, en fin, todo. ¿Vieron al Dr. Eloesser? ¿Y a Ralph? Denle mi cariño a todos nuestros amigos: Emily, Joseph, Ginnette, Ralph, doctor Eloesser, Pflueger, etc. etc. etc. etc. etc. etc.

Mi nueva dirección es Hotel Brevoort, 5th Ave. y 8th Street, y en México ya saben: Ave. Londres 127, Coyoacán, D. F., México, correo aéreo.

Por favor escríbanme pronto, tan pronto puedan, antes de que me vaya a México.

Gracias de nuevo por todas las cosas que me han mandado, y espero verlos de vez en cuando en mis sueños, hasta que en realidad nos reunamos en México.

Adiós

La Chicua

¿Vieron la película de dibujos animados «Los tres cochinitos? ¿Quién teme al gran lobo feroz?», y vieron «I am no angel» con Mae West? Creo que son maravillosas. Le envío a Cliff literatura comunista.

[64]

CARTA A LUCIENNE BLOCH

14 de febrero de 1938

Querida Lucy,

Cuando llegó tu carta yo me sentía dada al catre, durante una semana estuve padeciendo dolores en el maldito pie, y probablemente necesitaré otra operación. Tuve una hace cuatro meses, además de la que me hicieron cuando Boit estuvo aquí, de modo que te podrás imaginar cómo me siento; pero llegó tu carta y, créelo o no, me dio valor. Sí muchachita, tú no tienes ningún pie malo, pero estás por tener un bebé y todavía estás *trabajando* y eso es realmente maravilloso para una jovencita como tú. No te imaginas lo feliz que estoy con semejantes novedades; dile a Dimi que se está portando OK, y para ti muchachita, todas mis felicitaciones. Pero... por favor no olvides que yo debo ser la madrina de esta criatura porque, en primer lugar, nacerá en el mismísimo mes en que yo llegué a este cochino mundo, y en segundo lugar, me pondría como lumbre si alguien tuviera más derechos que yo a ser tu «comadre», de modo que ten esto en mente.

Por favor querida cuídate mucho. Sé que eres fuerte como una roca, y Dimi sano como un elefante, sin embargo debes ser muy cuidadosa y portarte como una niña buena. Creo que no debes andar trepando andamios; además debes comer bien y a tus horas, si no, no vale la pena arriesgarlo todo, ya estoy hablando como una abuela, pero... tú sabes cuál es mi intención, OK.

Ahora quiero contarte algo sobre mí. No he cambiado mucho desde que me viste la última vez. Nomás volví a usar mis locos vestidos mexicanos y mi cabello creció largo de nuevo; estoy flaca como siempre. Mi carácter tampoco ha cambiado, estoy decidiosa como de costumbre, sin entusiasmo por nada, bastante tonta y endemoniadamente sentimental. A veces supongo que porque estoy enferma, aunque ciertamente esto sólo es un pretexto. Podría pintar tanto tiempo como quisiera, podría leer o estudiar o hacer muchas cosas a pesar del pie y otras cosas mal, pero he aquí el punto, vivo en el aire, aceptando los hechos tal como vienen, sin el mínimo esfuerzo por cambiarlos, durante todo el día me siento somnolienta, cansada y desesperada. ¿Qué puedo hacer? Desde que regresé de Nueva York he pintado como doce cuadros, todos pequeños y sin importancia, con los mismos motivos personales que sólo a mí me interesan y a nadie más. Mandé cuatro a una galería aquí en México, la Galería Universitaria, un sitio pequeño y feo, pero el único que acepta cualquier clase de material. Los envié sin entusiasmo. Cuatro o cinco personas me dijeron que eran magníficos, y los demás piensan que son demasiado locos.

Para mi sorpresa, Julien Levy me escribió una carta en la que dice que alguien le habló acerca de mis pinturas y que le interesaría mucho organizar una exposición en su galería. Le respondí enviándole unas fotografías de las últimas cosas que he hecho, y me contestó una carta en la que se muestra muy entusiasmado con las fotografías y me pide una exposición de treinta cuadros para octubre del presente año, y quiere tener simultáneamente una exhibición de Diego, si es que yo acepto, y si entre tanto nada sucede, iré a Nueva York en septiembre. No estoy segura de que Diego vaya a tener listo lo suyo para entonces, pero quizás él quiera llegar más tarde, y después irnos a Londres. Tales son nuestros proyectos, aunque tú conoces a Diego tan bien como yo y... *quién sabe lo que pase de aquí a entonces.** Debo contarte que Diego ha pintado recientemente una serie de paisajes. Si tú confías en mi gusto, dos de ellos son de lo mejor que haya realizado en toda su vida. Son simplemente bellísimos. Podría describírtelos. Son diferentes a todo lo que ha hecho antes, pero te digo, son magníficos. El color es increíble, y el dibujo, ¡guau!, es tan perfecto y fuerte, que quisieras saltar y gritar de alegría cuando los ves. Uno de ellos estará muy pronto en el Brooklyn Museum, de modo que allí podrás verlo. Es un árbol con un fondo azul. Por favor dame tu opinión después de verlos.

Ahora que sé que tendré esa exposición en Nueva York, estoy trabajando un poquito más para tener los malditos treinta cuadros listos, pero tengo miedo de no poder terminarlos. Ya veremos.

Leyendo el *Workers Age* he notado un gran cambio en el grupo de ustedes, aunque todavía han tenido la actitud de un buen padre tratando de *convencer* al hijo de que está equivocado, pero teniendo gran confianza en que la criatura cambiará con sus regaños. Creo que esa postura es aún peor que el mal proceder del muchacho. A pesar de eso ustedes están admitiendo poco a poco muchas cosas que habían reflexionado [...] Mucho tenemos que hablar sobre este asunto, pero no te voy a aturdir con semejante tontería, después de todo mi opinión sobre esta cuestión no tiene la menor importancia.

Al margen de diferencias de opinión, tengo muchas, muchas cosas interesantes que decirte. En septiembre hablaremos durante horas. Ahora nada más puedo decirte que su llegada a México ha sido la cosa más maravillosa que jamás me haya ocurrido en la vida.

Sobre Diego, me alegra informarte que ahora se siente muy bien, los ojos ya no le molestan, está gordo pero no mucho, y trabaja como siempre de la mañana a la noche con el mismo entusiasmo; a veces aún se comporta como un niño, de repente me permite regañarlo un ratito sin abusar demasiado, naturalmente, de este privilegio; en una palabra, es el tipo más encantador que haya habido jamás, a pesar de su debilidad por las «señoras» (de preferencia jóvenes norteamericanas que vienen a México por dos o tres semanas, y a quienes siempre se ofrece a mostrar sus murales fuera de la ciudad de México), es tan agradable y fino como tú sabes.

Bien querida, creo que esta carta parece ya una revista sobre mi carácter. Te platiqué todo cuanto podía tomando en cuenta mi mal humor en este momento por los dolores de pie, etc., etc.

Quiero despachar hoy esta carta, vía aérea, así podrás saber algo sobre alguien bien fregada.

Por favor exprésale mi afecto a Dimi, y esta noche, después de acostarte, acaricia tu vientre pensando que soy yo quien acaricia a mi futura ahijada. Estoy segura que será niña, una pequeña preciosa y encantadora niña, hecha con las mejores hormonas de Lucy y Dimi. En caso de que me equivoque y sucede que es un varoncito, ¡hurra!, estaré igual de orgullosa, salga lo que saliere, niño o niña, lo querré como si fuera la criatura que yo iba a tener en Detroit.

Dale mis cariños a Ella y Boit, diles que a pesar de mi silencio los quiero como antes. Dale un beso a Jay Lovestone, no prestes atención si se sonroja, sólo dáselo en mi nombre.

También a Suzy dale mi cariño y mis mejores felicitaciones por el nuevo pequeño matemático que traerá a este planeta. Y... un favor, cuando en cualquier momento por casualidad pases cerca de Sheridan Square, sube al tercer piso y dale mis recuerdos a Jeanne de Lanux y deja un pequeño papel con labios pintados con lápiz labial para Pierre. ¿Lo harás? OK. Muchas gracias.

Escríbeme más seguido. Te prometo responder.

¿Qué sabes de tu papá? ¿Y tu mamá?

Aquí va mi amor por ti querida Lucy. Tan pronto sepamos el sexo de la criatura, quiero enviar un regalo para el futuro ciudadano del mundo.

Tus murales, de los que mandaste fotografías el año pasado, son magníficos. Diego ha opinado lo mismo. Mándanos fotos de los últimos. No se te olvide. Gracias por tu carta, gracias por recordarnos a mí y a Diego, y por ser una preciosa criatura que quiere tener bebés con semejante entusiasmo, fuerte, limpio y maravilloso. Diego les envía a ambos saludos y *un abrazote*★ de felicitación por el futuro niño.

Frida

★En español en el original.

CARTAS A NICKOLAS MURAY

[a]

Paris, 16 de febrero de 1939

Mi adorado Nick, mi niño:

Te escribo desde mi cama en el American hospital. Ayer fue el primer día que no tuve fiebre y me permitieron comer un poco, por lo tanto me siento mejor. Hace dos semanas estuve tan enferma que me trajeron aquí en ambulancia porque no podía caminar. Debo decirte que no sé dónde ni cómo cogí este colibacilo en los riñones vía los intestinos, tenía tal inflamación y dolores que creí morirme. Tomaron muchas radiografías de los riñones y parece que están infectados con ese colibacilo. Ahora estoy mejor y el próximo lunes espero salir de este putrefacto hospital. No puedo regresar al hotel porque estaría completamente sola, por eso la esposa de Marcel Duchamp me invitó a quedarme con ella una semana hasta que me recupere un poco.

Tu telegrama llegó esta mañana y lloré mucho de felicidad y porque te extraño con todo mi corazón y mi sangre. Ayer recibí tu carta, cariño mío, es tan hermosa, tan tierna, que no tengo palabras para expresarte la alegría que sentí. Te adoro, mi amor, créeme; nunca he querido a nadie de este modo, jamás –sólo Diego está tan cerca de mi corazón como tú–. No le dije una palabra a Diego sobre estas calamidades de estar enferma porque él se preocuparía demasiado, y creo que en unos días estaré de nuevo bien, por lo tanto no es necesario alarmarlo. ¿No estás de acuerdo?

Además de esta maldita enfermedad, he tenido la peor de las suertes desde que he llegado. En primer lugar el asunto de la exposición es un maldito lío. Cuando llegué, los cuadros todavía estaban en la aduana, porque ese h. de p. de Breton no se tomó la molestia de sacarlos. *Jamás recibió* las fotografías que enviaste *hace muchísimo tiempo*, o por lo menos eso dice, no hizo *nada* en cuanto a los preparativos para la exposición, y hace mucho que ya no tiene una galería propia. Por todo eso fui obligada a pasar días y días esperando como una idiota hasta que conocí a Marcel Duchamp (pintor maravilloso), el único que tiene los pies en la tierra entre este montón de hijos de puta lunáticos y trastornados que son los surrealistas. De inmediato sacó mis cuadros y trató de encontrar una galería. Por fin una galería llamada «Pierre Colle» aceptó la maldita exposición. Ahora Breton quiere exhibir junto con mis cuadros, 14 retratos del siglo XIX (mexicanos), así como 32 fotografías de Álvarez Bravo, y muchos objetos populares que compró en los mercados de México, *pura basura*, ¿qué te parece? Se supone que la galería va a estar lista el 15 de marzo. Sin embargo hay que *restaurar* los 14 óleos del siglo XIX y esa maldita restauración tardará un mes entero. Tuve que prestarle 200 lanas (dólares) para la restauración porque no tiene ni un céntimo. (Le telegrafié a Diego describiéndole la situación, y le dije que le presté ese dinero a Breton. Se puso furioso, pero ya está hecho y ya no puedo hacer nada al respecto). Todavía tengo dinero para permanecer aquí hasta principios de marzo, de manera que no me preocupo mucho.

Bien, cuando hace unos días todo más o menos estaba arreglado, como ya te platiqué, Breton de repente me informó que el socio de Pierre Colle, un viejo bastardo e hijo de puta, vio mis cuadros y consideró que sólo será posible exponer *dos,* ¡porque los demás son demasiado «escandalosos» para el público! Quería matar a ese tipo y comérmelo después, pero estoy tan enferma y cansada del asunto que he decidido mandar todo al diablo y largarme de este corrompido París antes de que yo también me vuelva loca. No te imaginas lo mula que es esta gente. Me da asco. Es tan intelectual y corrompida que ya no la soporto. De veras es demasiado para mi carácter. Preferiría sentarme a vender tortillas en el suelo del mercado de Toluca, en lugar de asociarme a esta mierda de «artistas» parisienses, que pasan horas calentándose los valiosos traseros en los «cafés», hablan sin cesar acerca de la «cultura», el «arte», la «revolución», etcétera. Se creen los dioses del mundo, sueñan con las tonterías más fantásticas y envenenan el aire con teorías y más teorías que nunca se vuelven realidad.

A la mañana siguiente no tienen nada que comer en sus casas porque *ninguno de ellos trabaja*. Viven como parásitos, a costa del montón de viejas ricas que admiran su «genio» de «artistas». *Mierda* y sólo *mierda* es lo que son. Nunca he visto a Diego ni a ti perdiendo el tiempo con chismes estúpidos y discusiones «intelectuales»; por eso ustedes sí son *hombres* de verdad y no unos cochinos «artistas». ¡Carajo! Valió la pena venir sólo para ver por qué Europa se está pudriendo y cómo toda esta gente, que no sirve para nada, provoca el surgimiento de los Hitler y los Mussolini. Creo que voy a odiar este lugar y a sus habitantes por el resto de mi vida. Hay algo tan falso e irreal en ellos, que me vuelve loca.

Espero salir bien pronto y dispuesta de aquí. Mi boleto tiene larga duración, pero de todos modos reservé en el «Isle de France» para el 8 de marzo. Espero poder tomar ese barco. En todo caso no quiero permanecer aquí más allá del 15 de marzo. Me atormenta lo de la exhibición en Londres. Me atormenta todo lo concerniente a Breton y a este miserable lugar. Quiero regresar contigo.

Extraño cada movimiento de tu ser, tu voz, tus ojos, tu hermosa boca, tu risa tan clara y sincera. *A ti*. Te amo, mi Nick. Estoy tan feliz porque te amo, por la idea de que me esperas, de que me amas.

Querido, dale muchos besos a Mam de mi parte. Nunca la olvidaré. También besa a Aria y a Lea. Para ti, un corazón lleno de ternura y caricias, un beso especial en tu cuello, tu
　　　Xóchitl

Dales mi cariño a Mary Sklar si la ves y a Ruzzy.

París, 27 de febrero de 1939

Mi amado Nick:

Esta mañana recibí tu carta, después de tantos días de espera. Sentí tal felicidad que empecé a llorar antes de leerla. Mi niño, en realidad no debería quejarme de nada de lo que me pase en la vida, mientras tú me quieras y yo te quiera. Es tan real y hermoso que me hace olvidar todas las penas y los problemas, me hace olvidar incluso la distancia. Tus palabras me hacen sentir tan cerca de ti que puedo sentir —tus ojos— tus manos, tus labios cerca de mí. Puedo escuchar tu voz y tu risa, esa risa tan limpia y tan franca que sólo *tú* tienes. Estoy contando los días que faltan para mi regreso. ¡Un mes más! Entonces estaremos juntos de nuevo.

Querido, cometí una terrible equivocación. Estaba segura que tu cumpleaños era el 16 de enero. Si hubiera sabido que era el 16 de febrero jamás hubiera enviado ese cable que te causó infelicidad y problema. Por favor perdóname.

Hace cinco días que dejé el hospital, me siento mucho mejor y espero estar completamente bien en unos días. No regresé al maldito hotel porque no podía quedarme completamente sola. *Mary Reynolds*, una maravillosa mujer norteamericana que vive con *Marcel Duchamp*, me invitó a quedarme en su casa. Acepté con gusto porque de veras es una fina persona y no tiene nada que ver con los asquerosos «artistas» del círculo de Breton. Se porta muy bien conmigo y me cuida de manera estupenda. Me siento bastante débil después de tantos días con fiebre. La maldita colitis hace que uno se sienta pésimo. El médico me dice que he de haber *comido* algo que no se lavó bien (ensalada o fruta cruda). Me juego la cabeza a que adquirí las cochinas bacterias en la casa de Breton. No tienes idea de la *mugre* con la que vive esa gente, ni de los alimentos que comen. Es algo increíble. En mi maldita vida he visto nada igual. Por alguna *razón* que *ignoro*, la infección pasó de los *intestinos* a la *vejiga* y a los riñones, por lo que no pude hacer pipí durante dos días. Sentía que iba a explotar en cualquier momento. Afortunadamente, todo está OK *ahora*, y lo único que debo hacer es descansar y seguir una *dieta* especial. Te envío algunos informes del hospital. Quiero que seas tan amable y se los des a Mary Sklar para que se los muestre a David Glusker, él puede darse una idea de qué se trata y *mandarme* indicaciones sobre qué debo *comer*. (Dile por favor que en los tres últimos días el *análisis de orina* demostró que es *ácida* y *antes* era *alcalina*). La fiebre desapareció completamente. Ahora sólo tengo dolor cuando hago pipí y una ligera inflamación en la *vejiga, me siento cansada todo el tiempo* (sobre todo de la espalda). Gracias, amor mío, por hacerme este favor, y decirle a Mary que la extraño cantidad y que la quiero.

El problema de la exhibición finalmente está arreglado. Marcel Duchamp me ha ayudado mucho. Es el único hombre verdadero entre toda esta gente corrompida. La exposición se va a inaugurar *el 10 de marzo*, en una galería llamada «Pierre Colle». Dicen que es una de las mejores de aquí. Ese tipo, Colle, es comerciante de Dalí y de otras vacas sagradas del surrealismo. La muestra durará dos semanas, pero ya hice los arreglos necesarios para sacar mis cuadros el 23. Así tendré tiempo para empacarlos y llevarlos conmigo el 25. Los catálogos ya se encuentran en la imprenta, por lo que parece que todo va bien. Quise embarcarme en el «Isle de France» el 8 de marzo, pero le telegrafié a Diego y me dijo que esperara hasta después de la exposición, ya que no confía en que estos tipos me envíen los cuadros. Tiene razón, en cierto modo, pues después de todo vine aquí *sólo* por la maldita exposición, y sería tonto irme dos días antes de que se inaugure. ¿No estás de acuerdo? En todo caso me tiene sin cuidado si la muestra es un éxito o no. Estoy enferma y cansada de todo el asunto de París, y he considerado que lo mismo ocurriría en Londres. Por lo tanto *no haré mi exposición* en Londres. A la gente en general le espanta la muerte en la guerra y todas las exposiciones resultarán un fracaso porque los muy jijos ricos no quieren comprar nada. ¿Qué sentido tendría hacer el esfuerzo de ir a Londres sólo para malgastar el tiempo?

Querido mío, debo decirte que te has portado mal. ¿Por qué me mandaste ese cheque de 400 fierros? Tu amigo «Smith» es imaginario, agradable en verdad, pero dile *a él* que me voy a quedar con su *cheque sin tocarlo* hasta que regrese a Nueva York, y ahí discutiremos el asunto. Mi Nick, eres la persona más tierna que jamás he conocido. Pero escucha querido, en realidad no necesito el dinero ahora. Tengo todavía un poco de México, y soy una tipa muy rica, ¿lo sabías? Tengo suficiente para quedarme un mes más. Ya cuento con el boleto de regreso. *Todo está bajo control*, así que de veras, mi amor, no es justo que hagas gastos adicionales. Tú tienes ya un montón de aflicciones como para causarte una más. Tengo dinero hasta para ir al «mercado de ladrones» y comprarme muchas baratijas, que es una de las cosas que más me gusta hacer. No me hace falta comprar vestidos ni otras cosas semejantes, porque como «tehuana» ni siquiera uso calzones ni me pongo medias. Lo único que compré aquí fueron dos muñecas antiguas muy bonitas. Una es rubia de ojos azules, los más maravillosos que te puedas imaginar. Está vestida de novia. Tenía la ropa llena de polvo y mugre, pero la lavé y ahora se ve mucho mejor. La cabeza no se ajusta bien al cuerpo, pues la goma elástica que la detenía ya está muy vieja, pero nosotros la arreglaremos en Nueva York. La otra es menos hermosa, aunque encantadora, de cabello rubio y ojos muy negros. Todavía no le lavo el vestido y está tan negro como el infierno. Sólo tiene un zapato: el otro lo perdió en el mercado. Ambas son preciosas, a pesar de que sus cabezas están un poco flojas. Quizá eso es lo que las hace tan tiernas y encantadoras. Hace años que quería una muñeca así, porque alguien rompió la que tenía de niña y no volví a encontrar otra igual, así que ahora estoy muy contenta de tener dos. En México tengo una camita que le servirá de maravilla a la más grande. Piensa en dos bonitos nombres húngaros para el bautizo. Juntas me costaron como dos dólares y medio. Como puedes darte cuenta, querido, mis gastos no son muy importantes. No pagué hotel porque Mary Reynolds no me dejó regresar al hotel y estar sola. El hospital está pagado. Por lo tanto no creo necesitar mucho dinero para vivir aquí. De cualquier manera, no te imaginas cuánto aprecio tu deseo de ayudarme. No tengo palabras para describirte la alegría que me causa saber que quisiste hacerme feliz y que eres tan bondadoso y adorable. Mi amante, mi cielo, mi Nick —*mi vida—*, *mi niño, te adoro.*★

Adelgacé por la enfermedad, así que cuando esté contigo, sólo soplarás y… ¡allá va! hasta el quinto piso del hotel La Salle. Oye, niño, ¿todos los días tocas esa cosa para incendios que cuelga en el descanso de la escalera? No olvides hacerlo todos los días. Tampoco olvides dormirte en tu cojincito, porque me encanta. No beses a nadie mientras lees los letreros y nombres en las calles. No lleves a nadie a pasear por *nuestro* Central Park. Sólo es de Nick y Xóchitl. No beses a nadie en el sofá de tu oficina. Blanche Heys es la única que puede darte masaje en el cuello. Sólo puedes besar a Mam todo lo que quieras. No hagas el amor con nadie, si lo puedes evitar. Hazlo únicamente en el caso de encontrar una verdadera F.W., pero *no te enamores.* Juega con el tren eléctrico de cuando en cuando, si no regresas demasiado cansado del trabajo. ¿Cómo está Joe Jinks? ¿Cómo está el hombre que te da masaje dos veces a la semana? Lo odio un poco, porque *te* alejó de mi lado durante muchas horas. ¿Has practicado mucho la esgrima? ¿Cómo está Georgio?

¿Por qué dices que sólo tuviste éxito a medias en el viaje a Hollywood? Platícame acerca de eso. Cariño, no trabajes tanto si lo puedes evitar, porque sólo te cansas el cuello y la espalda. Dile a Mam que te cuide y que te obligue a descansar cuando estés cansado. Dile que estoy mucho más enamorada de ti, que eres mi amor y mi amante, y mientras no estoy te tiene que querer más que nunca, para hacerte feliz.

¿Te molesta mucho el cuello? Te mando millones de besos para tu hermoso cuello, para que se sienta mejor, toda mi ternura y mis caricias para tu cuerpo, de la cabeza a los pies. Beso cada pulgada, desde lejos.

Toca con mucha frecuencia el disco de Maxine Sullivan en el gramófono. Estaré *ahí contigo*, escuchando su voz. Te puedo imaginar acostado sobre el sofá azul con tu capa blanca. Te veo apuntar hacia la escultura que se encuentra junto a la chimenea; veo claramente cómo el resorte salta al aire y oigo tu risa, la de un niño, cuando atinas. Oh, mi querido Nick, te adoro tanto. Te necesito tanto que me duele el corazón.

Supongo que Blanche estará aquí la primera semana de marzo. Estaré feliz de verla porque es una persona genuina, dulce y sincera, y para mí es como una parte de ti mismo.

¿Cómo están Aria y Lea? Por favor dales mi cariño. También dale mi cariño a Russie, dile que es un gran tipo.

Mi amor, ¿necesitas algo de París? Por favor dímelo, me haría feliz llevarte algo que necesitaras.

Si Eugenia telefonea, dile que dejé su dirección y por eso no le escribí. ¿Cómo está esa muchachita?

Si ves a Rosemary dale muchos besos. ¿Está bien? Para Mary Sklar un montón de cariño, la echo mucho de menos.

Para ti, mi amadísimo Nick, todo mi corazón, mi sangre y todo mi ser. Te adoro.

Frida

Por fin llegaron las fotografías que enviaste.

CARTA A NICKOLAS MURAY

Coyoacán, 13 de junio de 1939

Querido Nick,

Recibí la estupenda fotografía que enviaste; me gusta aún más que en Nueva York: Diego dice que es tan buena como un Piero della Francesca; para mí significa más que eso: es mi tesoro. Además, siempre me recordará esa mañana en la que desayunamos en la farmacia del Barbizon Plaza y luego fuimos a tu taller a tomar fotos. Ésta fue una de ellas y ahora la tengo aquí junto a mí. Siempre estarás metido en el *rebozo** color magenta (del lado izquierdo). Millones de gracias por mandármela.

Al recibir tu carta hace unos días, no supe qué hacer. Debo decirte que no pude evitar las lágrimas. Sentí que algo se me había atorado en la garganta, como si me hubiera tragado todo el mundo. Todavía no sé si estaba triste, celosa o enojada, pero en primer lugar experimenté una sensación de gran desesperanza. He leído tu carta muchas veces, demasiadas, yo creo, y me doy cuenta de cosas que al principio no percibí. Ahora comprendo todo; se ha vuelto completamente claro. Lo único que quiero decirte, de la manera más sincera, es que mereces lo mejor, lo absolutamente mejor en la vida, porque eres una de las pocas personas honestas consigo mismas que hay en este cochino mundo. Esto es lo único que cuenta, en realidad. No sé cómo tu felicidad me pudo ofender, aun por un minuto. ¡Las mujeres mexicanas (como yo) a veces tenemos una visión tan tonta de la vida! Sin embargo, tú lo sabes y estoy segura de que me perdonarás por haberme portado de manera tan estúpida. No obstante, debes entender que, sin importar lo que nos suceda en la vida, para mí

436

siempre serás el Nick que conocí una mañana en el número 18 de la calle 48 Este de Nueva York.

Le dije a Diego que pronto te vas a casar, y él se lo repitió a Rose y a Miguel al otro día, cuando vinieron a visitarnos. Tuve que admitir que era cierto. Lamento muchísimo haberlo mencionado antes de preguntarte si estaba bien hacerlo, pero ya pasó y te ruego perdones mi falta de discreción.

Quiero pedirte un gran favor: mándame el *cojincito* por correo. No quiero que otra persona lo use. Prometo hacerte otro, pero quiero el que ahora está en el sofá de abajo, cerca de la ventana. Otro favor: no le permitas a «ella» tocar las señales de incendio de la escalera (ya sabes cuáles). Si lo puedes evitar y si no es mucha molestia, trata de no llevarla a Coney Island, particularmente al *Half Moon*. Baja mi foto de la chimenea y ponla en la habitación que tiene Mam en el taller. Estoy segura de que a ella todavía le caigo tan bien como antes. Además no ha de ser muy agradable para la otra dama ver mi retrato. Quisiera platicarte muchas cosas, pero creo que no tiene caso incomodarte. Espero que entiendas todos mis deseos sin palabras.

Querido, ¿estás seguro de que no es mucha lata para ti arreglar lo referente a la pintura de la Sra. Luce? Todo está listo para enviársela, pero deseo que me consigas un detalle que por desgracia necesito. No recuerdo *la fecha* en que Dorothy Hale se suicidó, y la necesito para escribirla en la parte inferior de la pintura; si puedes averiguarlo por teléfono en alguna parte, me harías feliz. Sin molestarte demasiado, por favor escribe en un trozo de papel la fecha exacta y mándamela por correo. Sobre la pintura, sólo déjala en tu despacho (es una pequeña), tan pronto sepas que la Sra. Luce está en Nueva York, llámala y hazle saber que el maldito cuadro está allí. Ella enviará por él, estoy segura.

Respecto a las cartas que te envié: si te estorban dáselas a Mam y ella me las mandará. No quiero convertirme en una dificultad en tu vida en absoluto.

Por favor perdona que me porte como una novia a la antigua. El pedirte que me devuelvas mis cartas es ridículo de mi parte, pero lo hago por ti y no por mí, porque me imagino que ya no te interesa tener esos papeles contigo.

Mientras te escribía esta carta, Rose me habló y me dijo que ya te casaste. No tengo nada que comentar acerca de lo que sentí. Espero que seas feliz, muy feliz.

Si hallas el tiempo de cuando en cuando, por favor mándame unas cuantas palabras, nada más para decirme cómo te encuentras, ¿lo harás?

Dale mis cariños a Mam y a Ruzzy.

Me imagino que debes estar muy ocupado ahora y no tendrás tiempo de encontrarme la fecha en que Dorothy Hale se mató; por favor sé bueno y dile a Mam que me haga ese favor, no puedo mandar la pintura hasta que no conozca esa maldita fecha.

Y es urgente que esta muchacha Claire Luce tenga la pintura para que me envíe el dinero.

Otra cosa, si le escribes a Blanche Hays, dile que le envío todo mi cariño. Lo mismo, muy especialmente, para los Sklars.

Gracias una y otra vez por la maravillosa foto. Gracias por tu última carta y por todos los tesoros que me diste.

Con amor
Frida

Por favor perdona que te haya hablado por teléfono aquella noche. No lo volveré a hacer.

CARTA A NICKOLAS MURAY

Coyoacán, 13 de octubre de 1939

Querido Nick,

No te pude escribir antes. Desde que te fuiste la situación con Diego empeoró y empeoró, hasta que llegó a su fin. Hace dos semanas solicitamos el divorcio. No hay palabras para describir lo que he sufrido. Tú sabes cuánto amo a Diego y comprenderás que estos problemas nunca desaparecerán de mi vida. Después de la última pelea que tuve con él (por teléfono), porque no lo veo desde hace casi un mes, me di cuenta de que abandonarme fue lo mejor para él. Me dijo las peores cosas que te puedas imaginar y los más asquerosos insultos que jamás hubiera esperado de él. No te puedo contar aquí todos los detalles porque es imposible, pero algún día, cuando vengas a México, te podré explicar todo el asunto.

Cariño, debo decirte que no voy mandar el cuadro con Miguel. La semana pasada lo tuve que vender a alguien, a través de Misrachi, porque me hacía falta el dinero para una consulta con el abogado. Desde que regresé de Nueva York no he aceptado ni un maldito centavo de Diego. Supongo que comprendes los motivos. Jamás tomaré dinero de ningún hombre hasta mi muerte. Deseo pedirte que me perdones por haber hecho eso con un cuadro que era para ti. No obstante, cumpliré mi promesa y pintaré otro en cuanto me sienta mejor. Es facilísimo.

No he visto a los Covarrubias, por lo tanto las fotos que les enviaste todavía están conmigo. Me gustan todas las fotografías que tan amablemente me mandaste, son realmente magníficas. Te lo agradezco muchísimo. Le entregué a Diego tu cheque. ¿Te lo agradeció? Él no vio las fotos porque no creo que esté muy interesado en ver mi cara cerca de él. Por lo tanto me quedo con todas.

Oye niño, por favor no pienses mal de mí porque no vi a Juan O'Gorman por lo de tu casa. Es que no quiero ver a nadie que esté cerca de Diego, espero que lo comprendas. Por favor escríbele a Juan directamente. Su dirección: Calle Jardín No. 10, Villa Obregón, D.F., México. Estoy segura que él se sentirá muy feliz de hacer lo que deseas.

Me alegra saber que Arija se encuentra bien y que se reunirá pronto contigo. Supongo que la traerás próximamente a México. Estoy segura que lo gozaría mucho.

¿Qué tal tus problemas? ¿Todo en orden con la chica? En tu última carta sonabas dichoso y menos preocupado, y eso me pone muy contenta. ¿Has sabido algo sobre Mary Sklar? Cuando la veas dile que pese a mi negligencia para escribir la sigo queriendo como siempre.

Dile a Mam que le enviaré con Miguel el obsequio que le prometí, y que le agradezco la linda carta que me mandó. Dile que la quiero con todo mi corazón.

Gracias Nickolasito por todo tu cariño, por haber soñado conmigo, por tus dulces pensamientos, por todo. Por favor perdóname por no responder pronto tus cartas, pero déjame decirte lindo que este periodo ha sido el peor de toda mi vida y me asombra que lo pueda aguantar.

Mi hermana y los niños te envían sus cariños.

No me olvides y pórtate bien. Te quiero.

Frida

CARTA A EDSEL B. FORD

Coyoacán, 6 de diciembre de 1939

[...] Estoy segura de que ha de recibir miles de cartas molestas. De veras me da pena enviarle una más, pero le ruego me perdone. Es la primera vez que lo hago y espero que lo que le voy a pedir no le cause muchos problemas.

Sólo pretendo exponerle el caso especial de un muy querido amigo mío. Por muchos años fue agente de la Ford en Gerona, Cataluña. A causa de las circunstancias de la reciente guerra en España, ha venido a México. Se llama *Ricardo Arias Viñas* y tiene 34 años. Trabajó para la Ford Motor Co. durante casi diez años. Cuenta con una carta de la Central Europea (Essex) que confirma el hecho de que fue empleado de la compañía y se dirige a la fábrica de la misma, ubicada en Buenos Aires. El señor Ubach, gerente de la fábrica de Barcelona, puede dar todo tipo de informes acerca del señor Arias. Durante la guerra, aprovechó su cargo de jefe de transportación en Cataluña y logró devolver a las fábricas de usted más de cien unidades robadas al principio del movimiento.

El problema que tiene es el siguiente: no pudo ir directamente a Buenos Aires, a causa de dificultades económicas. Por eso quisiera quedarse en México y trabajar en su fábrica. Estoy segura de que el señor Lajous, el gerente de aquí, le daría el empleo si tuviera conocimiento de su experiencia y habilidad como empleado de Ford. Sin embargo, con motivo de evitar cualquier dificultad le agradecería mucho me enviara un mensaje que el señor Arias le pudiera dar al señor Lajous, como una recomendación directa de parte de usted. Esto facilitaría mucho su entrada a la compañía. No pertenece a ningún partido político, y me imagino que no habrá impedimento para que consiga el trabajo y se dedique a él honradamente. De veras le agradecería mucho este gran favor y espero que no haya problemas para que acepte mi solicitud. Permítame darle las gracias de antemano por cualquier cosa que amablemente pueda hacer en cuanto a este asunto.

[75]

CARTAS A NICKOLAS MURAY

[a]

Coyoacán, 18 de diciembre de 1939

Nick querido,

¡Dirás que soy una desgraciada y una hija de puta! Te pedí dinero y nunca te di las gracias por ello. ¡De veras es el colmo, lindo! Perdóname, por favor. Estuve enferma durante dos semanas. De nuevo mi pie y gripe. Ahora te agradezco un millón de veces el amable favor, y sobre la devolución quiero que seas tan amable de esperar hasta enero. Los Arensberg de Los Ángeles quieren comprar un cuadro. Estoy segura de tener la mosca el año entrante e inmediatamente te devolveré tus cien fierros. ¿Te parece bien? En caso que te hicieran falta antes, podría arreglar otra cosa. De cualquier forma quiero decirte que de veras fue muy amable de tu parte que me prestaras el dinero, me hacía tanta falta.

Tengo que rechazar la idea de rentar mi casa a turistas porque repararla costaría mucho dinero que no tengo y Misrachi no me presta, y en segundo lugar mi hermana no es precisamente la persona indicada para administrar tal negocio. No habla ni una maldita palabra de inglés y sería imposible para ella salir adelante sola. Por lo tanto ahora fijo todas mis esperanzas únicamente en mi propio trabajo. Estoy trabajando muchísimo. En enero le enviaré a Julien dos o tres cosas. Expondré cuatro pinturas en la muestra surrealista que Paalen organiza para la galería de Inés Amor. ¡¡Creo que poco a poco lograré solucionar problemas y sobrevivir!!

¿Cómo está tu cavidad nasal? ¿Cuánto estarás en el hospital y qué tal funciona? Cuéntame algo acerca de ti. Tu última carta fue sólo sobre mí, pero ni una palabra sobre cómo te sientes, tu trabajo, tus planes, etc. Recibí carta de Mary. Me dio la magnífica nueva de que va a tener un bebé. Me siento muy feliz porque Sol y ella deben estar locos de alegría con lo de la criatura. Cuéntame sobre Mam. Bésala cien veces de mi parte, comenzando por sus ojos y terminando donde sea más conveniente para ambos. También besa a Ruzzy en el cachete. ¿Qué hacen Miguelito y Rosa? ¿Vendrás con ellos a México? Me imagino que siempre has de tener otros planes porque no dices una maldita palabra al respecto en tus cartas. ¿Hay otra jovencita en tu vida? ¿De qué nacionalidad?

Dale mi cariño a Lea y a tu bebé. ¿Estuvieron felices en Francia? Niño, no me olvides. Escribe de vez en cuando. Si no tienes mucho tiempo, toma un trozo de papel higiénico y en... esos momentos... escribe ahí tu nombre. ¡Eso será suficiente para saber que todavía recuerdas a esta joven!

Todo mi amor para ti.

Frida

[b]

Enero de 1940

Nick querido,

Recibí los cien fierros de este mes, no sé cómo agradecerte. No pude escribir antes porque tenía una infección en la mano que no me dejaba trabajar o escribir o hacer cualquier otra cosa. Ahora estoy mejor y trabajo como una condenada. He terminado una pintura grande y están en proceso algunas pequeñas para enviárselas a Julien en este mes. El 17 se inaugurará la exposición de pinturas surrealistas y todos en México se han convertido en surrealistas porque todos tomarán parte en ella. ¡¡Querido, este mundo está completamente alrevesado!!

Mary me escribió y me dijo que hace mucho que no te ha visto. ¿Qué estás haciendo? Me parece que ahora sólo me tratas como a una amiga. Me estas ayudando, pero *nada más*. Nunca me cuentas sobre ti, ni siquiera sobre tu trabajo. Vi *Coronet* y mi foto es la mejor de todas. Las otras jóvenes están OK también, pero una de las mías es realmente F.W. (¿Recuerdas todavía la traducción?: «*fucking wonder*»)

Creo que Julien me enviará este mes o el próximo una pintura para los Arensberg (Los Ángeles). Si lo hace, le diré que te devuelva el dinero que ya me mandaste, porque es más fácil pagar poco a poco que esperar hasta el fin de año. ¿No te parece? No tienes ni la *menor idea* sobre el extraño sentimiento de estar endeudada contigo. Espero que tú habrás de comprender. ¿Cómo está Arija? ¿y Lea? ¡¡¡Por favor cuéntame cosas sobre ti!!! ¿Estás mejor de tu problema en la cavidad nasal?

Me siento miserable. Cada día peor y peor. Sin embargo estoy trabajando. Pero a pesar de eso ahora no sé cómo ni por qué. ¿Sabes quién vino a México? La horrenda mujer Ione Robinson. ¡Me imagino que piensa que ahora el terreno está en disputa!… No veo a nadie. Paso casi todos los días en mi casa. ¡Diego vino el otro día a tratar de *convencerme* de que nadie en el mundo es como *yo*! Pura mierda, lindo. No *puedo* perdonarlo, y eso es todo.

Tu chamaca mexicana

Frida

Mi cariño para Mam.

¿Cómo te pinta el nuevo año? ¿Cómo está Joe Jings? ¿Cómo está Nueva York? ¿Cómo está La Salle? ¿Y la mujer a la que siempre le disparas?

[c]

Nick querido,

Recibí los dólares, gracias de nuevo por tus finezas. Miguel llevará una pintura grande para la exhibición en el Modern Museum. La otra grande se la enviaré a Julien. Él me propuso presentar una individual en noviembre próximo, por lo tanto estoy trabajando duro. Además he solicitado la Guggenheim, y Carlos Chávez me está ayudando en eso, si resulta podré ir a Nueva York en octubre-noviembre para mi exposición. No le envié a Julien pequeñas pinturas porque es mejor tres o cuatro juntas que una por una.

¿Cómo estás? Ni una simple palabra para saber qué demonios haces. Me imagino que todos tus planes sobre México se han venido abajo. ¿Por qué? ¿Tienes otra mujer? ¿Una maravillosa? Por favor, niño, dime algo. Por lo menos cuéntame cuán feliz estás o cuántos o qué propósitos tienes pensado para este año o el próximo.

¿Cómo está la pequeña Mam? Dale mi cariño.

Te tengo una mala noticia: me corté el pelo y parezco un marinero. Bueno, crecerá de nuevo, ¡espero!

¿Cómo está Arija? ¿Y Lea? ¿Has visto a Mary y a Sol?

Escríbeme, por favor; una tardecita en vez de instruir a Joe Jings, recuerda que existo en este planeta.

Tuya

Frida

CARTA A SIGMUND FIRESTONE E HIJAS

15 febrero, 1940

Queridos Sigy, Natalie y Alberta,

Estoy segura que ustedes pensarán que soy realmente una chica muy mala porque prometí escribir y no lo hice, por favor perdónenme. He tenido tantas aflicciones, mi hermana estuvo muy enferma, además de esto tuve que trabajar como condenada para terminar una pintura grande para la exposición surrealista de aquí. Por tanto les ruego traten de perdonar mi grosería.

Diego me contó que tú le escribiste una carta agradable donde decías que Alberta se va casar. El hubiera querido escribirte, pero considera que su inglés es muy corto y le da vergüenza escribir. Yo creo que incluso es peor; me ha pedido que te informe en su nombre... (este es el único motivo por el cual no contesté tu amable carta). Diego y yo felicitamos [...]

Oigan niños, ya terminé el autorretrato que ustedes cariñosamente deseaban [...] Diego está más contento ahora que cuando lo viste. Come bien y duerme bien, y trabaja con gran energía. Lo veo con mucha frecuencia, pero ya no quiere compartir la misma casa conmigo porque le gusta estar solo. Dice que siempre quiero tener sus papeles y otras cosas en orden, y que a él le gusta el desorden. Bueno, de cualquier manera lo cuido desde lejos lo mejor que puedo, y lo amaré durante toda la vida, a pesar de que él no desee que lo haga. Él pintó dos cuadros tan hermosos para la exposición surrealista que no tengo palabras para describirlos. Creo que uno de ellos será exhibido en el Museo de Arte Moderno de Nueva York, así que ahí podrán verlo.

Te quiero pedir un favor, tendrías la amabilidad de enviarme una fotografía tuya (también de la Sra. Firestone, para tener a toda la familia junto a mí). Ustedes saben que están muy cerca de mí, aun si no tengo las fotos, pero sería mucho más grato para mí tenerlas de todas maneras.

Por favor escríbanme.

Perdona mi horroroso inglés, pero a pesar de mis palabras terribles, les digo que los quiero mucho.

[*Imprimió tres veces sus labios con lápiz labial*]
Para Sigy. Para Alberta. Para Natalie.

Frida y Diego

CARTA A EMMY LOU PACKARD

Miss Emmy Lou Packard
C/O Stendahl Galeries
3006 Wilshire Boulevard
Los Ángeles, Ca.
U.S.A.
Registrado

Nueva York, 24 de octubre de 1940

Emmy Lou querida,

Por favor perdóname por escribirte con lápiz, no puedo encontrar en esta casa una pluma fuente o tinta. Estoy terriblemente preocupada por los ojos de Diego. Por favor dime la verdad exacta sobre eso. Si él no mejora yo me largo de inmediato. Aquí un doctor me advirtió que la sulfanilamida a veces es peligrosa. Por favor querida pregúntale al Dr. Eloesser sobre esto. Dile cuáles son los síntomas de Diego después de tomar esas pastillas. Él debe saber porque conoce la condición general de Diego. Me hace muy feliz saber que está cerca de ti. No puedo expresarte cuánto te quiero por ser tan buena con él y tan afectuosa conmigo. No soy nada feliz cuando estoy lejos de él y si tú no estuvieras ahí yo no dejaría San Francisco. Ahora espero nada más terminar una o dos pinturas y estaré de regreso. Por favor querida haz lo que puedas para hacerlo trabajar menos.

El asunto con Guadalupe es algo que me hace vomitar. Es una verdadera hija de puta. Está furiosa porque me volveré a casar con Diego; todo cuanto hace es tan sucio y bajo que a veces siento como que quiero regresar a México y matarla. Me tiene sin cuidado pasar el resto de mis días en prisión. Es tan desagradable sentir que una mujer es capaz de vender cada pedacito de sus convicciones o sentimientos sólo por su ambición de dinero o escándalo. No la aguanto más. Ella provocó mi divorcio de Diego justamente de la misma asquerosa manera en que está tratando de conseguir algún dinero de Knoff y Wolfe. En realidad no le importa qué ha de hacer con tal de salir en la primera plana de los periódicos. A veces me pregunto cómo pudo Diego estar con esta clase de puta durante siete años. Él dice que sólo porque cocinaba bien. Quizá sea cierto, pero dios mío, ¿qué clase de excusa es ésa? No lo sé. A lo mejor me estoy volviendo loca. Pero el hecho es que no puedo tolerar más la extravagante vida que lleva esta gente. Quisiera irme al fin del mundo y no regresar jamás a cualquier cosa que signifique publicidad o chisme vil. Esta Guadalupe es el peor piojo que jamás haya visto, y además la ley le ayuda a sacar adelante sus asquerosas transas. ¡Linda, este mundo es «algo raro»!

La carta que Donald escribió es hermosa. Me da pena haber prestado atención a ese despreciable asunto entre Philip y él. Dile que yo habría hecho lo mismo en su caso. Su traje de «charro» pronto estará listo y Cristina te lo enviará.

Querida, a Julien Levy le gustaron mucho tus dibujos, pero no puede ofrecerte una exposición porque, según dice, sólo presenta pinturas surrealistas. Hablaré al respecto con Pierre Matisse y estoy segura que podré arreglarte algo aquí para el año próximo. Me sigue gustando más que los otros el primero que hiciste para mí.

Dales mi cariño a Donald, a tu mamá y a tu papá. Besa a Diego por mí y dile que lo quiero más que a mi propia vida.

Aquí va un beso para ti, uno para Diego y uno para Donald.

Por favor siempre que tengas tiempo escríbeme sobre los ojos de Diego.

Mi cariño.

Frida

CARTA A SIGMUND FIRESTONE

Nueva York, noviembre 1, 1940

Querido Sigy,

Hace tres semanas que recibí tu cariñosa carta y tu cheque por 150.00 Dlls., mientras me encontraba en el hospital de San Francisco. Debí contestarte de inmediato, pero estaba tan enferma que realmente no tenía fuerzas para hacer nada. Por favor, perdóname. No tengo palabras para decirte el gusto que me dio saber de ti y lo contenta que me puse al enterarme de que te gustó el autorretrato. Estoy terriblemente apenada porque Diego no te escribió explicándote lo de las pinturas. Estoy segura que quiere excusarse contigo tan pronto pueda, cuando termine el fresco que está pintando para la feria de San Francisco. Te pido que lo disculpes. No tienes idea de cómo está trabajando en ese fresco. A veces difícilmente encuentra tiempo para dormir. Trabaja veinte horas al día y a veces más. Antes de venir a San Francisco tuvo una temporada terrible en México y al fin debió dejar el país en circunstancias muy difíciles. (Todo debido a problemas políticos de allí). Por ello realmente espero seas tan amable de entender y tratar de disculparlo.

Llegué a Nueva York hace unos días. Tenía que preparar mi exhibición para el próximo año. Todos los días he querido escribirte, pero por una u otra razón no pude. Permaneceré aquí en casa de unos amigos míos, el Sr. y la Sra. Sklar, quienes muy amablemente me invitaron para estar con ellos un rato; espero tener la oportunidad de ver a Alberta, y si es posible a ti y a la Sra. Firestone. Oí que Natalia se encuentra en Hollywood. Creo que estaré allí dentro de dos semanas.

Antes de venir a los Estados Unidos, hace mes y medio, estuve muy enferma en México. Tres meses permanecí anclada a la cama con un corsé de yeso y un aparato espantoso en el cuello que me hacía sufrir como el infierno. Todos los doctores en México dijeron que me tenía que operar de la columna vertebral. Todos concordaron en que tenía tuberculosis en los huesos debido a la vieja fractura que sufrí hace años en un accidente automovilístico. Gasté todo el dinero que pude para ver allí a todos los especialistas en huesos, y todos me contaron la misma historia. Me llevé tal susto que creí que me iba a morir. Por lo demás, me sentía tan atormentada por Diego, pues antes de que se fuera de México durante diez días no supe dónde estaba; poco después de que él finalmente pudo salir, tuvo lugar el primer atentado contra Trotsky, y después lo mataron. Por consiguiente, toda la situación para mí, física y moralmente fue algo que no puedo describirte. En tres meses bajé 15 libras de peso y me sentía de la patada, todo junto.

Finalmente decidí venir a los Estados Unidos y no prestarle ninguna atención a los doctores mexicanos. Por lo tanto llegué a San Francisco. Allí estuve en el hospital durante más de un mes. Me hicieron todos los exámenes posibles y *no* encontraron tuberculosis, y *no* necesito operación alguna. Puedes imaginarte cuán feliz estuve y cómo reviví. Además vi a Diego y esto me ayudó más que ninguna otra cosa. Quisiera que pudieras ver y entender que no fue realmente mi culpa si no pude comportarme contigo como debía, escribiéndote a tiempo y explicándote todo sobre la pintura. Fue más que nada mi situación en general la que me impidió pensar y actuar como lo habría hecho.

Los médicos encontraron que tengo una infección en los riñones que produce una tremenda irritación en los nervios que corren a lo largo de la pierna derecha y una fuerte anemia. Mi explicación no debe sonar muy científica, pero esto es lo que he colegido de cuanto me han dicho los doctores. De todos modos me siento algo mejor y estoy pintando un poquito. Regresaré a San Francisco y me volveré a casar con Diego. (Él quiere hacerlo así porque dice amarme más que a ninguna otra mujer). Estoy muy feliz.

Sigy, quisiera pedirte un favor. No sé si será demasiado molesto para ti. ¿Podrías mandarme aquí los cien dólares que restan de mi cuadro?, me hacen mucha falta; te prometo que tan pronto vaya a San Francisco conseguiré que Diego te mande su autorretrato. Estoy segura de que lo hará con mucho gusto, sólo es cuestión de tiempo, tan pronto como termine el fresco tendrá más tiempo y pintará para ti ese retrato. *Estaremos juntos de nuevo, y nos tendrás juntos de nuevo en tu casa.* Por favor perdónalo y perdóname por ser como somos. En realidad, no es que queramos estar fastidiando.

¿Serás tan bueno que lo harás? Por favor dime dónde puedo entrar en contacto con Alberta. Mi dirección es 88 Central Park West, c/o Sra. Mary Sklar.

Gracias por tus atenciones y por ser tan bueno conmigo. Dale mi cariño a las niñas y a la Sra. Firestone. *Besos* para todos ustedes de su amiga mexicana

Frida

[83]

CARTA A SIGMUND FIRESTONE

San Francisco, 9 de diciembre de 1940

Querido Sigy,

Tu carta y tu telegrama fueron los más entrañables regalos de boda que he recibido. No puedes imaginarte qué agradecida estoy con tus atenciones, lo mismo Diego. Él te envía un millón de gracias y sus mejores deseos. Con las medidas correctas de la pintura comenzará muy pronto su autorretrato y estaremos juntos en tu pared, como un símbolo de nuestro casamiento. Estoy muy contenta y orgullosa de que te guste mi retrato, no es bello, pero te lo hice con mucho gusto.

Me alegra, Sigy, que Alberta esté contigo. No habrán de sentirse fastidiados y estoy segura de que ella está feliz de encontrarse de nuevo en casa. Si por casualidad voy a Los Ángeles veré a Natalia, por favor envíame su dirección si tu [...] como una pesadilla. Tengo mucho que hacer y todo el tiempo ando de prisa, pero dile que nunca olvidaré el día en que merendamos juntas. Dile que es una chica maravillosa, además de muy hermosa.

Nuestros planes por ahora no son muy precisos. Diego tiene que terminar aquí el retrato de una señora y después dos más en Santa Bárbara. Yo probablemente volveré a México porque quiero estar *segura* de la situación allí antes de arriesgarme a permitir que Diego regrese. Él quisiera permanecer aquí el mayor tiempo posible, pero su permiso expira pronto, por lo mismo tenemos que prever lo que se hará en caso de que no pueda quedarse más en este país. A lo mejor sólo es cosa de cruzar la frontera y regresar nuevamente. Pero todo depende de su trabajo aquí y de las circunstancias políticas. Además yo dejé todo en México hecho un desorden, por lo tanto debo ir a arreglar definitivamente dónde habrán de quedarse las cosas de Diego, etc. Sobre todo su colección de escultura mexicana y sus dibujos.

Cómo desearía que pudieras ver el fresco que Diego acaba de terminar aquí. En mi opinión es la mejor pintura que jamás haya hecho. La inauguración fue un gran acontecimiento. Más de 20 mil personas la vieron y Diego estaba ¡feliz! Como niño, asustado y feliz al mismo tiempo. Si puedo tomar una foto del fresco te la enviaré.

Donde sea que me encuentre te escribiré de tiempo en tiempo. ¿Dónde irás para las Navidades? Yo quiero llegar a México antes de las piñatas. (¿Recuerdas el último año en mi casa?) Estoy segura de que los hijos de mi hermana nuevamente se divertirán este mes en mi casa de Coyoacán. A veces los echo mucho de menos. Extraño también a mi papá y a mis hermanas (las dos gordas y la que tú conoces). Mi corazón siempre está dividido entre mi familia y Diego, aunque por supuesto Diego toma la mayor parte y ahora espero estar en su corazón.

Sigy querido, dale mi amor a Alberta y también a la Sra. Firestone.

Para ti todo el *cariño* de esta mexicana recién casada que tanto te quiere.

Frida

Un beso para ti. Uno para Alberta.

[89]

TELEGRAMA A EMMY LOU PACKARD

[b]

Coyoacán, 17 de diciembre de 1941

EMMY LUCHA CARTA ENVIADA ESTA MAÑANA TEMO LLEGUE TAR-
DE PUEDES HACERME ENORME FAVOR LLAMAR ARENSBERG PIN-
TURA «NACIMIENTO» PERTENECE KAUFMANN PUNTO QUIERES
CONVENCERLO COMPRAR EN SU LUGAR «MI NANA Y YO» MISMA
MEDIDA MISMO PRECIO 300 PORQUE NECESITO MOSCA MUY UR-
GENTEMENTE ANTES PRIMERO ENERO POR FAVOR HAZ TODOS LOS
ESFUERZOS POSIBLES PUNTO ENVÍO FOTO HAZME SABER RESUL-
TADOS MILLÓN GRACIAS CARIÑO
                          FRIDA KAHLO
300 FIERROS

CARTA A FLORENCE ARQUIN

Coyoacán, noviembre 30 de 1943

Florence querida,

¡Por favor perdona mi pereza! Tú sabes la clase de «hija de la chifusca» que soy para escribir. Pero *todo el tiempo estás en mi corazón*, y a pesar de mi aparente olvido, soy la misma Frida de siempre.

Querida, Diego estuvo muy feliz con la hermosa foto a color que le enviaste. Está justo enfrente de su cama y cada mañana te veo ahí. Te extrañamos cantidad.

Mi vida es la misma. A veces OK, a veces espantosamente aburrida. No puedo decir lo mismo de Diego. Él nunca se aburre. Trabaja como un demonio, y siempre está construyendo algo. Su pirámide en el Pedregal alcanza cada día mayor esplendor y la pintura que está haciendo en el Instituto de Cardiología es magnífica.

Desde que te fuiste terminé tres pinturas (chicas). Vendí una, las otras dos están en la galería Verlullaire. Pero creo que las recogeré de ahí porque esa maldita galería está cada día más decadente. Sobre la pintura de los 4 changos que te llevaste a los Estados Unidos, no he recibido ni una palabra de Julien. Estoy un poco temerosa de que le haya sucedido algo. ¿Qué opinas? ¿Le escribiste a Julien sobre eso? ¿Debo escribirle yo? ¿O qué puedo hacer? Me da pena molestarte con esto, pero me preocupa que él no la haya recibido, y aquí yo no tengo papeles para arreglar cualquier cosa.

Oye linda, si tú crees que el motivo de la tardanza sólo se debe a las actuales circunstancias, dejamos la cosa tal como está, aunque supongo que la gente de la frontera ha tenido ya sobrado tiempo para enviarlo a N. York. ¿No crees? Sea lo que fuere, dime qué hacer. Quizás todo está bajo control.

¿Cómo está tu salud ahora? Estaba yo tan inquieta cuando te fuiste. ¿Cómo se encuentran tu esposo y tu mamá? Por favor dale a ambos mi cariño, y diles *cuánto te quiero*.

Perdona mi inglés y mi caligrafía. ¡¡¡¡Es miserable!!!! Pero si la vuelvo a escribir nunca habré de mandarla, por eso es mejor que perdones una letra tan horrorosa.

Querida niña, quiero que me cuentes todo tipo de pormenores sobre ti. Pronto te volveré a escribir. ¡¡¡Seguro!!!

Todo mi cariño y también el de Diego para la pequeña Florence.

Frida

Feliz Navidad para todos.
¡Ven pronto a México!

[105]

TELEGRAMA PARA ELLA WOLFE

10 de mayo de 1946

ELLA WOLFE 68 MONTAGE ST BROOKLYN NY

QUERIDA DR WILSON ME MANDÓ TELEGRAMA ÉL PUEDE RECIBIR-
ME 23 MAYO YO LLEGARÉ NUEVA YORK 21 POR AVIÓN MUCHAS
GRACIAS POR TODAS TUS MAGNÍFICAS ATENCIONES PROBABLE-
MENTE PERMANECERÉ PRIMEROS DÍAS EN 399 PARK AVENUE
SRITA. SONJA SEKULA
CARIÑOS A AMBOS

                                FRIDA

FUENTES

1
El Universal Ilustrado, 30 de noviembre de 1922.

2, 34, 46
Donadas por Isabel Campos a Raquel Tibol por medio de su ahijado Marco Antonio Campos.

3
«Frida Kahlo en la preparatoria», *El Gallo Ilustrado,* suplemento del periódico *El Día,* 12 de julio de 1964.

4, 6, 8a, 8b, 8c, 8d, 8e, 10a, 10b, 10c, 10f, 10h, 10k, 10l, 10ll, 10ñ, 10o, 10q, 10s, 10t, 10u, 13a, 13b, 13c, 13d, 13e, 13g, 13i, 13l, 13ll, 21c, 28b, 36a, 36b, 40a, 40b, 41, 52b, 55c, 61a, 61b, 61c, 65, 70, 74, 84, 97, 130, 135
Hayden Herrera, *Frida: una biografía de Frida Kahlo,* México, Editorial Diana, 1985.

5, 7a, 7b, 9a, 9b, 18a, 20, 23a, 23b, 25, 27, 29, 81, 83, 86, 91, 106 (copia incompleta), 119, 126, 143, 144, 146 (original), 149a, 149b
Archivo de Raquel Tibol (todas son copias excepto donde se indica).

10p, 52a, 52c, 102
Hayden Herrera, *Frida Kahlo. Las pinturas,* México, ed. Diana, 1997.

10d, 10g, 10i, 10j
Erika Billeter, *The Blue House. The World of Frida Kahlo,* exposi-

ción presentada en Schirn Kunsthalle, Frankfurt, Alemania (marzo 6-mayo 23, 1993) y en el Museum of Fine Arts, Houston, Texas, Estados Unidos (junio 6-agosto 29, 1993).

10e, 13f
Museo Estudio Diego Rivera.

10m, 10n, 10r, 21a, 50, 67
Raquel Tibol, *Frida Kahlo: una vida abierta*, México, Editorial Oasis, 1983; UNAM, 1998.

11, 13j, 13k, 14, 15a, 15b, 15c, 17a, 17b, 17c, 19a, 19b, 19c, 19d, 21b, 21d, 21e, 22, 24a, 24b, 26a, 28a, 108
Raquel Tibol, *Frida Kahlo. Crónica, testimonios y aproximaciones*, México, Ediciones de Cultura Popular, 1977.

12
Detrás de la acuarela *Échate la obra*, 1925.

13h
Adelina Zendejas, «Frida Kahlo», *El Gallo Ilustrado*, suplemento del periódico *El Día*, 12 de julio de 1964.

16
Archivo de Enrique García Formentí.

30, 38a, 38b, 39, 42a, 42b, 43a, 43b, 49, 64, 68, 80, 88, 96, 110, 136 (original), 142
Archivo de Martha Zamora (todas son copias excepto donde se indica).

82, 134a, 134b
Martha Zamora, *El pincel de la angustia*, México, publicación independiente, 1987.

18b

Revista *Huytlale*, editada en Tlaxcala por Miguel N. Lira y Crisanto Cuéllar Abaroa, 1954

18c, 109b

Frida Kahlo. Das Gesamtwerk, Verlag Neue Kritik, 1988.

26b

Catálogo de la exposición *Frida Kahlo*, galería Arvil, mayo de 1994.

31, 45, 47, 48, 51, 53, 57, 59, 95, 103, 105

Fondo Bertram Wolfe de los Hoover Institution Archives. Stanford, California.

32a, 32b, 32c, 32d, 79, 98a, 117b, 117c, 117d, 141, 144b

Archivo del Centro Nacional de Investigación de Artes Plásticas/INBA-CENIDIAP.

35, 69a, 69b, 71, 73, 75a, 75b, 75c

Papeles de Nickolas Muray conservados en los Archives of American Art de la Smithsonian Institution, Washington, D. C., Estados Unidos.

37

Archivo de Ignacio M. Galbis. Santa Monica, California, Estados Unidos.

38a, 38b

Archivo del Rockefeller Center.

44

Propiedad de Juan Carlos Pereda, nieto de María Rivera Barrientos.

54a, 54b, 54c, 54d, 54e, 54f, 54g, 54h, 54i, 54j
Luis Mario Schneider, *Frida Kahlo-Ignacio Aguirre. Cartas de una pasión*, Ediciones Trabuco y Clavel, 1992.

55a, 55b, 62, 78a, 78b, 87a (copia), 87b (copia), 123, 139, 150
Archivo de Juan Coronel Rivera.

56a
Archivo de Elsa Alcalá de Pinedo Kahlo, viuda de Antonio, hijo de Cristina.

56b
Propiedad de Carlos Monsiváis.

58, 60, 72, 114, 116, 138
Epistolario selecto de Carlos Chávez, compilado y anotado por Gloria Carmona, México, Fondo de Cultura Económica, 1989.

66
«Rise of Another Rivera», de Bertram D. Wolfe, en *Vogue*, 1 de noviembre de 1938.

76, 107
Catálogo de la subasta *Fine Books and Manuscripts*, Sotheby's, Nueva York, Estados Unidos. 13 de diciembre de 2002.

109a, 120, 125a, 125b, 147a, 147b
Catálogo de la subasta de arte latinoamericano en la casa Sotheby's de Nueva York. 20 y 21 de noviembre de 2000.

77a, 77b, 148a, 148b
Archivo Dolores del Río del Centro de Estudios de Historia de México, CONDUMEX.

85a, 85b
Teresa del Conde, *Frida Kahlo: La pintora y el mito*, México, Instituto de Investigaciones Estéticas, UNAM, 1992.

89a, 89b
Papeles de Emmy Lou Packard en la Smithsonian Institution.

90, 94
Archivo del Lic. Marte Gómez Leal.

92
Papeles de Florence Arquin en la Smithsonian Institution.

93, 111, 112a, 112b
Archivo Mariana Morillo Safa.

98b
Obsequiada por Juana Luisa Proenza a Xavier Guzmán Urbiola.

99, 131
Impresa en el folleto para la exposición *Frida Kahlo. The Unknown Frida. The Woman Behind the Work*, Louis Newman Galleries, Beverly Hills, California, Estados Unidos. Octubre 12-noviembre 9, 1991.

100
Catálogo de la primera exposición individual de la todavía discípula de Frida, quien firmaba con su apellido familiar: Rabinovich.

101
Así, núm. 249, México, D. F., 18 de agosto de 1945.

115
Arena, suplemento cultural del periódico *Excélsior*, 28 de octubre de 2001.

117a
Museo Frida Kahlo.

118, 121
Archivo de Carlos Pellicer López.

122, 124, 129
Archivo del Dr. Jorge Fastlicht Ripstein.

127
Archivo Ignacio M. Galbis.

128
Libro-catálogo de la exposición *Diego Rivera, cincuenta años de labor artística*, presentada en el Palacio de Bellas Artes en la Ciudad de México. Agosto-diciembre, 1949. La publicación apareció extemporáneamente en 1951.

132
Archivo de Graciela Fastlicht de Beja.

137
Catálogo de la exposición en la Galería de Arte Contemporáneo. Octubre 23-noviembre 8, 1952.

140
Colección Jacques y Natasha Gelman.

145
Archivo de Patricia van Rhijn Armida.

151

Archivo de Olinca Fernández Ledesma Villaseñor.

ÍNDICE

Escrituras de Raquel Tibol
se terminó de imprimir en junio de 2005 en
Impresora Titas, S.A. de C.V.
Venado Nº 104, Col. Los Olivos
México, D. F.